21世纪高等院校教材

计量经济学理论与实践

（第二版）

袁建文　李　宏　刘照德　周杰琦　编著

科学出版社

北　京

内 容 简 介

本书系统介绍了计量经济学的基本理论和常用方法,包括一元线性回归模型、多元线性回归模型、异方差、序列自相关、多重共线性、滞后变量模型、虚拟变量模型、联立方程模型、时间序列计量经济模型等。本书特别突出计量经济学的实际应用,增强学习者的动手能力,力图培养读者能够通过计量经济学来解决实际经济问题的能力,每一章都有应用实例和软件操作步骤的示范,与计量经济学软件 EViews 紧密结合。

本书可作为高等院校经济管理类各专业计量经济学课程的教材或参考书,也可作为广大经济研究人员和管理人员了解和掌握计量经济分析方法的参考读物。

图书在版编目(CIP)数据

计量经济学理论与实践/袁建文等编著. —2 版 .—北京:科学出版社,2015.1
21 世纪高等院校教材
ISBN 978-7-03-042499-0

Ⅰ.①计… Ⅱ.①袁… Ⅲ.①计量经济学–高等学校–教材
Ⅳ.①F224.0

中国版本图书馆 CIP 数据核字(2014)第 268494 号

责任编辑:兰 鹏/责任校对:钟 洋
责任印制:李 利/封面设计:蓝正设计

科 学 出 版 社 出版
北京东黄城根北街16号
邮政编码:100717
http://www.sciencep.com

北京华正印刷有限公司 印刷
科学出版社发行 各地新华书店经销
*

2015 年 1 月第 二 版 开本:787×1092 1/16
2015 年 1 月第一次印刷 印张:16 1/2
字数:392 000
定价:36.00 元
(如有印装质量问题,我社负责调换)

第二版前言

作为研究经济问题的方法论课程，计量经济学在经济管理类人才培养中发挥着重要作用。1998 年 7 月，计量经济学被教育部确定为经济学类各专业的 8 门核心课程之一，与微观经济学和宏观经济学一起成为经济学科的必修课程。

经过近 30 年的发展，计量经济学的研究与教学有了长足的进步，但是，传统的计量经济学教学大多以理论讲解为主，教学与应用脱节，本书的编写就是要解决这个问题。本书第一版出版后，引起了相关专业师生及社会广大读者良好的反响，但随着计量经济学日新月异的发展和教学实践的深入，我们发现原版教材也存在一些有待完善的地方。为广大爱好计量经济学的读者编写一本通俗易懂、能学以致用的教材，是我们继续完善原版教材，推出第二版的原动力。

本书在第一版基础上，尽力做到计量经济学理论、学习思路点拨、计量经济学应用和实验实践环节相融合，培养学生应用计量经济学解决实际经济问题的能力，本书的主要特色如下。

（1）坚持"基础性与前沿性相结合"的特色。基础性体现在，通过本书培养学生掌握基本的经典计量经济学理论与方法；前沿性体现在，本书让学生对计量经济学理论与方法的扩展有概念性的了解，并了解计量经济学新的动态。本书按照基础性与前沿性相结合的指导原则精选教学内容，精心设计本科计量经济学教学内容体系，重点介绍经典单方程计量经济模型理论与方法等基础内容，适当引入时间序列计量经济模型等非经典的计量经济学理论与方法，使读者在掌握计量经济学基础理论与方法的同时对整个学科内容及最新发展有一个全面的了解。

（2）坚持"思路与方法并重"的特色。作为经济学的一个分支，计量经济学是在数理经济学、经济统计学和数理统计学基础上发展起来的一门经济学学科；计量经济学理论与方法的建立需要一定的高等数学知识，特别是数理统计知识，有些计量经济学教材过于数学化，以至于不能突出计量经济学的研究思想与方法，导致教材难以弄懂。必需的数学基础知识，包括矩阵运算和数理统计中的回归分析、假设检验，属于经济类本科生数学基础课程的基本要求，不会出现在课程内容中，要求学生自己学习与复习。而思路则要通过教师的引导才能掌握，一旦掌握了思路，再去理解基础理论，事半功倍。更重要的是，思路反映了理论方法产生和发展的方法论，掌握了方法论，才可能有发展、有创新。因此，本书在介绍计量经济学理论与方法时尽量精简复杂的数学推导与证明，特别注重计量经济学的基本思想、经济背景、基本方法的介绍，使之更适应经济管理类专业学生的要求。

（3）坚持"理论与应用并重"的特色。计量经济学根据研究对象和内容侧重点的不同可以分为理论计量经济学和应用计量经济学；理论计量经济学以介绍、研究计量经济学理论与方法为主要内容，强调方法的数学基础，与数理统计联系极为密切；应用计量经济学以建立与应用计量经济模型为主要内容，侧重于运用计量经济学理论与方法解决实际经济问题。目前，国内外本科阶段的计量经济学教材，大多以介绍计量经济学理论与方法为主，几乎没有关于如何应用计量经济学解决实际经济问题的专门章节，学生好不容易学完相关理论与方法，却不知道究竟如何解决实际问题，对理论知识也是一学就忘；于是，学生认为计量经济学是一门孤立的课程，看不到它与其他经济学课程之间的联系，更难以理解它在整个经济学体系中的重要地位，有的学生甚至会认为它是一门应用数学类课程，还有少数学生因为计量经济学理论推导的晦涩难懂而对该门课程望而生畏，这是我们在实际教学中的亲身体会，也是我们尝试通过教材改革这一方式缓解这一尴尬局面的初衷。本书以计量经济学理论教学与实验和案例教学并重，整合计量经济学理论和计量经济学实验，使它们完全融合；实验和案例贯穿计量经济学教学全过程，通过实验和案例能帮助学生更深入直观地理解和掌握计量经济学理论和方法，了解和掌握计量经济分析的步骤和程序，运用计量经济分析专门软件建立简单的计量经济模型分析经济问题，从而能达到实际应用的目的。这样，既减轻了学生负担，又使得学生对所学的计量经济学理论和方法有了更深刻的理解。

第二版与第一版相比，改进之处体现在以下几个方面。

（1）鉴于计量经济学不断涌现的研究成果和研究方法，补充了一些新的学习内容，比如增加有关计量经济学发展动态的介绍，使得读者可以清晰把握计量经济学发展的脉络，在第五章增加了 Cochrane-Orcutt 迭代法的思想及其实际操作步骤；在每章的最后一节，均增加了与本章内容相关的应用实例，让学生能做到理论学习与实际应用互相促进。因此，本书的内容更加充实和系统。

（2）在每章实例部分，更详细地介绍了软件操作的步骤，并辅之以截图，让读者可以更容易学会有关计量经济学的实验方法、步骤及操作。此外，更重要的是，书中的案例都涉及中国的实际经济问题，有些案例贯穿全书的几章，随着理论方法的深入而被反复使用，这对于教师的"教"和学生的"学"都是十分有益的。

（3）更新或增加了一部分习题，第二版的习题更具针对性和启发性，目的是训练读者分析经济行为及建立计量经济学模型的能力。

（4）对计量经济学模型用到的数据也进行了更新，读者可以通过对比发现，第一、二版教材中相同案例的计量经济模型的回归结果不会发生太多变化，这说明计量经济学分析的稳健性及其对客观经济现象能够进行有效的刻画，这本身也是计量经济学的魅力所在。

（5）对第一版教材原有的教学内容作了必要的重新组合优化，避免重复，对必要解释的基础概念和基本方法又增加了一定的篇幅进行介绍，使得整本教材脉络更清晰，可读性更强。

  本书共分十章，包括绪论、一元线性回归模型、多元线性回归模型、异方差、序列自相关、多重共线性、滞后变量模型、虚拟变量模型、联立方程模型和时间序列计量经济模型等内容。

  本书由广东省精品课程计量经济学主持人、广东财经大学经济贸易学院硕士生导师袁建文教授负责整体框架的设计及全书的修改、总纂和定稿，并具体编写第一章；周杰琦讲师编写第二、第三章，刘照德副教授编写第四至第六章，李宏副教授编写第七至第十章。在编写过程中，我们得到广东财经大学有关各方和同仁的大力支持，谨致谢意。

  由于编者水平有限，书中难免存在不妥之处，恳请读者批评指正。

编　者
2014 年 8 月

第一版前言

现实的经济世界是一个非常复杂的大系统，这一经济系统包含了居民、企业、政府和国外等部门的经济主体，而这些经济主体的经济行为会遇到许多冲突和问题，面临着许多的选择。例如，居民要决定他们的消费，企业要决定它们的投资，政府要制定货币政策等。各种经济主体进行决策时，要考虑许多相关因素的影响，并对这些因素进行定量分析；计量经济学则可以帮助我们寻找因素之间的关系，从而为经济主体作出决策时提供数量依据。

计量经济学作为研究经济问题的方法论课程，在我国高等院校的统计学、经济学和管理学等相关专业中开设已有20多年的历史，在经济管理类人才培养中发挥了重要作用。1998年7月，计量经济学被教育部确定为经济学类各专业的8门核心课程之一，与微观经济学和宏观经济学一起成为经济学科的必修课程。此后，计量经济学受到经管类各专业越来越多的关注和重视。

经过20多年的发展，计量经济学的教学有了长足的进步，不仅引入了许多国外计量经济学教材，而且国内也编写了不少教材与教辅资料。但是，以往的计量经济学教学大多以推导证明为主，教学与应用脱节；针对此现状，我们创造性地编写了《经济计量学实验》，引领了全国计量经济学实验教学。目前，计量经济学理论教材和实验教材不匹配的现象还存在，本书的编写就是要解决这个问题。

本书以计量经济学理论为主，强调应用和实验实践环节，培养应用能力和强化操作训练。本书的主要特色如下。

（1）坚持"基础性与前沿性相结合"的原则。计量经济学理论方法按内容深度一般分为初级、中级和高级三个层次；初级以经典线性单方程计量经济模型理论与方法为主要内容；中级以矩阵描述的经典线性单方程计量经济模型理论与方法、经典线性联立方程模型理论与方法为主要内容；高级以微观计量经济学、非参数计量经济学和动态计量经济学等非经典计量经济学理论与方法为主要内容。本书按照基础性与前沿性相结合的指导原则精选教学内容，重新设计本科计量经济学教学内容体系，重点介绍经典单方程计量经济模型理论与方法等基础内容，适当引入时间序列计量经济模型等非经典的计量经济学理论与方法，使读者在掌握计量经济学基础理论与方法的同时对整个学科内容及最新发展有一个全面的了解。

（2）坚持"重思想、重方法"的原则。计量经济学是经济学的一个分支，是在数理经济学、经济统计学和数理统计学基础上发展起来的一门经济学学科；计量经济学理论与方法的建立需要一定的高等数学知识，特别是数理统计知识，有些计量经济学教材过于数学化，以至于不能突出计量经济学的研究思想与方法，导致教材难以弄懂。数学过程可以通过自学搞清楚，而思路则要通过教师的引导才能掌握；一旦掌握了思路，再去理解数学过程，事半功倍。更重要的是，思路反映了理论方法产生和发展的方法论，掌握了方法论，才可能有发展、有创新。因此，本书在介绍计量经济学理论与方法时尽量精简复杂的数学推导与证明，特别注重计量经济学的基本思想、经济背景、基本方法的介绍，使之更适应经济管理类专业学生的要求。

（3）坚持"理论与应用并重"的原则。计量经济学根据研究对象和内容侧重点的不同可以分为理论计量经济学和应用计量经济学；理论计量经济学以介绍、研究计量经济学理论与方法为主要内容，侧重于计量经济学理论与方法的数学证明与推导，与数理统计联系极为密切；应用计量经济学以建立与应用计量经济模型为主要内容，侧重于运用计量经济学理论与方法解决实际经济问题。目前，国内外本科阶段的计量经济学教材，大多以介绍计量经济学理论与方法为主，除了一些例题外，几乎没有关于应用的专门章节；于是，计量经济学成为一门孤立的课程，看不到它与其他经济学课程之间的联系，更难以理解它在整个经济学体系中的地位，甚至会认为它是一门应用数学类课程。本书以计量经济学理论为主，辅之以实验和案例，整合计量经济学理论和计量经济学实验，使它们完全融合；实验和案例贯穿计量经济学教学全过程，通过实验和案例能更深入直观地理解和掌握计量经济学理论和方法，了解和掌握计量经济分析的步骤和程序，运用计量经济分析专门软件建立简单的计量经济模型分析问题，从而能达到实际应用的目的。

本书共分十章，包括计量经济学概论、一元线性回归模型、多元线性回归模型、异方差、自相关、多重共线性、滞后变量模型、虚拟变量模型、联立方程模型和时间序列计量经济模型等内容。

本书的适用对象为非经济学和统计学类专业的研究生、经济管理类本科生、广大经济研究和管理人员。

由于著者水平有限，书中难免存在不妥之处，恳请读者批评指正。

编　者

2011 年 5 月

目录

第一章

绪　论

本章是全书的纲，对计量经济学作出总体上的介绍，并对建立和运用计量经济学模型的步骤和特点进行简明介绍。尽管学生们在初次学习计量经济学的过程中可能不会完全理解本章的内容，但建立一个概念体系对于学习全书是十分必要的，建议学习完本书的全部内容后，再回头复习和加深理解本章的内容。本章主要内容是：什么是计量经济学；计量经济学研究的对象及其与相关学科的关系；计量经济模型、数据等基本概念；计量经济学研究问题的一般方法；计量经济学软件 EViews 的介绍。

■ 第一节　什么是计量经济学

一、计量经济学的学科界定

计量经济学属于经济学的一个重要分支学科，是以揭示经济活动中各种经济现象客观存在的数量关系为研究内容的分支学科。

"econometrics"一词最早是由挪威经济学家、第一届诺贝尔经济学奖获得者拉格纳·费瑞希(Ragnar Frish)于 1926 年仿照"Biometrics"(生物计量学)提出来的。中文译名有两种：经济计量学与计量经济学。前者是从英文直译而来，试图从名称上强调它是一门研究经济计量方法论的科学；后者试图通过名称强调它是一门经济学科。本书采用后一种译名。

1930 年挪威经济学家费瑞希、荷兰经济学家丁伯根(Tinbergen)等经济学家在美国成立了"计量经济学会"，该学会于 1933 年创办了《计量经济学》杂志。在这个杂志的创刊号上费瑞希说："统计学、经济理论和数学三方面观点的每一种观点本身都不是充分条件，三者的统一才是强有力的工具，正是由于这三者的统一才构成了计量经济学。"可见，计量经济学是经济理论、数学和统计学相结合的一门综合性学科。具体而言，计量经济学就是在经济理论的指导下，以客观事实为依据，运用数学和统计学的方法，借助于计算机技术从事经济活动中各种经济关系的数量规律研究，并以建立和运用计量经济模型为核心的一门经济学科。必须指出的是，这些计量经济模型是具有随机性特征的。

在这个定义中，强调以下几点：

（1）计量经济学是一门应用经济学，是以经济现象为研究对象的；

（2）计量经济学目的在于揭示经济活动中各种经济关系的数量规律；

（3）计量经济学是经济理论、统计学、数学三者的综合；

（4）计量经济学的核心内容是建立和运用具有随机特征的计量经济模型。

计量经济学产生的原因在于人们对经济问题的定量研究，其产生的意义在于对经济学研究从定性分析发展到定量分析，是经济学更精密、更科学的表现，是现代经济学的重要特征。

二、计量经济学与其他相关学科的关系

计量经济学自身并没有固定的经济理论，各种计量方法和技术，大多来自数学和统计学，计量经济学是经济理论、统计学、数学的有机综合，费瑞希将计量经济学定义为是经济理论、统计学、数学三者的有机综合，而且他明确指出："计量经济学与经济统计学绝非一码事，它也不同于我们听说的一般经济理论，尽管经济理论大多具有一定的数量特征；它也不应该被视为数学应用于经济学的同义词。经验表明，统计学、经济理论和数学这三者对于真正了解现代经济生活的数量关系来说，都非常必要，但本身并非是充分条件，三者结合起来，就是力量，这种结合就构成了计量经济学。"计量经济学与相关学科的关系如图 1.1 所示。

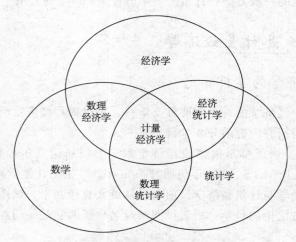

图 1.1　计量经济学与相关学科的关系

图 1.1 表明计量经济学是数理经济学、经济统计学和数理统计学的交集，而数理经济学是经济学与数学的交集，数理统计学是数学和统计学的交集，经济统计学是经济学与统计学的交集。很明显，每一交集形成了一门特定的学科，有其独特的研究对象或特点，这些特定的学科彼此不能混淆或替代。

经济学着重经济现象的特定性描述，而计量经济学着重于经济现象定量方面的研

究。虽然数理经济学也是着重于研究经济的定量方面，但它仅是用数学形式表达经济理论，并不关心经济理论的可测性，且模型所反映的经济变量之间的关系是确定的。而计量经济学的主要兴趣在于利用由数理经济学提出的数学方程及实际数据来验证经济理论；模型所反映的经济变量的关系是非确定性的、随机的相关关系。数理经济学为计量经济学提供建模依据。

统计学是关于如何收集、整理、分析数据的科学。经济学与统计学结合形成了经济统计学。经济统计所关心的是描述性的统计量，如国内生产总值等指标与指数等，着重于收集、整理并以图表的形式表达数据，并不利用所收集的数据来验证经济理论。而计量经济学则利用经济统计学所提供的数据来估计经济变量之间的数量关系并加以验证。

数理统计为各种类型数据的收集、整理与分析提供切实可靠的数学方法，是计量经济学建立计量经济模型的主要工具。但是数理统计学在研究变量之间的关系时，要求各种变量必须服从某种规律，即服从某种分布。在现实经济生活中，各经济变量很难完全满足这一假定，但又必须研究经济变量之间的关系，所以计量经济学必须在数理统计方法技术的基础上，开发出特有的分析方法技术。

为了说明上述内容，我们以商品需求的研究为例。

对某一商品市场的需求研究，经济理论中假定需求量取决于它的价格及与其他有关商品的价格、消费者的收入和消费偏好。这就完全肯定了需求只由四个因素决定，关系非常明确。数理经济学用线性需求函数形式表示对其商品的需求关系：

$$Q = \beta_0 + \beta_1 P_1 + \beta_2 P_2 + \beta_3 Y + \beta_4 T \tag{1.1}$$

式中，Q 为某一商品的需求量；P_1 为该商品的价格；P_2 为与该商品有关的其他商品的综合价格；Y 为消费者的收入；T 为消费者的偏好；β_i 为需求函数中待定参数，表示在其他变量不变时第 i 个变量每变化一个单位所引起的需求量变化的数值。

模型(1.1)表明，只有方程右边的四个因素中某个或某些因素发生变化时，需求量 Q 跟着变化，除此之外，再也没有其他因素影响需求量了。然而在实际的经济生活中却绝非如此，人们的社会影响、心理变化、所处地理位置，甚至天气等偶然因素，对需求量都会产生影响。虽说不是主要的，但也必须加以考虑。为此，计量经济学构建如下模型：

$$Q = \beta_0 + \beta_1 P_1 + \beta_2 P_2 + \beta_3 Y + \beta_4 T + u \tag{1.2}$$

在模型(1.2)中，u 是一个随机变量。它用以反映数理经济学模型中未考虑的所有其他因素的影响，从而将数理经济学所描述的确定型关系转化为计量经济学中不确定型的关系。

经济统计学研究的内容主要有两个方面，一方面是指标的设计问题，即用什么指标来反映商品的需求量，如何测量消费者的收入水平及消费偏好等；另一方面是各指标是如何变化的。经济统计学重点不在于测度变量之间的具体数量关系，但是它事先对模型中的随机误差项 u 作出严格的假定(这些假定将在第二章和第三章具体说明)。在现实世界中，数理统计所作的假定是很难满足的，为了揭示需求量、价格、消费者收入水平、消费偏好等变量之间的关系，计量经济学必须研究数理统计之外的一些模型技术与方法问题。

三、计量经济学研究的内容与目的

1. 计量经济学研究的内容

由定义可知，计量经济学的核心内容是建立和应用计量经济模型。围绕这一核心内容，计量经济学经过 80 多年的发展逐渐形成了一个独立的学科体系，其内容可概括为两个方面：一是理论计量经济学；二是应用计量经济学。

理论计量经济学是以计量经济学理论与方法技术为研究内容，目的在于为应用计量经济学提供方法论。所谓计量经济学理论与方法技术的研究，实质上是指研究如何运用、改造和发展数理统计方法，使之成为适合测定随机经济关系的特殊方法。

应用计量经济学是在一定的经济理论指导下，以反映经济现象客观事实的统计数据为依据，用计量经济方法技术研究计量经济模型的实用化或实证探索经济规律、分析经济现象和预测经济行为。应用计量经济学的研究目的在于进行经济结构分析、经济预测和经济政策评价。

计量经济学的研究内容可用图概括，如图 1.2 所示。

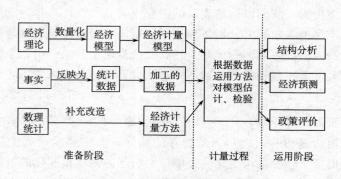

图 1.2　计量经济学研究内容

2. 计量经济学的研究目的

计量经济学包括理论计量经济学和应用计量经济学两大部分。由于理论计量经济学是为应用计量经济学提供方法论的，因此，计量经济学的研究目的实质就是计量经济学的应用实现，即进行经济结构分析、经济预测和经济政策评价。

经济结构分析就是运用已建立起来的计量经济学模型对经济变量之间的关系进行的定量测定，包括验证、比较与同一经济现象相对应的几种经济假设。例如，在研究某地区商品需求时，最终建立的计量经济模型是

$$\hat{Q} = 58.62 - 12.65P_1 + 6.23P_2 + 2.35Y \tag{1.3}$$

运用这个模型所作的结构分析是：一般商品需求理论认为，商品的需求量与其价格反方向变化，与相关商品的价格呈同向变化，与消费者的收入水平呈同向变化。模型(1.3)中各参数的正负号恰好说明了这一点。也就是说，此模型验证了上述理论。商品需求量与各变量的具体数量关系体现于模型中各变量的系数中。我们可以说，在其他因素固定不变情况下，如果该商品的价格每增加一个单位，该商品的平均需求量就要减少

12.65 个单位；如果该商品的相关商品价格每增加一个单位，该商品的平均需求量就会增加 6.23 个单位；如果消费者的收入水平每提高一个单位，则该商品的平均需求量就会增加 2.35 个单位。

经济预测就是运用已建立起来的计量经济模型对未来的经济变量进行估计或推算。仍以上述模型为例，如果下一年度该商品的价格降低到 1 元，其他相关商品的价格提高到 0.5 元，消费者收入提高了 21 元，则可预测下一年度该商品需求量为

$$\hat{Q} = 58.62 - 12.65 \times (-1) + 6.23 \times 0.5 + 2.35 \times 21 = 123.735$$

经济政策评价就是运用已估计出来的计量经济模型，对几个不同的政策方案的结果进行评价，以供决策者进行选择。具体方法主要有三种：一是通过引入目标函数，把已估计出来的计量经济模型视为约束条件，在各种政策方案中找出一个最优方案使目标函数达到最大值；二是模拟各种政策方案，对每一方案下有关变量的将来数值进行条件预测并进行比较；三是最优控制方法，将计量经济学模型与最优方法结合起来，选择使得目标最优的政策或政策组合。

计量经济学对这三个目的的研究是密切相关的。预测所使用的计量经济模型是结构分析所正确决定的已估计的模型，通过计量经济模型所进行的政策评价则是一种以政策变量的给定值为条件的预测。

第二节 计量经济模型与数据

计量经济学方法及应用，都是围绕建立、估计、检验和运用计量经济模型这一核心进行的，人们可以利用各种各样的模型来揭示和阐明自然现象和社会经济现象的本质与发展规律。

一、计量经济模型

1. 计量经济模型的形式及其构成要素

所谓模型，就是真实现象（如客观世界的结构体系或运行过程）的一种表示或模仿。建立模型的目的在于对真实现象进行解释、预测和控制，在科学研究中使用着各种各样的模型。不同的学科、领域所使用的模型的形式与结构也不尽相同。在这些众多的模型中，最为重要的有文字/逻辑模型、几何模型与代数模型等三类。文字/逻辑模型就是指在一定的假设条件下，用文字类比和例证分析的方法，推断客观世界如何运行，大多数经济学说都属于此类。几何模型是指用几何图形来表现变量间关系的模型，如盈亏平衡图就是用几何图形的形式来表现产品销售成本、产品销售收入、产品销售利润与产品销售量之间的关系。代数模型是用一组代数方程对客观世界进行描述，它是计量经济学中使用最多的一种模型形式。

从科学研究的需要来看，模型的好坏在于其真实性与简单性。真实性是指模型能比较真实地代表所要研究的客观世界，并包括了研究对象的主要因素；简单性是指模型所包含的变量尽可能少，模型的形式尽可能简单，以确保模型的可操作性、有效性。

经济模型就是经济现象的表示或模仿，如投入产出模型、最优化模型、系统动力学

模型等。每一种经济假说都可以看做一个经济模型。计量经济学所研究和应用的模型是经济模型的一种，与其他经济模型有着本质的区别。

所谓计量经济模型，就是经济变量之间所存在的随机关系的一种数学表达式，其一般表达式为

$$Y = f(X, u, \beta) \tag{1.4}$$

模型(1.4)中包含有经济变量 Y 和 X、随机误差项 u（或称随机干扰项、随机扰动项）、参数 β 及方程的形式 $f(\cdot)$ 四个要素。

经济变量，也就是用于描述经济活动水平的各种量，是计量经济建模的基础。模型(1.4)中的经济变量 Y 是分析研究的对象，将其称为因变量或被解释变量；模型右边中的经济变量 X 是 Y 的影响因素，将其称为自变量或解释变量。

随机误差项 u 是一个随机变量，用于表示模型中尚未包含的影响因素对因变量的影响，其具体内容将在第二章中介绍。

参数 β 表示为模型中变量之间的数量关系，是模型中的系数，它将各种经济变量连接在计量经济模型之中，具体说明解释变量对因变量的影响程度。在未经实际资料估计之前，参数是未知的。对模型参数进行有效的估计是计量经济学研究的主要内容之一。

方程的形式 $f(\cdot)$ 就是将计量经济模型的三个要素联系在一起的数学表达式，如线性形式和非线性形式等。

2. 计量经济模型的特点

与其他经济模型相比，计量经济模型有如下特点：①经验性，即计量经济模型是对各种经济变量之间的关系在经济理论的指导下进行试验估算，使经济理论具有经验内容，对经济行为进行经验观察，使经济分析具有经验基础；②随机性，即计量经济模型所反映的经济活动（或经济现象）是随机的，同时把随机误差（包括观察误差、修正误差、估算误差或计算误差等）作为其必要的因素；③动态性，即计量经济模型具有较长的时间跨度。具体地说，它是一种动态的外推模型，通过含有不同时期的经济变量，把过去的经济行为和现在的经济行为联系起来，并对根据现在的经济行为推断分析（预测）未来时期的经济行为起到了桥梁的作用。

二、计量经济分析中的数据

数据是经过收集、分析、概括，用以表达和说明的事实和数字。因某项特定研究而收集的数据合在一起称为数据集。

1. 单位、变量和观测值

单位是收集数据所依赖的对象。变量是单位中所感兴趣的数量特征。数据是通过收集每个单位的各个变量的数据值而获取的。为某个单位而收集的数据集的集合称为观察值。

2. 质量数据和数量数据

数据按不同的标准，可有不同的分类。按数据的性质划分，可分为质量数据和数量数据两大类。质量数据是用来识别单位某一特征的标记或名称。例如，股票代码变量的数据值是用来辨别股票上市场所及交易所中某只股票的标记，因此，该数据是定性的，股票代码被称为定性变量。定性变量可以数字化，且其取值为整数。只取两个数值（一

般为 0 和 1)的定性变量又称为虚拟变量。

数量数据是用于表示规模或水平的数据。数量数据总是以数量的形式出现，而质量数据则既可能以数量形式出现，也可能以非数量形式出现。两者最主要的区别在于：前者可用于算术运算且结果有意义，而质量数据虽能以数量形式记录，可以进行算术运算，但运算结果没有任何意义。

3. 横截面数据、时间序列数据和面板数据

这是按数据与时间的关系来划分的。在同一时刻或几乎同一时点收集的数据称为横截面数据。在若干个时期内所收集到的数据称为时间序列数据。例如，1953～2010 年我国 GDP 增长率数据序列。在这个时间序列中共有 58 年的数据。时间序列数据是建立计量经济模型应用最多的数据形式。我国 1978～2008 年国内生产总值增长率时间序列数据如图 1.3 所示。

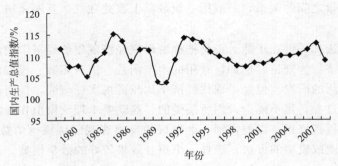

图 1.3 国内生产总值增长率时间序列数据

资料来源：中国统计年鉴 2009. 北京：中国统计出版社，2009

面板数据是指既有时间序列数据又有横截面数据。例如，"十一五"时期(2006～2010 年)我国各省份国内生产总值、人均收入水平等指标的数据，那么，这个数据集合就是一个面板数据。每个省份"十一五"时期的国内生产总值、人均收入是时间序列数据，而各省份每年的国内生产总值、人均收入则组成横截面数据。

数据是对同一变量在一系列时间或不同空间范围进行观察的结果。对变量的观察，可以在相同的时间、相同的空间范围内进行；也可以在不同的时间、不同的空间范围内进行。我们称前者所得的数据为嵌板数据或纵向数据。嵌板数据可以提供相关各个实体的动态信息，是计量经济学的研究重要内容之一。

4. 数据来源

成功的计量经济研究需要大量高质量的数据。对于一些宏观数据可以从国家统计局每年出版的《中国统计年鉴》及各省份统计局出版的统计年鉴中获得。对于一些微观数据，一方面要通过各公司内部收集，另一方面也可通过抽样调查获得。无论从哪里获得，一定要注意数据资料的可比性。数据来源是否可靠直接影响到数据的质量，进而影响计量经济模型的有效性。收集数据是一个非常困难的事情，幸运的是互联网为我们提供了方便。我们可以通过访问中国经济信息网即中经数据网(http://cedb. cei. gov. cn)、国家统计局的中国统计信息网(www. stats. gov. cn)等获得研究用的数据。

■ 第三节　计量经济学研究的一般步骤

应用计量经济学方法建立计量经济模型来研究客观经济现象，一般可分为以下五个步骤。

一、根据经济理论建立计量经济模型

计量经济学方法，就是定量分析经济现象中各因素之间数量关系的一种实证方法。因此，首先，根据经济理论分析所研究的经济现象，找出经济现象间的因果关系及相互间的联系。把问题作为因变量（或被解释变量），影响问题的主要因素作为自变量（或解释变量），非主要因素归入随机项。其次，按照它们之间的行为关系，选择适当的数学形式描述这些变量之间的关系，一般用一组数学上彼此独立、互不矛盾、完整有解的方程组表示。

变量的正确选择关键在于能否正确把握所研究经济现象的经济学内涵。理论模型的建立主要依据经济行为理论。例如，常用的生产函数、消费函数、投资函数等，在数理经济学中已有广泛的研究。但是，现代经济学比较重视实证研究，任何理论模型，如果不能很好地解释过去，是不能为人们所接受的。这就要求理论模型在参数估计、模型检验的过程中不断得到修正，以便得到一个较好的反映客观经济规律的数学模型。此外，还可以根据散点图或模拟的方法，选择一个拟合效果较好的数学模型。

二、样本数据的收集

建立了模型之后，应该根据模型中变量的含义、口径收集并整理样本数据。样本数据质量的好坏与样本数据的完整性、准确性、可比性和一致性有着密切关系。所谓完整性，是指经济数据作为系统状态和其外部环境的数据描述必须是完整的。所谓数据的准确性，一是它必须准确反映研究对象的状态；二是它必须是模型中所要求的数据。数据的可比性问题就是通常所说的数据统计口径必须是一致的。所谓一致性，是指样本数据的来源与被估计母体应属于同一个母体。

三、模型参数的估计

建立计量经济模型之后，要根据样本数据选择适当的方法对模型中的参数进行估计。在选择方法时一般要考虑经济关系的性质、每种估计方法的特性、方法的难易和费用的多少等。

四、模型的检验

模型的检验就是对估计的模型参数进行检验。所谓检验，就是对参数估计值加以评定，确定它们在理论上是否有意义，在统计上是否显著。只有通过检验的模型才能用于经济实际，所以模型检验也是重要的一环。检验的准则如下。

1. 经济意义准则

经济意义准则是由经济理论决定的，主要是参数的符号和大小是否符合经济理论对它们的约束。如果不符，则要查找原因并采取必要的修正措施，否则参数估计值视为可靠。

2. 统计检验准则

统计检验是由统计理论决定的，其目的在于评定模型参数估计值的可靠性。常用的统计检验有拟合优度检验、t 检验、F 检验等。应该指出，统计检验准则相对于经济意义准则来说是第二位的。

如果违背了经济意义准则，即使统计检验通过了，估计的参数也是没有意义的、不可取的。

3. 计量经济检验准则

计量经济检验是由计量经济学理论确定的，主要是用来检验所采用的计量经济方法是否令人满意，计量经济方法的假设条件是否得到满足，从而确定统计检验的可靠性。常用的检验方法主要包括随机误差项的序列相关检验、异方差检验和解释变量的多重共线性检验等。

总之，模型参数估计值的评定是一个相当复杂的工作，需要进行反复试算，逐一检验，才能确定对它们的取舍。如果样本数据较丰富，还可以进行模型的预测检验，进一步检验估计值的稳定性和相对样本容量变化时的灵敏度，以确定是否可以延拓到样本以外的范围。

五、计量经济模型的应用

计量经济模型建立并通过了检验，一般即可认为该模型就是实际经济系统的缩影，因而对实际问题的分析就转化为对该问题的计量经济模型的研究。计量经济模型的应用，又可分为结构分析、政策评价和经济预测三个方面。

每一步具体问题的研究，尤其是模型估计、模型检验和模型应用是本书研究的重点。以上五个步骤可用图概括，如图 1.4 所示。

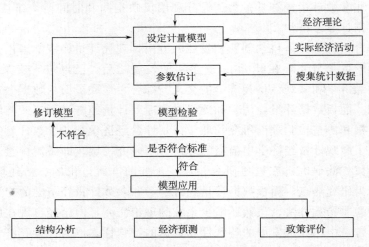

图 1.4 计量经济学研究的步骤

■ 第四节　计量经济学发展的动向

　　计量经济学自 20 世纪 20 年代末 30 年代初形成以来，无论在技术方法还是在应用方面发展都十分迅速，尤其是经过 20 世纪 50 年代的发展阶段和 60 年代的扩张阶段，其在经济学科中已经占据重要的地位，主要表现在以下方面：①在西方大多数大学和学院中，计量经济学的讲授已成为经济学课程表中权威的一部分。②1969～2003 年诺贝尔经济学奖的 34 位获奖者中有多位是与研究和应用计量经济学有关。著名经济学家、诺贝尔经济学奖获得者萨缪尔森甚至说："第二次世界大战后的经济学是计量经济学的时代。"③计量经济学方法与其他经济数学方法的结合应用得到发展。④计量经济学方法从主要用于经济预测转向经济理论假设和政策评价的检验。⑤计量经济学模型的应用从传统的领域转向新的领域，如货币、工资、就业、福利、国际贸易等。⑥计量经济学模型的规模不再是水平高低的衡量标准，人们更喜欢建立一些简单的模型，从总量、趋势上说明经济现象。

　　一般认为，可以以 20 世纪 70 年代为界将计量经济学分为经典计量经济学（classical econometrics）和现代计量经济学（modern econometrics），而现代计量经济学又可以分为四个分支：时间序列计量经济学（time series econometrics）、微观计量经济学（micro-econometrics）、非参数计量经济学（nonpara-metric econometrics）及面板数据计量经济学（panel data econometrics）。这些分支作为独立的课程已经被列入经济学研究生的课程表，独立的教科书也已陆续出版，应用研究已十分广泛，标志着它们作为计量经济学的分支学科已经成熟。现代计量经济学的各个分支是以问题为导向，在经典计量经济学模型理论的基础上，沿着"分解"的方向发展成为相对独立的模型理论体系，具体而言，为了解决宏观经济时间序列的非平稳性与经典计量经济学模型数学基础之间的矛盾，发展了现代时间序列计量经济学；为了适应扩张了的研究对象和表征研究对象的数据特征，发展了微观计量经济学；为了解决参数模型设定的困难和普遍存在的设定误差问题，发展了非参数计量经济学；为了充分利用反映空间和时间两个维度的经验信息，发展了面板数据计量经济学。

　　交叉与综合，从来都是科学创新和发展的方向，现代计量经济学理论也不例外。现代计量经济学的各个分支，在经历了 30 多年的发展之后，已经进入交叉与综合阶段。面板数据计量经济学和微观计量经济学的交叉与综合，形成了面板数据微观计量经济学模型研究领域。面板数据计量经济学和现代时间序列计量经济学的交叉与综合，形成了面板数据单位根和协整检验理论研究领域。微观计量经济学和非参数计量经济学的交叉与综合，形成了微观计量经济学中前沿的理论方法研究领域，即微观计量经济学模型的非参数和半参数方法研究。在这些研究领域，正如前文所讨论的，已经取得显著的成果，并继续成为研究热点。面板数据计量经济学和非参数计量经济学的交叉与综合，即面板数据模型的非参数方法，虽然还缺少系统的理论研究，但已经出现在应用研究中。

　　对中国而言，中国经济发展的特殊性和数据的特殊性，也为计量经济学理论方法的创新提出了许多新的问题。例如，经济发展在时间序列上的结构变化特征、个体行为在同一时间截面上的极大的差异性、选择行为的非理性，等等。抓住这些问题，在计量经济学应用研究的过程中发展基本理论和方法，应该成为我国计量经济学理论研究与创新的一个主要方向。

第五节 计量经济学软件 EViews 简介

一、EViews 是什么

EViews 是 econometrics views 的缩写，直译为计量经济学观察，俗称计量经济学软件包。它的本意是对社会经济关系与经济活动的数量规律，采用计量经济学方法与技术进行"观察"。计量经济学研究的核心是设计模型、收集资料、估计模型、检验模型、运用模型进行预测、求解模型和运用模型。EViews 是完成上述任务必不可少的工具。正是由于 EViews 等计量经济学软件包的出现，计量经济学才取得了长足的进步，发展成为实用与严谨的经济学科。

EViews 是 QMS 公司研制的在 Windows 下专门从事数据分析、回归分析和预测的工具。使用 EViews 可以迅速地从数据中导出统计关系，并用得到的关系去预测数据的未来值。EViews 的应用范围包括：科学试验数据分析与评估、金融分析、宏观经济预测、仿真、销售预测和成本分析。

EViews 是专门为大型机开发的、用以处理时间序列数据的时间序列软件包的新版本。EViews 的前身是 1981 年第 1 版的 MicroTSP。目前最新的版本是 8.0。虽然 EViews 是经济学家开发的，而且主要用于经济学领域里，但是从软件包的设计来看，EViews 的运用领域并不局限于处理经济时间序列。即使是跨部门的大型项目，也可以采用 EViews 进行处理。

EViews 处理的基本数据对象是时间序列，每个序列有一个名称，只要提及序列的名称就可以对序列中所有观察值进行操作。EViews 允许用户以简便的可视化的方式从键盘或磁盘文件中输入数据，根据已有的序列生成新的序列，在屏幕上显示序列或在打印机上打印输出序列，对序列之间存在的关系进行统计分析。EViews 具有操作简便又可视化的操作风格，体现在从键盘或从磁盘输入数据序列，依据已有序列生成新序列，显示和打印序列，以及对序列之间存在的关系进行统计分析等方面。

EViews 预测分析计量软件在科学数据分析与评价、金融分析、经济预测、销售预测和成本分析等领域应用非常广泛。EViews 软件在 Windows 环境下运行，操作接口容易上手，使得本来复杂的数据分析过程变得易学易用。EViews 能够处理以时间序列为主的多种类型的数据，进行包括描述统计、回归分析、传统时间序列分析等基本的数据分析及建立条件异方差、向量自回归等复杂的计量经济模型。

EViews 具有现代 Windows 软件可视化操作的优良性。可以使用鼠标对标准的 Windows 菜单和对话框进行操作。操作结果出现在窗口中并能采用标准的 Windows 技术对操作结果进行处理。此外，EViews 还拥有强大的命令功能和批处理语言功能。在 EViews 的命令行中输入、编辑和执行命令。在程序文件中建立和存储命令，以便在后续的研究项目中使用这些程序。

这里假定读者对 Windows 的使用是熟悉的，即熟悉鼠标、窗口的控制、滚动条的使用、窗口的激活、窗口的控制按钮、窗口的移动和大小的复原、选择和执行某个项目、选择多个项目、菜单和对话框等的概念与操作。下面简要介绍 EViews 6 窗口的基本构成和 EViews 的帮助资源。

二、运行 EViews

在 Windows XP 中运行 EViews 的方法有：①点击任务栏上的开始 → 所有程序 → EViews 6 程序组 → EViews 6 图标；②使用 Windows 浏览器或从桌面我的电脑定位 EViews 6 目录，双击 EViews 6 程序图标；③双击桌面 EViews 6 图标；④双击 EViews 的工作文件和数据文件。

三、EViews 的窗口

EViews 窗口分为几个部分：标题栏、主菜单栏、命令窗口、状态栏和工作区域，如图 1.5 所示。

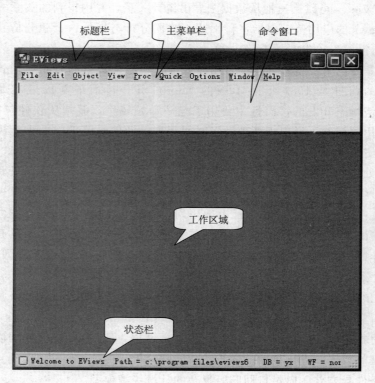

图 1.5　EViews 窗口

1. 标题栏

标题栏位于主窗口的顶部，标记有 EViews 字样。当 EViews 窗口处于激活时，标题栏颜色加深，否则变暗。点击 EViews 窗口的任意区域将使它处于激活状态。

2．主菜单栏

主菜单栏位于标题栏之下。将指针移至主菜单上的某个项目并用鼠标左键点击，打开一个下拉式菜单，通过点击下拉菜单中的项目，就可以对它们进行访问。菜单中黑色的是可执行的，灰色的是不可执行的无效项目。

3．命令窗口

主菜单下的区域称做命令窗口。在命令窗口键入命令，按 ENTER 后命令立即执行。

命令窗口中的竖条称为插入点。它指示键盘键入字符的位置。

将插入点移至从前已经执行过的命令行，编辑已经存在的命令，按 ENTER，立即执行原命令的编辑版本。

命令窗口支持 cut-and-paste 功能，命令窗口、其他 EViews 文本窗口和其他 Windows 程序窗口间可方便地进行文本的移动。命令窗口的内容可以直接保存到文本文件中备用，为此必须保持命令窗口处于激活状态，并从主菜单上选择 File/Save As。

若键入的命令超过了命令窗口显示的大小，窗口中就自动出现滚动条，通过上下或左右调节，可浏览已执行命令的各个部分。将指针移至命令窗口下部，按着鼠标左键向下向上拖动，来调整缺省命令窗口的大小。

4．状态栏

窗口最底部是状态栏。状态栏分为 4 个栏。

左栏有时给出 EViews 送出的状态信息，点击状态行左端的边框可以清除这些信息。第二栏是 EViews 缺省的读取数据和程序的路径。最后两栏分别显示缺省的数据库和缺省的工作文件。

5．工作区域

窗口的中心区域称为工作区域。EViews 在此显示它建立的各种对象的窗口。工作区域中的这些窗口类似于用户在办公桌上用以工作的各类纸张。出现在最上面的窗口正处于焦点，即处于激活状态。状态栏颜色加深的窗口是激活窗口。

点击部分处于下面的窗口的标题栏或任何可见部分，都可以使该窗口移至顶部。或者按压 F6 或 CTRL-TAB，循环地激活各个窗口。

此外，点击窗口中菜单项目，选择关注的文件名，可直接选择某个窗口，还可以移动窗口、改变窗口的大小等。

四、EViews 的主要功能

（1）采用统一的方式管理数据，通过对象、视图和过程实现对数据的各种操作。

（2）输入、扩展和修改时间序列数据或截面数据，依据已有序列按任意复杂的公式生成新的序列。

（3）计算描述统计量：相关系数、协方差、自相关系数、互相关系数和直方图。

（4）进行 t 检验、方差分析、协整检验、Granger 因果检验。

（5）执行普通最小二乘法、带有自回归校正的最小二乘法、两阶段最小二乘法和三阶段最小二乘法、非线性最小二乘法、广义矩估计法、ARCH 模型估计法等。

（6）对离散选择决策模型进行 Probit、Logit 和 Gompit 估计。

（7）对联立方程进行线性和非线性的估计。

（8）估计和分析向量自回归模型。

（9）多项式分布滞后模型的估计。

（10）回归方程的预测。

（11）模型的求解和模拟。

（12）数据库管理。

（13）与外部软件进行数据交换。

五、关闭 EViews

关闭 EViews 的方法很多：选择主菜单上的 File/Close；按 ALT-F4 键；点击 EViews 窗口右上角的关闭按钮；双击 EViews 窗口左上角等。

EViews 关闭总是警告和给予机会将那些还没有保存的工作保存到磁盘文件中。

六、EViews 的求助资源

1. EViews 用户手册

用户指南讲述怎样使用 EViews 进行研究工作。前几章讲述基本操作，中间几章讲述基本的计量经济学方法，最后几章介绍高级方法。

指南力求完整，但企图描述 EViews 的各个方面也是不现实的。在 EViews 中完成同一工作，几乎总是存在几种不同的方法，因而不可能介绍这些方法的全部。事实上，这个软件包的魅力就在于，用户肯定还会发现别的什么方法来完成自己的任务，也许用户发现的方法是更有效的。

用户指南绝大部内容是解释可视化（鼠标图形界面）操作 EViews 的方法的，即利用鼠标如何去完成 EViews 的各种操作。为了保证大量统计方法能在 EViews 中有效地运用，提供了与这些方法有关的技术信息、有关的计量经济学教科书和其他信息。

在手册的第二卷《命令与编程篇参考手册》中，提供了 EViews 命令详细的、系统的信息。后面几章是为准备使用面向对象的 EViews 语言编程的高级用户准备的。因此，用户可以作出两种选择：回避 EViews 的人机交互式工作的部分，完全采用命令语言工作；或者不学习那些编程技术部分，虽然编程可以使工作更有效。

2. 帮助文件系统

EViews 手册的大部分内容可从 EViews 软件包内部的帮助系统中调出。进入主菜单选择 Help，就可以访问 EViews 的帮助系统。

因为 EViews 使用的是标准的 Windows 帮助系统，具有在线搜索和超文本链接功能。能为经常查阅的页码设置书签和插入自己的注释。此外，帮助系统还包含了用户使用手册付印后的最新信息。

3. 网络资源

生产 EViews 的 QMS（数量微软）公司的网址是：http://www.EViews.com/。

第六节 计量经济学软件 EViews 的基本概念

一、时间序列、工作文件、对象、观察、组、剪切板、数据文件

1. 时间序列（series）

时间序列由按一定时间间隔和时间先后顺序排列的某个变量的一系列观察值组成。截面数据也称为序列。

2. EViews 中时间序序列频率的种类

时间序序列频率分为日期型频率和非日期型频率两类。不规则的日期型数据归入非日期型数据类。

非日期型序列（截面数据），需指明起始序号＝1，终止序号＝序列数据的最大个数。

3. 工作文件（workfile）

用户使用计量经济学软件包之前，即启动软件包以后必须首先在内存（RAM）中建立工作文件，即在 RAM 中开辟处理数据的工作区。或者，从磁盘上加载一个工作文件到内存。用户在与软件包之间整个交互式处理过程中，工作文件一直保存在内存中。工作文件中可以包括的对象有：序列、组、方程、图形、系统、模型、系数向量等。

4. 对象（object）

EViews 软件包使用术语对象 object 表明它已经向面向对象的设计思想前进了一大步。EViews 是围绕对象这个概念建立起来的，对象包括时间序列、方程、模型、系数和矩阵等。

对象是可见的，当用户与 EViews 会话期间，用户正在使用的、被激活的对象在屏幕上是可见的。而其他非激活窗口中对象要么是一个图标，要么是一个打开的窗口。可以双击图标使其变成窗口，也可以点击窗口最小化按钮使窗口变成一个图标。

"对象"一词涉及可对其操作和建立的许多东西。用户已经熟悉的方程、模型和系数等是数据对象。图形、表格、文本则是非数据对象。

5. 观察（views）

每个对象都具有观察。通常意义下的对象具有属性、方法、函数和过程等，一旦对象被激活，它的属性等就会表现出来。显然 EViews 中的"观察"指的是对象可视的一些属性。一个对象提供的用以对其自身属性进行观察和分析的窗口称为该对象的"观察"。大多数对象具有多种属性，从而具有多个"观察"，即用户可以从多个窗口对该对象进行不同属性的观察。或者说对象的属性是通过各种"观察"表现出来的。

例如，一个序列（显然是一个对象）具有电子数据表观察、线性图观察、柱形图观察、饼图观察、直方图观察和描述统计量观察。

一个序列的观察既可以是图形，也可以是表或电子数据表，还可以是描述统计量等综合计算的结果。

观察并不是孤立的，它是对应数据对象属性的表现。所以，当序列中的数据发生了变更，该对象的图形观察将自动进行更新。

对象具有"观察"，与此同时"观察"也可生成对象。EViews 允许用户将一个观察转换为一个对象，EViews 称这样生成的对象为观察的"冻结"对象。当对应序列中的数据发生变化时，冻结的图形(已经不是观察，而是一个新的对象)将不再发生变化，但允许对冻结的观察进行各种各样的编辑并把它们传送到其他软件中去。此外，允许将冻结了的对象命名和保存到磁盘上。

6. 组(group)

组是对象之一，组对象具有使用灵活简便的特性。

从本质上看，组是把若干序列合并在一起构成的一个"组"，以便对组内所有的序列同时使用一种方法进行操作。

一个组可由若干序列或由若干其他的组构成。允许用户利用组打开该组的各种"观察"。

组的作用如下：①通过组观察，对组内所有序列的数据进行多角度的观察；②还允许直接在组窗口中通过键盘输入和编辑数据。

组的特性如下：①组不是各个序列数据的一个拷贝；当用户改变属于某组的一个序列的数据时，在组窗口中可以看到这些数据的新变化；②与此同时，如果删除一个序列，那么此时会看到该序列从组中也消失了；③对组中某个序列改名，这个序列仍然留所属组中，但名称已被更改。

组具有的"观察"如下：①像其他数据对象一样，组具有"观察"，每个"观察"又是以"窗口"的形式出现的。②组的标准"观察"是以电子数据表形式显示序列的窗口，在表中，序列按列排列。③组的其他"观察"包括图形、多线图形和描述统计量等窗口。

依据已有序列生成组的最简便方法如下。

1) 通过工作文件窗口新建组

从工作文件目录中选择序列的名称，然后双击任何一个被选中的序列区域，EViews6 弹出一个小窗口，从中选择建立组。

新生成的组以电子数据表形式在窗口出现。注意，用非连续排列的对象来生成组时，需先按住 Ctrl 键。在工作文件窗口内点击序列的顺序，就是组中序列排列的顺序。

2) 通过主菜单新建组

在主菜单上点击 Objects/New/Group 建立一个组。此时还要求键入包括在新建组中的各序列名、其他组的组名。一个新建组中若包括另一个组的组名，此时另一个组内的序列将全部包含在新建组之中。新建组的成员还可以包含滞后序列名。

3) 通过键盘输入数据新建一个组

通过键盘输入数据新建组的目的，在于给新组输入数据。点击主菜单 Quick/Empty Group，将出现一个既没有数据也没有名称的电子数据表窗口。

允许在列的顶部输入序列的名称，并将数据键入。这样输入的序列也将加入到工作文件之中。

组窗口工具条与序列窗口工具条的主要差别表现在"Save"按钮上，前者保存组(＊.DBG)，后者保存序列(＊.DB)。

可以在任何时间向组内增加数据，选择组电子数据表观察后，必须按"Edit＋/－"按钮打开编辑模式。

4）通过命令窗口新建组

例如，在命令窗口（主菜单下）键入命令：DATA Y X1 X2 X3 X4 X5，以便生成一个包括 Y、X1、X2、X3、X4、X5 序列的组。如果序列名是已经存在的，就编辑原序列，如为新序列名则等待输入新的数据。

7. 剪切板

EViews 为用户提供了强有力的 Windows 剪切板。使用主菜单上 Edit / Copy 将鼠标选定的内容复制到剪切板上，再使用 Edit / Paste 将保存在剪切板上的内容粘贴到其他地方。这些功能使用户可以在 Windows 软件之间交换数据，并交互式地使用多个软件并行工作。

8. 窗口间切换

使用 EViews 不难发现可以用窗口代替纸张进行作业。工作时会产生许多窗口，最近使用的窗口处于各个窗口的顶部。当用户完成探索性研究后，通过点击各个窗口，在窗口之间跳转，浏览中不难找出最满意的结果。也可以使用 ALT-F6 对各个窗口进行循环浏览。

9. 数据文件（data bank）

EViews 允许用户在磁盘的某个目录下保存 EViews 产生的数据文件。数据文件的种类很多，EViews 的各个对象都可以形成数据文件。文件名采用 8.3 格式。扩展名指出了该数据文件是何种对象的数据文件。数据文件的类型及扩展名对照如下：

. DB series

. DBE equation

. DBM matrix，vector，or coefficient

. DBG graph

. DBR group

. DBT table

. DBL model

. DBS system

. DBV vector autoregression

从对象扩展名可以看对象类型。

对对象的磁盘操作与管理（通过各个窗口上工具条的按钮）：可以对数据文件进行存储（store）、读取（fetch）、删除（delete）、重命名（rename）等操作。

二、方程、指数平滑、标签、程序、残差、t 统计量

1. 方程（equation）

从主菜单选择/New Object/Equation，建立方程对象。建立方程时除了设定数据外，还需确定两个选项：估计方法和用以估计模型的样本区间。

允许采用最小二乘法、两阶段最小二乘法、logit 和 probit 方法之一去估计一个方

程。方程的系数可以是非线性的，可以包含 ARIMA 和多项式分布滞后选项，还可以设定样本区间。

新建方程方法一：

（1）点击 Object \ New Object \ Equation 后打开一个对话框。

（2）对话框上边的编辑栏中，设定用户要估计的方程。

（3）设定待估计线性方程最容易的办法是列出包含在方程的变量名，应变量之后排列回归解释变量。

例如，设定一个 Y 关于 X 和截距进行回归的线性消费方程：

$$Y\ C\ X$$

（4）设定模型的另一种方法（使用常规的数学符号将待估计的方程以显式的形式设定）。

例如，道格拉斯生产函数

$$Y = C(1) \cdot (L\char`\^C(2)) \cdot K\char`\^C(3)$$

新建方程方法二：

（1）先选择方程中包含的所有变量构成一个组，最好应变量放在第一位。

（2）然后在组窗口中选择 Proc / Equations，此时打开的对话框的上部已经将选中的变量列出，只需进一步选择方法和区间。

常数序列 C：

EViews 事先（建立工作文件时）构造了一个名叫 C 的常数序列，用以保存估计系数，C 可以在各种统计运算中被调用，所以不能再用 C 作序列名。

模型中滞后序列的设置：

滞后序列允许包含在方程式中，滞后序列如同一个新的序列，它与原序列名字相同，必须在后面圆括号中指明滞后或超前的期数。

在模型设定中使用滞后变量的示例：

$$Y\ Y(-1)\ C\ X$$

Y 是应变量，而应变量滞后一期的滞后变量 $Y(-1)$、X 和截距 C 是解释变量。

$Y(-1\ T0-4)$ 表示 4 个滞后变量，它们分别是：$Y(-1)$、$Y(-2)$、$Y(-3)$ 和 $Y(-4)$。

$Y(T0-2)$ 表示从滞后 0 期开始的 3 个变量：Y、$Y(-1)$ 和 $Y(-2)$。

点击 OK 后，EViews 进行估计并生成一个方程对象。

方程对象有许多观察，允许用户从多个角度对估计得到的方程进行观察。

1）View/Representations 观察

观察方程的三种形式：①命令方式，如变量列表；②待估系数构成的代数式；③估计系数构成的代数式。

2）View/Estimation Output 观察

估计方程后，View/Estimation Output 是最先观察到的，该观察输出估计标准结果。

3）View/Actual，Fitted，Residual/Table 观察

从左边的表中观察应变量的实际值、拟合值和残差，从右边观察残差图。

4）View/Actual，Fitted，Residual/Graph 观察

观察应变量实际值、拟合值和残差的标准 EViews 图。

5）View/Coefficient Tests、Residual Tests 和 Stability Tests 观察

该观察打开规范性检验和诊断性检验的次级菜单。

Proc 按钮

给出一些选项：一个是 Estimate，再一个是 Forecast。

Print 按钮

将当前窗口打印输出。

Name 按钮

给方程命名，命名后的方程作为一个对象，保持在工作文件中，它的小图标上有一个等号"＝"。

Freeze 按钮

给出一个静态的表或者图（已是对象了，而不是数据表观察或图形观察），以便以后进行编辑作为研究结果输出。

Estimate 按钮

打开估计对话框，允许更改待估方程、样本区间，并重新进行估计。

Forecast 按钮

根据所得方程计算预测值。

2. 指数平滑（exponential smoothing）

指数平滑是基于时间序列的一个简单的统计模型进行预测的方法。与回归模型不同，它不使用除了序列自身以外的其他信息进行预测。

1）简单指数平滑

这类技术中最简单的是单指数平滑，适用于对围绕常数平均数上下随机扰动的序列进行预测。

2）平滑常数

如果序列既不存在趋势模式也不存在季节模式，应当采用指数平滑。但单指数平滑预测值乃是序列按衰减系数（平滑系数）递推。衰减系数通常是一个相当小的数（0～1），如 0.05。预测值缓慢地与序列实际值相适应。

3）指数平滑预测值

在指数平滑预测的典型应用中，允许使用可用于预测序列的全部历史值（实际值）。对整个期间计算平滑预测值以后，观察值对应的平滑值就是你所求的下一个观察期的预测值。最后一期的平滑值就是未来一期的预测值。

4）平滑常数的设定

可以要求 EViews 按预测误差平方和最小化自动求解平滑常数，而无需用户指定平滑常数。但是，如果 EViews 自动求解出的平滑常数很大，表明你的序列接近于一个随机游走过程，最佳预测是给近期观察值以较大的权数，给滞后期较远的观察值以较小的

权数。

5）双指数平滑与三指数平滑

如果序列存在趋势，应当采用考虑了趋势影响的双指数平滑法进行预测，单指数平滑对未来的预测只是在相同发展水平上的一个数，而双指数平滑的预测值则是按发展水平，同时也按某种趋势增长，用线性方程进行预测。

三指数平滑同时对发展水平，增长趋势和季节变动进行指数平滑，且分加法模型和乘法模型。例如，Holt-Winter 分为：无季节、乘法和加法。

3. 标签（labels for objects）

EViews 的对象具有说明自身的标识或注释的标签。标签显示在对象的标签窗口。序列和矩阵的标签显示在电子数据表观察的顶部。EViews 自动补充和更新标签提供的信息。允许将补充的信息附加在原有信息之下。EViews 允许的标签信息不超过 20 行。

4. 程序（programs）

使用程序，必须首先熟悉对象，观察和过程。程序是 EViews 的命令文件。程序不是保持在工作文件之内的对象，程序是能够操作工作文件甚至操纵 EViews 自身进行工作的软件。

5. 残差（residuals）

残差是应变量实际值与拟合值之间的差，残差度量了回归方程用于预测时可能发生的误差。注意残差与方程（模型）设定中随机扰动项的区别。

6. t 统计量（t-statistics）

t 统计量是用来检验系数具有特殊值的检验统计量。检验系数等于 0（该变量不包含在模型内）的 t 值是系数与它的标准差的比值。

如果 t 值超过 1 则至少有三分之二的可靠性认为系数不等于 0 是真实的；如果 t 值超过了 2，那么至少有 95％的可靠性认为系数是不等于 0 的。

三、运算符和函数、特殊函数、回归统计@函数、混合@函数

（一）运算符和函数

+

add，加。

−

subtract，减。

*

multiply，乘。

/

divide，除。

^

raise to the power，幂次。

$D(X)$

first difference of X，$X - X(-1)$，一阶差分。

LOG(X)

natural logarithm，自然对数。

DLOG(X)

change in the natural logarithm，LOG(X)$-$LOG($X(-1)$)，自然对数改变量。

EXP(X)

exponential function，指数函数。

ABS(X)

absolute value，绝对值。

SQR(X)

square root，平方根。

RND

uniformly distributed random number between zero and one，0 和 1 之间均匀分布的随机数。

NRND

normally distributed random number with zero mean and variance of one，均值为 0 方差为 1 的正态分布的随机数。

@PCH(X)

percent change (decimal)，$(X-X(-1))/X(-1)$，百分改变量。

@INV(X)

inverse or reciprocal，$1/X$，逆或倒数。

@DNORM(X)

standard normal density，标准正态密度。

@CNORM(X)

cumulative normal distribution，累计正态分布函数。

@LOGIT(X)

logit of X，逻辑特函数 $\dfrac{1}{1+e^{-x}}$。

@FLOOR(X)

convert to integer by rounding down; returns the largest integer not greater than，X 转换为不大于 X 的最大的整数。

@CEILING(X)

convert to integer by rounding up; returns the smallest integer not less than，X 转换为不小于 X 的最小整数。

（二）缺省值和无效数据符号 NA

EViews 使用 1.E-37 作为有效数据分界点。例如，当给其一个比较长的序列数据，只输入一部分数据，另一部分数据是缺省的，此时就显示出 NA（for not available)符号。

为了检验序列 ASSETS 中是否存在 NA 数据，依据 ASSETS 序列生成一个新序列 DA

Genr DA＝ASSETS＜＞NA

"＜＞"的含义是，ASSETS 与 NA 进行比较，DA 取 1 的观察值处，表示不存在 NA；DA 取 0 的观察值处，表示存在 NA 数据。NA 数据运算的结果仍然是 NA。

(三) 特殊函数

EViews 中有一类以@打头的特殊函数，用以计算序列的描述统计量，或者用以计算最常用回归估计量。例如，

@MEAN(TBILL)

给出序列 TBILL 在当前样本区间上的算术平均数。

大多数@函数对于所有的观察值取同一数值，它们是对整个样本区间计算的描述统计量，或回归统计函数。

计算描述统计量的@函数：

@SUM(X)

　sum of X，序列 X 的和。

@MEAN(X)

　mean of X，序列 X 的平均数。

@VAR(X)

　variance of X，序列 X 的方差。

@SUMSQ(X)

　sum of squared X，序列 X 的平方和。

@OBS(X)

　number of valid observations in X，序列有效观察值的个数。

@COV(X, Y)

　covariance between X and Y，序列 X 和序列 Y 的协方差。

@COR(X, Y)

　correlation between X and Y，序列 X 和序列 Y 的相关系数。

@CROSS(X, Y)

　cross product of X and Y，序列 X 和序列 Y 的乘积和。

当序列 X 是一个数时，下列统计函数也返回一个数值；当 X 是一个序列时，下列统计函数返回的是一个序列：

@DNORM(X)

　standard normal density function of X，标准正态分布密度函数。

@CNORM(X)

　standard cumulative normal distribution function of X，标准累计分布函数。

@TDIST(X, d)

　Probability that a t-statistic exceeds X with d degrees of freedom，自由度为 d 的 t 统计量的概率。

(四) 回归统计函数

回归统计函数从一个指定的方程对象返回一个数。调用方法：方程名后接句号"."再接@函数。例如，

SALESEQ. @DW

返回 SALESEQ 方程的杜宾-瓦特苏统计量。如果在函数前不用方程名限定，则返回当前估计方程的统计量。例如，@R2

从最近估计的方程中返回判定系数 R2。

常用的回归统计函数如下：

@R2

　R^2 statistic，决定系数。

@RBAR2

　adjusted R^2 statistic，调整后的决定系数。

@SE

　standard error of the regression，回归标准差。

@SSR

　sum of squared residuals，回归平方和。

@DW

　Durbin-Watson statistic，杜宾-瓦特苏统计量。

@F

　F-statistic，F 统计量。

@LOGL

　value of the log-likelihood function，最大似然估计函数的对数值。

@REGOBS

　number of observations in regression，回归方程中观察值的个数。

@MEANDEP

　mean of the dependent variable，因变量的均值。

@SDDEP

　standard deviation of the dependent variable，因变量的标准差。

@NCOEF

　total number of estimated coefficients，估计系数的总个数。

@COVARIANCE(i, j)

　covariance of coefficients i and j，回归系数 i 和回归系数 j 间的协方差。

@RESIDCOVA(i, j)

　covariance of residuals from equation i with those in equation j in a VAR or system object，向量自回归或系统中第 i 个方程残差与第 j 个方程残差间的协方差。它必须以(已命名的)对象名为前导，如 VAR1. @RESIDCOVA(2，2)。

（五）其他功能的特殊函数

下列函数计算产生一个序列：

@MOVAV(X，n)

n period moving average of X，where n is an integer，序列 X 平滑期为 n 的移动平均数，其中 n 为正整数。

@MOVSUM(X，n)

n period moving sum of X，where n is an integer，序列 X 平滑期为 n 的移动和，其中 n 为正整数。

@TREND(d)

time trend variable normalized to be zero in period d，where d is a date or observation number，在时期 d 正态化为 0 的时间趋势变量，其中 d 为时期或观察值个数。

@SEAS(d)

seasonal dummy equal to one when the quarter or month equals d and zero otherwise，生成一个季度或月度等于 d 时取 1，其他取 0 的季节变量。

特殊的@函数可以与其他 EViews 运算符和其他函数结合起来使用。例如，

$$Q + V - @MEAN(Q+V)$$

在当前样本区间上，产生一个新的序列，等于序列 Q 加序列 V 再减去（Q＋V）的均值。

$$@SEAS(3)$$

建立一个虚拟变量，该虚拟变量第 3 季度取 1，其他季度取 0。

特殊的@函数也可用于估计方程或者定义一个样本。例如，

$$C(1) + C(2) \cdot Q + C(3) \cdot @TREND(1970)$$

使用回归常数 $C(1)$、序列 Q 和在 1970 年正态化为 0 的趋势变量来定义回归变量。

思考与练习题

1. 为什么说计量经济学是经济理论、数学和经济统计学的结合？试述三者的关系。
2. 为什么说计量经济学是一门经济学科？它在经济学科体系中的作用和地位是什么？
3. 计量经济模型一般由哪些要素组成？
4. 计量经济学中应用的数据是怎样进行分类的？每种数据的应用需注意哪些问题？
5. 试结合一个具体经济问题说明建立与应用计量经济学模型的主要步骤。
6. 查阅相关资料，简单谈谈中国计量经济学研究的现状和发展趋势。

第二章

一元线性回归模型

本章介绍回归分析的基本思想与基本方法。首先，本章从回归的几个基本问题谈起，建立了回归分析的基本思想。总体回归函数是对总体变量间关系的定量表述，由总体回归模型在若干基本假设下得到，但它只是建立在理论之上，在现实中只能先从总体中抽取一个样本，获得样本回归函数，并用它对总体回归函数作出统计推断。

本章的重点关注的是如何获取线性的样本回归函数，主要涉及普通最小二乘法(OLS)的学习与掌握。本章的另一个重点是对样本回归函数能否代表总体回归函数进行统计推断，即进行所谓的统计检验。统计检验包括两个方面：一是先检验样本回归函数与样本点的"拟合优度"；二是检验样本回归函数与总体回归函数的"接近"程度。后者又包括两个层次：第一，检验解释变量对被解释变量是否存在着显著的线性影响关系，通过变量的 t 检验完成；第二，检验回归函数与总体回归函数的"接近"程度，通过参数估计值的"区间检验"完成。本章还有三个方面的内容不容忽视：其一，若干基本假设。样本回归函数参数的估计，以及对参数估计量的统计性质的分析及所进行的统计推断都是建立在这些基本假设之上的。其二，参数估计量统计性质的分析，包括无偏性、最小方差性构成了对样本估计量优劣的最主要的衡量准则。Gauss-Markov 定理表明 OLS 估计量是最佳线性无偏估计量。其三，运用样本回归函数进行预测，包括被解释变量条件均值与个值的预测，以及预测置信区间的计算及其变化特征。

计量经济学在对经济现象建立计量经济模型时，大量运用了回归分析这一统计技术，本章和下一章将通过一元线性回归模型、多元线性回归模型来介绍回归分析的基本思想。

■ 第一节　回归分析的几个基本问题

回归分析是计量经济学的主要分析工具，下面我们将要讨论这一工具的性质。

一、回归分析的性质

(一) 回归释义

"回归"一词最先由 F. 加尔顿（Francis Galton）提出。加尔顿发现，虽然有一个趋势，父母高，儿女也高；父母矮，儿女也矮，但给定父母的身高，儿女辈的平均身高却趋向于或者"回归"到全体人口的平均身高。或者说，尽管父母双亲都异常高或异常矮，而儿女的身高则有走向人口总体平均身高的趋势（普遍回归规律）。加尔顿的这一结论被他的朋友 K. 皮尔逊（Karl Pearson）证实。皮尔逊收集了一些家庭的 1000 多名成员的身高记录，发现对于一个父亲高的群体，子辈的平均身高低于他们父辈的身高，而对于一个父亲矮的群体，子辈的平均身高则高于其父辈的身高。这样就把高的和矮的子辈一同"回归"到所有男子的平均身高，用加尔顿的话说，这是"回归到中等"。

回归分析是用来研究一个变量（被解释变量 explained variable 或称因变量 dependent variable）与另外一个或多个变量（解释变量 explanatory variable 或称自变量 independent variable）之间的关系。其用意在于通过后者（在重复抽样中）的已知或设定值去估计或预测前者的（总体）均值。

下面通过几个简单的例子，介绍回归的基本概念。

（1）加尔顿的普遍回归规律。加尔顿的兴趣在于发现为什么人口的身高分布有一种稳定性，我们关心的是，在给定父辈身高的条件下找出子辈平均身高的变化。也就是一旦知道了父辈的身高，要怎样预测子辈的平均身高。为了弄清楚这一点，如图 2.1 所示。

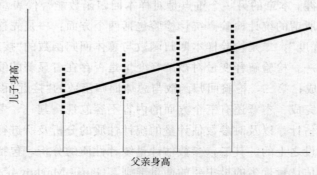

图 2.1　对应于给定父亲身高的儿子身高的假想分布

图 2.1 展示了对应于设定的父亲身高，儿子在一个假想人口总体中的身高分布，我们不难发现，对应于任一给定的父亲身高，相对应都有着儿子身高的一个分布范围，同时随着父亲身高的增加，儿子的平均身高也增加。在图 2.1 的散点图中勾画了一条通过这些散点均值的直线，以表明儿子的平均身高是怎样随着父亲的身高的增加而增加的。这条直线叫做回归线。

（2）不同的固定年龄处测度的一个假想的男孩身高总体的分布。如图 2.2 所示，我们已知对应于每一给定年龄都有一个高度的范围，显然，同一个给定年龄的男孩们不会完全一样高，身高随着年龄的增加而增加（直到一定年龄为止）。于是，知道了年龄，就能预测相当于这个年龄的平均身高。

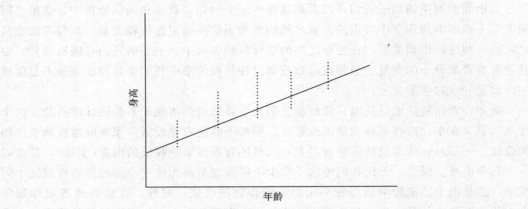

图 2.2　对应于给定年龄的男孩身高的假想分布

（3）我们也许想了解个人消费支出对税后或个人可支配实际收入的依赖关系，因为这种分析有助于估计边际消费倾向（MPC），即实际收入每增加一元所引起的消费支出的变化。

（4）由货币经济学得知，其他条件不变时，通货膨胀率越高，人们愿意以货币形式保存的收入比例 K 越低。对这种关系作数量分析，使货币经济学能够通过各种通货膨胀率来预测人们愿意以货币形式保存收入的比例。

（5）公司销售部主任想知道公司产品需求与广告费开支的关系。这种研究可以得出相对于广告费支出的需求弹性，即广告费预算每变化 1%，需求变化的百分比。这种定量方法有助于制定最优的广告费预算。

（6）也许农业经济学家想研究农作物的收成与气温、降雨量、阳光强度和施肥量等因素之间的依赖关系，通过这种依赖性分析或根据给定的解释变量的信息来预报农作物的平均收成。

为了统一符号，从现在起我们用 Y 代表因变量，X 代表解释变量。如果有多个解释变量，我们将用适当的下标，表示各个不同的解释变量 X（例如，X_1，X_2，X_3，…，X_n）。

回归分析的用途大致可以归纳为以下几个方面：

（1）通过已知变量的值来估计因变量的均值。

（2）对经济变量之间的数量关系进行假设检验——根据经济理论建立适当的假设。

例如，对前面提到的需求函数，你可以假设：需求的价格弹性为 -1.0，即需求曲线具有单位的价格弹性，也就是说在其他影响需求的因素保持不变的情况下，如果商品的价格上涨 1%，平均而言，商品的需求量将减少 1%。

（3）通过解释变量的值，对因变量的均值进行预测。

（4）上述多个目标的综合。

（二）统计关系与函数关系

从上面所列举的例子我们可以看到这样的一个问题，就是在回归分析中，变量之间的关系不像经典物理学中考虑的变量之间的那种函数或确定性依赖关系，而是考虑变量之间的一种统计依赖关系。在变量之间的统计依赖关系中，主要研究的是随机变量，也就是有着概率分布的变量。但是在函数或确定性依赖关系中我们要处理的变量不是随机的，而是一一对应的关系。

例如，农作物收成对气温、降雨量、阳光及施肥量的依赖关系是统计性质的。这个性质的意义在于：这些解释变量固然重要，但并不能使农业经济学家准确地预测农作物的收成。一是对这些变量的测量有误差，二是还有很多影响收成的因素（变量），却难以一一列举出来。因此，无论我们考虑了多少个解释变量都无法完全解释作物收成这个因变量，这是由于随机影响的存在必定影响农作物的收成。另外，在函数或确定性现象中，我们要处理的是这样一类关系式，比如说，牛顿的引力定律所表示的关系式：宇宙间每颗粒子吸引着另一颗粒子，其引力跟它们的质量乘积成正比，而与它们距离的平方成反比，用公式表示为 $F = K(m_1 m_2 / r^2)$，其中，F 为引力，m_1 和 m_2 为两个粒子的质量，r 为距离，k 为比例常数。这样的例子很多，如欧姆定律、牛顿的运动定律等。在本书中，我们不去研究变量之间的这种函数或确定性关系，而是研究变量之间带有随机影响的统计依赖关系。

（三）回归与相关的联系与区别

与回归分析有密切联系但在概念上却迥异的是相关分析。所谓相关分析，就是用来测度变量之间的线性关联程度的一种分析方法。例如，我们也许有兴趣研究吸烟与肺癌发病率、中学毕业成绩与大学成绩、股票价格与银行利率等之间的关联程度，这些将在本章的第二节中详细讨论。而在回归分析中，我们感兴趣并不是变量间的这种关联关系，而是关心当给定解释变量的某个值时如何来估计或预测应变量的平均值。

回归与相关在对变量进行分析时还是存在很大的区别的。回归分析中，对因变量和解释变量的处理方法上存在着不对称性。在这里因变量被当做是统计的、随机的，即存在着一个概率分布，而解释变量则被看做是（在重复抽样中）确定的、取有固定值的一个变量。因此在图 2.2 中，假定年龄变量是固定在给定的水平上，而身高则是在这些给定水平上度量的。但是在相关分析中，我们对称（或称平等）地对待任何变量，即因变量和自变量之间不加区别。例如，考察中学毕业成绩与大学成绩的相关性与考察大学成绩与中学成绩的相关性，两者被看成一回事，另外，两个变量都必须是随机的。以后，我们将会看到，大部分的相关理论都建立在变量的随机性的假定上，但是本书阐述的回归理论的大部分均以下述假定为条件：因变量是随机的，而解释变量是固定的或非随机的。

（四）回归与因果分析

虽然回归分析研究的是一个变量对另一个（组）变量的依赖关系，但它并不一定意味着因果关系。肯达尔(Kendall)和斯图亚蒂(Stuart)曾说:"一个统计关系式,不管多强,也不管多么有启发性,都永远不能确立因果关系的联系;对因果关系的理念必须来自统计学以外,最终来自这种或那种理论。"

前面所列举的农作物的收成一例中,我们把农作物的收成作为降雨量的因变量没有任何统计上的理由,而是出于非统计上的考虑。普通常识告诉我们不能把这种关系倒转过来,这是因为我们不能用改变农作物收成的方法来控制降雨。总之,这个例子告诉我们一个问题:存在统计关系本身不一定意味着存在任何因果关系。要谈因果关系必须进行先验的或理论上的思考。

二、回归的几个基本概念

在前面我们概括地讨论了回归的概念,下面我们将向大家介绍最简单的两个变量回归分析所依据的经济理论。首先介绍两个变量的回归分析问题,不一定是由于实用上的广泛性,而是因为它能使我们把回归分析的基本概念表述得尽可能简单,而且,某些概念还能借助于二维图形来形象说明。另外,更为一般的多变量之间的回归分析,在许多方面都是两个变量情形的逻辑推广。

(一) 总体回归函数

为了说明上面提到的回归分析的用途,我们以需求法则为例。需求法则是说当影响需求的其他变量保持不变时(经济学中著名的"其他条件不变"),商品的需求量与其价格呈反方向变动关系。这些其他变量包括消费者的收入、偏好、同类商品的价格及互补商品的价格等。

这里,我们假设总体回归直线是线性的,则可以用函数的形式来表示:

$$E(Y \mid X_i) = \beta_1 + \beta_2 X_i \tag{2.1}$$

这是总体回归直线的数学表达式,式(2.1)表示给定 X 值相应的 Y 的均值,这就是 Y 的条件期望或条件均值,下标 i 代表第 i 个子总体,表示为"在 X 取 X_i 特定值时的 Y 的期望值"。

这里需要提醒大家的是,$E(Y \mid X_i)$ 是 X_i 的函数(这里是线性函数)。这意味着 Y 依赖于 X,一般称之为 Y 对 X 的回归。回归可以简单地定义为在给定 X 值的条件下因变量 Y 这个随机变量的均值或期望。换句话说,总体回归直线经过 Y 的条件期望值。式(2.1)是总体回归函数的数学形式。

在式(2.1)中,β_1、β_2 为参数,也称为回归系数。β_1 又称为截距,β_2 又称为斜率。斜率度量了 X 每变动一个单位,Y 的均值的变化率。有关斜率和截距的更多解释及其求解将在下面的讨论中详细加以介绍。

另外,从上面的介绍中我们已经知道,回归分析就是条件回归分析,就是在给定自变量的条件下,分析因变量的行为。因此,我们无须每时每刻都加上"条件"二字。表达式 $E(Y \mid X_i)$ 可以简写为 $E(Y)$,后者是前者的简略写法。

（二）随机干扰项

1. 回归函数误差的设定

我们刚才讨论过，总体回归函数给出了对应于每一个自变量的因变量的平均值。下面我们通过案例 2.1 介绍两个变量的回归分析问题。

例 2.1 考虑一个学校的学生对《计量经济学》教科书的需求。假设该学校共有 55 个专业，表 2.1 给出了这些专业的学生对《计量经济学》一书的需求量。对表 2.1 的解释如下：当每本书的价格为 5 元时，有 7 个消费者愿意购买此书，他们对此书的需求量分别在 85 本到 91 本之间，7 个消费者的平均需求量为 88 本，这一数值是通过对其专业需求量求算术平均而得到的。类似地，当每本书的价格为 45 元时，有 5 个专业愿意购买此书，他们对此书的需求量分别在 68 本到 76 本之间，在此价格下的平均需求量为 72 本，表中的其他数值可以类似地解释。

表 2.1   55 个专业对《计量经济学》教材的需求

价格（人民币）（X）	需求量（Y）	消费者数量	平均需求量
5	85, 86, 87, 88, 89, 90, 91	7	88
10	84, 85, 86, 87, 88	5	86
15	80, 82, 84, 86, 88	5	84
20	75, 78, 82, 84, 86, 87	6	82
25	76, 79, 80, 82, 83	5	80
30	72, 75, 77, 78, 79, 82, 83	7	78
35	72, 74, 76, 78, 80	5	76
40	71, 72, 73, 74, 75, 76, 77	7	74
45	68, 70, 72, 74, 76	5	72
50	69, 70, 71	3	70
合　计		55	

表 2.1 中，当 $X = 5$ 元时，相应的 Y 的均值为 88。但是，在这个价格水平下，从 7 个专业中随机抽取一个，则它的需求量并不一定等于 88，比如，这个组中最后一个专业，它的需求量为 91 个单位，位于总体均值之上；同样从这一组选取第一个专业，则其需求量为 85，在总体均值之下。我们如何解释在某一价格下一个专业的需求量呢？不难看出每个专业的需求量应该等于总体均值（平均的需求量）加上或减去某一数量。用数学公式可以表示为

$$Y_i = E(Y) + u_i = \beta_1 + \beta_2 X_i + u_i \qquad (2.2)$$

式中，u_i 表示随机干扰项或简称为误差项。

对于式（2.2）我们可以这样理解，就是说在某一价格水平上，比如第 i 个专业的需求量，可以看做是两部分之和：第一部分为第 i 个子总体的平均需求量，即（$\beta_1 + \beta_2 X_i$），也就是在此价格水平下总体回归直线上相对应的点，这一部分称为系统的或确

定的部分。第二部分为u_i，称为非系统的或随机的部分(也就是说，由价格以外的因素所决定)。误差项u_i是一个随机变量，因此，其取值不能先验地知道，通常用概率分布来描述它。

为了更清晰地理解这一问题，我们见图2.3。

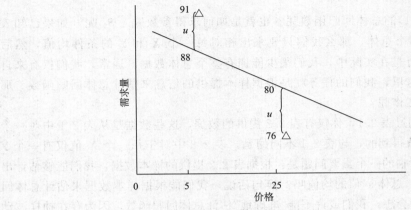

图2.3　需求量与价格关系图

从图2.3中可以看出，当$X=5$元时，某一消费者的需求量为91个单位，但在此价格水平下的平均需求量为88个单位，因而，该消费者的需求量超过该子总体的均值3个单位，也就是说，u_i为3个单位。当$X=25$时，随机抽取的一个消费者的需求量为76个单位，但在此价格水平下的平均需求量为80个单位。因而，该消费者的需求量低于总体均值4个单位，就是说u_i为-4个单位。

式(2.1)称为随机总体回归方程(stochastic PRF)，式(2.1)称为确定的(或非随机的)总体回归方程(deterministic or non-stochastic PRF)。后者表示对于具体价格，各个Y值的均值是多少。而前者告诉我们，由于误差项u的存在，个人需求量在其均值附近是如何变化的。

2. 引入随机干扰项的意义

(1) 随机干扰项可能代表了人类行为中的一些内在随机性。也就是说，即使模型中包括了主要的决定需求量的有关变量，需求量的内在随机性也一定发生，这是因为，即使人类行为是理性的，也不可能是完全可预测的。因此，用u_i或许能反映人类行为中的一些内在随机性。

(2) 随机干扰项可以代表测量误差。例如，在收集、处理统计数据中，总要产生某些主观或客观上的测量误差、登记误差，致使有些变量的观测值并不精确地等于实际值。因此，用u_i代表测量误差。

(3) 随机干扰项可能代表了模型中并未包括的变量的影响。仿效简单性原则也就是说明问题应该尽可能简单，"简单优于复杂"，只要不遗漏重要的信息，只要能说明问题，我们建立的模型越简单越好。即使知道其他变量可能对因变量有影响，我们也要把这些次要的因素归入随机干扰项u_i当中。

（4）错误的函数形式。经济现象是错综复杂的，解释变量与因变量之间的真实关系可能是非线性的，我们或者对此认识不足，或者为了简单起见往往用线性形式来表示，因此而形成的误差也归入随机干扰项 u_i 当中。

（三）样本回归函数

如何估计式(2.1)的总体回归函数呢？也就是如何求得参数 β_1、β_2 呢？如果已知表 2.1 中的数据，即整个总体，那么我们只要求出相对每一个 X 和 Y 的条件均值，然后再联立求解即可。可是在实际中，我们很少能拥有整个总体数据。通常，我们仅有来自总体的一个样本。这里，我们的任务就是根据样本提供的信息来估计总体回归函数。那么，如何完成这一工作呢？

假设你从未见到过表 2.1，你仅有表 2.2 提供的数据，这些数据是从表 2.1 中对一个 X 随机抽取一个 Y 值得到的，与表 2.1 不同的是，表 2.2 中对于每一个 X 值仅有一个 Y 值与之对应，现在面临的一个重要问题是：根据表 2.2 提供的样本数据，我们能够估计出相应于每一个 X 值，总体 Y 值的均值吗？换句话说，我们能根据样本数据来估计总体回归函数吗？大家可能会想，我们或许不能"准确地"估计总体回归函数，因为存在抽样波动或是抽样误差。为了更清楚地看待此问题，我们假设有另一个来自表 2.1 总体的随机样本，见表 2.3。对于表 2.2 和表 2.3 中的数据作图，得散点图如图 2.4 所示。

表 2.2 来自表 2.1 总体的随机样本（一）		表 2.3 来自表 2.1 总体的随机样本（二）	
Y	X	Y	X
89	5	91	5
86	10	87	10
84	15	86	15
82	20	82	20
80	25	80	25
79	30	77	30
76	35	76	35
74	40	75	40
70	45	72	45
69	50	70	50

通过散点图 2.4，可以想象得到两条很好地"拟合"了样本数据的直线，称之为样本回归线（sample regression lines，SRL），这两条样本回归线哪一条代表"真实的"总体回归线？如果不知道总体，那么我们将无法确定图 2.4 中哪一条直线代表了真实的总体回归线。如果再有一个样本，还可得到第三条样本回归线。恐怕每一条样本线都代表了总体回归线，但是由于抽样的不同，每一条直线也最多是对真实总体回归线的近似。总之，我们可能从 K 个不同的样本中得到 K 条不同的样本回归线，所有的这些样本回归线不可能都相同。

与从总体回归线得到总体回归函数类似，可用样本回归函数（sample regression

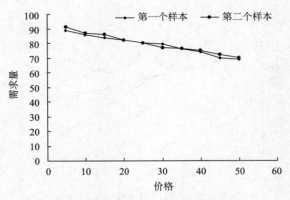

图 2.4　表 2.2 和表 2.3 对应的散点图

function，SRF)表示样本回归线。我们可以用数学公式表示如下：

$$\hat{Y}_i = \hat{\beta}_1 + \hat{\beta}_2 X_i \tag{2.3}$$

式中，$\hat{Y}_i$ 是总体条件均值 $E(Y \mid X_i)$ 的估计量；$\hat{\beta}_1$ 和 $\hat{\beta}_2$ 分别表示 β_1 和 β_2 的估计量；$\hat{\beta}_1$ 表示 β_1 的估计量；$\wedge$ 表示"帽"。

　　从图 2.4 的散点图中不难看出，并不是所有的样本数据都准确地落在各自的样本回归线上，因此，与建立随机总体回归函数一样，我们需要建立随机的样本回归函数，即

$$Y_i = \hat{\beta}_1 + \hat{\beta}_2 X_i + e_i \tag{2.4}$$

式中，e_i 是 u_i 的估计量。

　　我们把 e_i 称为残差项(residual term)，或简称为残差(residual)。从概念上讲，它与 u_i 类似，因此可以看做 u_i 的估计量。随机样本回归模型中 e_i 的生成原因与随机总体回归模型中 u_i 的生成原因是相同的。

　　总之，回归分析的主要目的是根据样本回归模型

$$Y_i = \hat{\beta}_1 + \hat{\beta}_2 X_i + e_i$$

来估计总体回归模型

$$Y_i = \beta_1 + \beta_2 X_i + u_i$$

　　因为，我们通常的分析是根据来自某一总体的单独的一个样本，由于抽样的不同，所以对总体回归函数的估计是近似估计，如图 2.5 所示。对于图 2.5 中的某个给定 X_i，有一个(样本)观察值 Y_i 与之对应，利用样本回归函数形式，观察值 Y_i 可以表示为

$$Y_i = \hat{Y}_i + e_i \tag{2.5}$$

　　利用总体回归函数形式，观察值 Y_i 可以表示为

$$Y_i = E(Y_i/X_i) + u_i \tag{2.6}$$

显然，在图 2.5 中点 A 的左侧，$\hat{Y}_i$ 过高地估计了真实均值 $E(Y/X_i)$。同样的道理，对图 2.5 中点 A 右侧任一 Y 值，样本回归函数低估了真实的总体回归函数。但是，我们很容易

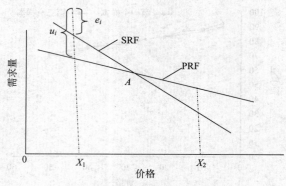

图 2.5　总体回归线与样本回归线

得出这样一个结论：由于抽样的波动，这些过高或过低的估计是不可避免的。

综上所述，大家会想到这样一个问题：既然样本回归函数仅仅是总体回归函数的近似，我们能否找到一种方法，使这种近似尽可能准确？也就是说，一般情况我们很难获得整个总体的数据，那么如何建立样本回归函数，使得 $\hat{\beta}_1$、$\hat{\beta}_2$ 尽可能接近 β_1、β_2 呢？在第二节中大家将会看到，确实可以找到一个"最适合"的样本回归函数，它将尽可能"准确地"反映总体回归函数。这也是我们大家的愿望，即使实际上无法确定真实的总体回归函数。

第二节　一元线性回归模型的估计

前面已经讲过，必须根据样本回归函数来估计总体回归函数，因为，在实际中我们仅能获得来自某一总体的一个样本。那么，如何估计总体回归方程呢？又如何判定估计的总体回归方程是否是真实的总体回归方程的一个"理想"的估计呢？我们从现在开始解答这些问题。

为了方便介绍及理解掌握总体回归方程的基本思想，我们从最简单的线性回归模型，即从一元线性回归模型（即研究因变量 Y 与一个解释变量 X 之间的关系）开始。在第三章，我们将把分析扩展到多元线性回归模型（即研究因变量与多个解释变量之间的关系）。

一、普通最小二乘法

虽然，有很多不同方法可以求样本回归函数（即真实总体回归函数的估计量），但是，在回归分析中，最为广泛的方法是最小二乘法（ordinary least squares，OLS），一般称为普通最小二乘法（OLS）。为了说明这个方法，我们先解释一下最小二乘法原理。

公式(2.2)所描述的一元线性总体回归模型：

$$Y_i = \beta_1 + \beta_2 X_i + u_i$$

由于总体回归模型中的 β_1、β_2 是未知的，我们通过样本回归模型即 $Y_i = \hat{\beta}_1 + \hat{\beta}_2 X_i + e_i$ 对总体回归模型进行估计。为此，首先样本观测值 Y_i 与估计值 $\hat{Y}_i$ 的残差为

$$e_i = Y_i - \hat{Y}_i$$

$$= Y_i - \hat{\beta}_1 - \hat{\beta}_2 X_i \text{（利用公式(2.3)得）} \tag{2.7}$$

估计总体回归模型的最优方法是，选择 β_1、β_2 的估计量 $\hat{\beta}_1$、$\hat{\beta}_2$，使得残差 e_i 尽可能小。虽然可用不同的方法完成上述过程，但在回归分析中，使用最为广泛的方法就是最小二乘法，即选择合适的 $\hat{\beta}_1$、$\hat{\beta}_2$，使得全部观察值的残差平方和为最小。最小二乘法也可以通过图 2.5 得以理解，为了研究总体回归模型中变量 X 与 Y 之间的线性关系，需要求一条拟合直线。一条好的拟合直线应该是使得残差平方和达到最小，以此为准则，建立 X 与 Y 之间的线性关系。

用数学形式表示为

$$\min \sum e_i^2 = \sum (Y_i - \hat{Y}_i)^2 = \sum (Y_i - \hat{\beta}_1 - \hat{\beta}_2 X_i)^2 \tag{2.8}$$

大家也许会考虑到为什么选用最小二乘准则，而不采用使 $\sum e_i$ 最小或者使 $\sum |e_i|$ 最小的准则？这是因为 $\sum e_i^2$ 是 $\hat{\beta}_1$ 和 $\hat{\beta}_2$ 的二次函数并且是非负的，由二次函数的性质可知，式(2.8)的极小值总是存在的。根据微分学的极值原理，则 $\sum e_i^2$ 对 $\hat{\beta}_1$ 和 $\hat{\beta}_2$ 的一阶偏导数为零，即

$$\frac{\partial \sum e_i^2}{\partial \hat{\beta}_1} = 0, \quad \frac{\partial \sum e_i^2}{\partial \hat{\beta}_2} = 0$$

由于

$$\frac{\partial \sum e_i^2}{\partial \hat{\beta}_1} = -2 \sum (Y_i - \hat{\beta}_1 - \hat{\beta}_2 X_i)$$

$$\frac{\partial \sum e_i^2}{\partial \hat{\beta}_2} = -2 \sum (Y_i - \hat{\beta}_1 - \hat{\beta}_2 X_i) X_i$$

所以

$$\sum (Y_i - \hat{\beta}_1 - \hat{\beta}_2 X_i) = 0$$

$$\sum (Y_i - \hat{\beta}_1 - \hat{\beta}_2 X_i) X_i = 0$$

整理得

$$\sum Y_i = n\hat{\beta}_1 + \hat{\beta}_2 \sum X_i \tag{2.9}$$

$$\sum X_i Y_i = \hat{\beta}_1 \sum X_i + \hat{\beta}_2 \sum X_i^2 \tag{2.10}$$

式(2.9)和式(2.10)是以 $\hat{\beta}_1$ 和 $\hat{\beta}_2$ 为未知数的方程组，叫做正规方程组，或简称正规方程。解正规方程，得到 $\hat{\beta}_2$ 的表达式：

$$\hat{\beta}_2 = \frac{n \sum X_i Y_i - \sum X_i \sum Y_i}{n \sum X_i^2 - (\sum X_i)^2} \tag{2.11}$$

不难看出，将 n、$\sum X_i$、$\sum Y_i$、$\sum X_i Y_i$ 和 $\sum X_i^2$ 各项数值代入式(2.11)就可以

求出 β_2 的估计量 $\hat{\beta}_2$，将 $\hat{\beta}_2$ 代入(2.9)可得出 $\hat{\beta}_1$ 的表达式：

$$\hat{\beta}_1 = \bar{Y} - \hat{\beta}_2 \bar{X} \tag{2.12}$$

为了表达得更简洁，在实际应用时我们经常采用离差（即样本值与其平均值的差）的形式表示 $\hat{\beta}_1$、$\hat{\beta}_2$。

设 $x_i = X_i - \bar{X}$，$y_i = Y_i - \bar{Y}$，$\hat{\beta}_2$ 表达式可以写成

$$\hat{\beta}_2 = \frac{\sum x_i y_i}{\sum x_i^2} \tag{2.13}$$

由于 $\hat{\beta}_1$、$\hat{\beta}_2$ 是用 OLS 法求得的，因此被称为最小二乘估计量（OLS estimators）。

例 2.2　回到各专业对《计量经济学》教材需求一例中，表 2.4 给出了计算 OLS 估计量所需的全部数据。

表 2.4　55 个专业对《计量经济学》教材需求一例的最小二乘计算

项目	Y_i	X_i	$X_i Y_i$	X_i^2	x_i	y_i	$\sum x_i y_i$	x_i^2
	89	5	445	25	−22.5	10.1	−227.25	506.25
	86	10	860	100	−17.5	7.1	−124.25	306.25
	84	15	1 260	225	−12.5	5.1	−63.75	156.25
	82	20	1 640	400	−7.5	3.1	−23.25	56.25
	80	25	2 000	625	−2.5	1.1	−2.75	6.25
	79	30	2 370	900	2.5	0.1	0.25	6.25
	76	35	2 660	1 225	7.5	−2.9	−21.75	56.25
	74	40	2 960	1 600	12.5	−4.9	−61.75	156.25
	70	45	3 150	2 025	17.5	−8.9	−155.75	306.25
	69	50	3 450	2 500	22.5	−9.9	−222.75	506.25
合计	789	275	20 795	9 625	0	0	−902.5	2 062.5

其中，　斜率：$\hat{\beta}_2 = -902.5/2062.5 = -0.4376$

截距：$\hat{\beta}_1 = 78.9 - (-0.4376 \times 27.5) = 90.934$

或者利用 Eviews6.0 软件进行估计，我们也可以得到需求函数的估计结果为

$$\hat{Y}_i = 90.934 - 0.4376 X_i \tag{2.14}$$

二、经典线性回归模型：最小二乘法的基本假定

我们已知总体回归模型为：$Y_i = \beta_1 + \beta_2 X_i + u_i$，它表明 Y_i 依赖于 X_i 和 u_i。因此，除非我们明确 X_i 和 u_i 是怎样产生的，否则我们将无法对 Y_i 作出任何统计推断，也无法对 β_1 和 β_2 作出任何统计推断。为了对回归估计进行有效的解释，这样就必须对随机干扰项 u_i 进行科学的抽象（即假定），这些假定称为线性回归模型的基本假定。主要有以下几个方面。

1. 零均值假定

$$E(u_i) = 0 \quad (i = 1, 2, \cdots, n) \tag{2.15}$$

这个假设表明，随机干扰项 u_i 是由许多不同因素组成的，每个因素对被解释变量的影响不同，其值可正可负，但平均地看，这些随机因素有互相抵消的趋势，因此，u_i 的期望可以假定为零，并且在给定 X_i 的条件下，Y_i 的条件期望值或平均值为 $E(Y_i/X_i) = \beta_1 + \beta_2 X_i$，$i = 1, 2, \cdots, n$。

2. 同方差假定

$$\begin{aligned} \mathrm{Var}(u_i) &= E\left[u_i - E(u_i)\right]^2 \\ &= E(u_i^2) = \sigma^2 \quad (i = 1, 2, \cdots, n) \end{aligned} \tag{2.16}$$

这个假定表明，对每个给定的 X_i，随机干扰项 u_i 的方差等于一个常数 σ^2，即解释变量取不同值时，u_i 相对于各自均值（零均值）的分散程度是相同的。同时，也不难证明 Y_i 与 u_i 具有相同的方差，这是因为

$$\begin{aligned} \mathrm{Var}(Y_i) &= E\left[Y_i - E(Y_i)\right]^2 \\ &= E\left[\beta_1 + \beta_2 X_i + u_i - (\beta_1 + \beta_2 X_i)\right]^2 \\ &= E(u_i^2) = \sigma^2 \end{aligned}$$

因此，同方差假定同时表明，因变量 Y_i 可能取值的分散程度也是相同的。

3. 无序列相关假定

$$\begin{aligned} \mathrm{Cov}(u_i, u_j) &= E[u_i - E(u_i)][u_j - E(u_j)] \\ &= E(u_i u_j) = 0 \quad i \neq j \ (i, j = 1, 2, \cdots, n) \end{aligned} \tag{2.17}$$

这个等式之所以成立，是因为通常假设 u_i 与 u_j 是相互独立的，即

$$E(u_i u_j) = E(u_i) E(u_j) = 0$$

这个假定说明，针对不同的 X_i 值，对因变量 Y_i 产生干扰的因素是完全随机的，并且相互独立、互不相关的。

4. 解释变量与随机扰动项不相关假定

$$\mathrm{Cov}(X_i, u_i) = 0 \quad (i = 1, 2, \cdots, n) \tag{2.18}$$

这个假定表明，解释变量 X_i 与随机扰动项 u_i 相互独立，互不相关，随机扰动项 u_i 和解释变量 X_i 对因变量 Y_i 的影响是完全独立的。事实上，在回归分析中，X_i 在重复抽样（观测）中固定取值，被视为确定性变量，因此 u_i 与 X_i 不相关的假定一般都能够满足。

以上假设称为线性回归模型的经典假设或高斯假设，满足该假设的线性回归模型，也称为经典（或古典）线性回归模型。

此外，为了对参数 β_1 和 β_2 进行统计推断，首先必须确定 $\hat{\beta}_1$、$\hat{\beta}_2$ 这两个统计量具体服从的概率分布形式，一般而言，可以假设它们都服从正态分布（理由在后面将阐释）。

5. 随机扰动项 u_i 服从正态分布，即随机扰动项 u_i 的正态性假定

结合前面的假设条件，这个假定表明，随机扰动项 u_i 服从期望为零，方差为常数 σ^2 的正态分布，即服从 $N(0, \sigma^2)$，并且如果假定解释变量 X_i 为确定性变量，那么有因变

量 Y_i 服从期望为 $\beta_1+\beta_2X_i$，方差为常数 σ^2 的正态分布，即服从 $N(\beta_1+\beta_2X_i，\sigma^2)$。

三、最小二乘估计量 $\hat{\beta}_1$、$\hat{\beta}_2$ 的性质及分布

(一) 最小二乘估计量 $\hat{\beta}_1$、$\hat{\beta}_2$ 的性质

在上一节中我们介绍了如何应用最小二乘法求得总体参数 β_1 和 β_2 的估计量 $\hat{\beta}_1$ 和 $\hat{\beta}_2$。OLS 法之所以得到如此广泛的应用，是因为它有一些优良的性质。如果线性回归模型满足经典假定，那么在总体参数所有的备选估计量中，OLS 估计量具有作为一个良好的统计量所应具备的统计性质，即线性性、无偏性、最小方差性(best linear unbiased estimator，BLUE)。

1. 线性性

所谓线性性，是指估计量 $\hat{\beta}_1$ 和 $\hat{\beta}_2$ 为 $Y_i(i=1，2，\cdots，n)$ 的线性函数。由式(2.13)可知：

$$\hat{\beta}_2=\sum x_iy_i\Big/\sum x_i^2=\sum x_i(Y_i-\bar{Y})\Big/\sum x_i^2$$

$$=\frac{\sum x_iY_i}{\sum x_i^2}-\bar{Y}\frac{\sum x_i}{\sum x_i^2}$$

因为

$$\sum x_i=\sum(X_i-\bar{X})=\sum X_i-n\bar{X}=0$$

设

$$k_i=x_i\Big/\sum x_i^2$$

则有

$$\hat{\beta}_2=\sum k_iY_i \tag{2.19}$$

同理，可以证明存在 $q_i(i=1，2，\cdots，n)$(请感兴趣的读者自行进行证明)，使得

$$\hat{\beta}_1=\sum q_iY_i \tag{2.20}$$

因此，$\hat{\beta}_1$、$\hat{\beta}_2$ 均是 Y_i 的线性函数。值得注意的是，由于 Y_i 是随机变量，线性性表明 $\hat{\beta}_1$、$\hat{\beta}_2$ 也是随机变量。

2. 无偏性

无偏性是指估计量 $\hat{\beta}_1$ 和 $\hat{\beta}_2$ 的期望值等于总体回归参数 β_1 和 β_2，即

$$E(\hat{\beta}_2)=\beta_2 \quad E(\hat{\beta}_1)=\beta_1$$

这是因为

$$\hat{\beta}_2=\sum k_iY_i$$

$$=\sum k_i(\beta_1+\beta_2X_i+u_i)$$

$$=\beta_1\sum k_i+\beta_2\sum k_iX_i+\sum k_iu_i$$

$$E(\hat{\beta}_2) = \beta_1 \sum k_i + \beta_2 \sum k_i X_i + \sum k_i E(u_i)$$

$$= \beta_1 \frac{\sum x_i}{\sum x_i^2} + \beta_2 \frac{\sum x_i X_i}{\sum x_i^2}$$

$$= \beta_2 \frac{\sum x_i (x_i + \bar{X})}{\sum x_i^2}$$

$$= \beta_2 \frac{\sum x_i^2}{\sum x_i^2} + \beta_2 \frac{\bar{X} \sum x_i}{\sum x_i^2}$$

$$= \beta_2$$

同理可以推证 $E(\hat{\beta}_1) = \beta_1$。

3. 最小方差性

所谓最小方差性，是指在所有的总体参数 β_1、β_2 的线性无偏估计量中，运用最小二乘法所得到估计量 $\hat{\beta}_1$ 和 $\hat{\beta}_2$ 的方差是最小的，又叫做有效性。为从理论上证明这个特性先讨论 $\hat{\beta}_1$ 和 $\hat{\beta}_2$ 的方差。

1）推证 $\hat{\beta}_1$ 和 $\hat{\beta}_2$ 的方差

由前述已知 $\text{Var}(Y_i) = \sigma^2$

$$\text{Var}(\hat{\beta}_2) = \text{Var}(\sum k_i Y_i) = \text{Var}\left(\sum \frac{x_i}{\sum x_i^2} Y_i\right)$$

$$= \sum \left(\frac{x_i}{\sum x_i^2}\right)^2 \text{Var}(Y_i)$$

$$= \frac{\sigma^2}{\sum x_i^2}$$

$$= \frac{\sigma^2}{\sum (X_i - \bar{X})^2}$$

$$\text{Var}(\hat{\beta}_1) = \text{Var}(\bar{Y} - \hat{\beta}_2 \bar{X}) = \text{Var}\left[\sum \left(\frac{1}{n} - \bar{X} \frac{x_i}{\sum x_i^2}\right) Y_i\right]$$

$$= \sum \left(\frac{1}{n} - \bar{X} \frac{x_i}{\sum x_i^2}\right)^2 \text{Var}(Y_i)$$

$$= \sigma^2 \left[\frac{1}{n} - 2 \frac{1}{n} \bar{X} \frac{\sum x_i}{\sum x_i^2} + \bar{X}^2 \frac{\sum x_i^2}{(\sum x_i^2)^2}\right]$$

$$= \sigma^2 \left(\frac{1}{n} + \frac{\bar{X}^2}{\sum x_i^2}\right)$$

$$= \sigma^2 \frac{\sum x_i^2 + n \bar{X}^2}{n \sum x_i^2}$$

$$= \sigma^2 \frac{\sum (X_i - \bar{X})^2 + n \bar{X}^2}{n \sum x_i^2}$$

$$= \sigma^2 \frac{\sum (X_i^2 - 2X_i\bar{X} + \bar{X}^2) + n \bar{X}^2}{n \sum x_i^2}$$

$$= \sigma^2 \frac{\sum X_i^2}{n \sum x_i^2} \tag{2.21}$$

2）推证最小方差性

假设 b_1^*、b_2^* 是其他方法得到的关于 β_1、β_2 的线性无偏估计量

$$b_2^* = \sum w_i Y_i \tag{2.22}$$

$$E(b_2^*) = \beta_2$$

其中，设 $w_i = k_i + d_i$，d_i 为不全为零的常数。

$$E(b_2^*) = E(\sum w_i Y_i) = \sum w_i E(Y_i)$$

$$= \sum w_i (\beta_1 + \beta_2 X_i) = \beta_1 \sum w_i + \beta_2 \sum w_i X_i$$

由 b_2^* 的无偏性可得

$$\beta_1 \sum w_i + \beta_2 \sum w_i X_i = \beta_2$$

比较等式的两边，由于

$$\sum w_i = 0 \tag{2.23}$$

则

$$\sum w_i X_i = 1 \tag{2.24}$$

所以 b_2^* 的方差 $\mathrm{Var}(b_2^*) = \sum w_i^2 \sigma^2$

$$= \sum (w_i - k_i + k_i)^2 \sigma^2$$

$$= \sum [(w_i - k_i)^2 + 2(w_i - k_i)k_i + k_i^2] \sigma^2$$

$$= \sigma^2 \sum (w_i - k_i)^2 + 2\sigma^2 \sum w_i k_i - \sigma^2 \sum k_i^2$$

由 k_i 表达式和式(2.22)可以推证

$$\sum w_i k_i = \sum k_i^2$$

因此

$$\mathrm{Var}(b_2^*) = \sigma^2 \sum d_i^2 + \sigma^2 \sum k_i^2$$

$$= \sigma^2 \sum d_i^2 + \sigma^2 / \sum x_i^2$$

$$= \sigma^2 \sum d_i^2 + \mathrm{Var}(\hat{\beta}_2)$$

因为

$$\sum d_i^2 \geqslant 0$$

所以

$$\mathrm{Var}(b_2^*) \geqslant \mathrm{Var}(\hat{\beta}_2) \qquad (2.25)$$

当 $d_i = 0$，$(i = 1, 2, \cdots, n)$ 等号成立，这时 $w_i = k_i$，b_2^* $(i = 1, 2, \cdots, n)$ 就是最小二乘估计量 $\hat{\beta}_2$。

同理可证

$$\mathrm{Var}(b_1^*) \geqslant \mathrm{Var}(\hat{\beta}_1) \qquad (2.26)$$

式(2.25)和式(2.26)就是著名的高斯-马尔可夫(Gauss-Markov)定理。这个定理阐明了最小二乘估计量与用其他方法求得的任何线性无偏估计量相比，具有方差最小的性质。因此，OLS 估计是一种很好的参数估计方法。

OLS 估计量 $\hat{\beta}_1$、$\hat{\beta}_2$ 具有的线性性、无偏性、最小方差性简记为 BLUE 性质。$\hat{\beta}_1$、$\hat{\beta}_2$ 称为 BLUE 估计量，BLUE 估计量与 β_1 和 β_2 的其他各种估计量的关系如图 2.6 所示。

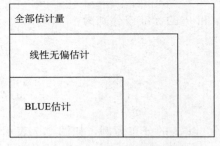

图 2.6　BLUE 估计量与其他估计量的关系

这里必须指出，估计量的这些统计性质，必须依赖于模型中的随机干扰项满足经典假定，且模型的设定是正确的。

(二) $\hat{\beta}_1$、$\hat{\beta}_2$ 的概率分布

上面我们介绍如何估算 OLS 估计量及其方差，同时也了解了 OLS 估计量的统计性质，接下来就需要我们求出这些估计量的概率分布(抽样分布)。因为只有掌握了估计量的抽样分布，才能辨别估计量接近其总体真实值的程度如何。

为了求得 OLS 估计量的概率分布，如前所述，在经典线性回归模型的基本假定 5 表明：在总体回归模型 $Y_i = \beta_1 + \beta_2 X_i + u_i$ 中，误差项 u_i 服从均值为零，方差为 σ^2 的正态分布，即 $u_i \sim N(0, \sigma^2)$。

这个假定的理论基础就是数理统计学中非常著名的中心极限定理。中心极限定理的内容是：对于满足独立同分布的随机变量，随着样本容量数目的无限增加，样本均值的分布近似服从正态分布。

前面我们讨论了随机扰动项 u_i 的特性，即它代表了在回归模型中没有单列出来的其他所有影响因素。在众多的影响因素中，每种因素对 Y_i 的影响可能都很微弱，如果用 u_i 表示所有这些随机影响因素之和，那么根据中心极限定理，我们就能够假定随机扰动项服从正态分布。

这时大家也许会思考假定 u_i 服从正态分布对于研究 $\hat{\beta}_1$、$\hat{\beta}_2$ 的概率分布会有帮助吗？由于 $\hat{\beta}_1$ 和 $\hat{\beta}_2$ 是 Y_i 的线性函数，$\hat{\beta}_1$ 和 $\hat{\beta}_2$ 的分布取决于 Y_i 的分布。又由于 Y_i 与随机扰动项 u_i 具有相同类型的分布，所以为了讨论 $\hat{\beta}_1$ 和 $\hat{\beta}_2$ 的概率分布，必须对 u_i 的概

率分布作出假定。这个假定非常重要，如果没有这一假定，$\hat{\beta}_1$ 和 $\hat{\beta}_2$ 的概率分布就无法确定，以及下面将要讨论的对 $\hat{\beta}_1$ 和 $\hat{\beta}_2$ 的显著性检验也就无从谈起了。

根据随机扰动项 u_i 的正态分布假定，Y_i 也服从正态分布，根据数理统计中的正态分布再生定理，即正态变量的线性函数仍服从正态分布，其具体分布由其均值和方差唯一决定。结合前面的知识，可得

$$\hat{\beta}_2 \sim N\left(\beta_2,\ \sigma^2/\sum x_i^2\right) \tag{2.27}$$

$$\hat{\beta}_1 \sim N\left(\beta_1,\ \sigma^2 \frac{\sum X_i^2}{n\sum x_i^2}\right) \tag{2.28}$$

$\hat{\beta}_1$ 和 $\hat{\beta}_2$ 的标准差分别为

$$\sigma(\hat{\beta}_2) = \sqrt{\sigma^2/\sum x_i^2} \tag{2.29}$$

$$\sigma(\hat{\beta}_1) = \sqrt{\frac{\sigma^2 \sum X_i^2}{n\sum x_i^2}} \tag{2.30}$$

以 $\hat{\beta}_2$ 的分布为例，如图 2.7 表示，$\hat{\beta}_2$ 是 β_2 的无偏估计量，$\hat{\beta}_2$ 的分布中心是 β_2。从图中可以看出，标准差 $\sigma(\hat{\beta}_2)$ 可用来衡量估计量 $\hat{\beta}_2$ 接近真值 β_2 的程度，进而判定估计量 $\hat{\beta}_2$ 的可靠性。

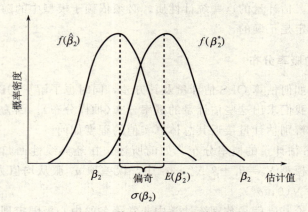

图 2.7　估计量的分布及其偏倚

四、随机扰动项方差的估计

在前面介绍的有关参数估计量 $\hat{\beta}_1$ 和 $\hat{\beta}_2$ 的方差和标准差的表达式中，都含有随机扰动项 u_i 的方差 σ^2，由于 u_i 是无法观察或度量的随机变量，其方差 σ^2 是未知的，$\hat{\beta}_1$ 和 $\hat{\beta}_2$ 的方差及标准差实际上无法计算，但是，我们可以考察从 u_i 的估计量——残差 e_i 出发，对 σ^2 进行估计。可以证明 σ^2 的无偏估计量 $\hat{\sigma}^2$ 为

$$\hat{\sigma}^2 = \sum e_i^2/(n-2) \tag{2.31}$$

证明如下：

$$y_i = Y_i - \bar{Y} = \beta_2(X_i - \bar{X}) + (u_i - \bar{u})$$

$$y_i = \beta_2 x_i + (u_i - \bar{u}) \tag{2.32}$$

已知，

$$e_i = Y_i - \hat{Y}_i = (Y_i - \bar{Y}) - (\hat{Y}_i - \bar{Y})$$

$$= y_i - \hat{y}_i = \beta_2 x_i + (u_i - \bar{u}) - \hat{\beta}_2 x_i$$

$$= (u_i - \bar{u}) - (\hat{\beta}_2 - \beta_2) x_i$$

所以，

$$\sum e_i^2 = \sum [(u_i - \bar{u}) - (\hat{\beta}_2 - \beta_2) x_i]^2$$

$$= \sum (u_i - \bar{u})^2 + (\hat{\beta}_2 - \beta_2)^2 \sum x_i^2 - 2(\hat{\beta}_2 - \beta_2) \sum x_i(u_i - \bar{u}) \tag{2.33}$$

对式(2.33)的两边取数学期望，则有

$$E(\sum e_i^2) = E[\sum (u_i - \bar{u})]^2 + E[(\hat{\beta}_2 - \beta_2)^2 \sum x_i^2]$$

$$- 2(\hat{\beta}_2 - \beta_2) E[\sum x_i(u_i - \bar{u})] \tag{2.34}$$

对式(2.34)右边的各项分别进行整理，可得

$$E[\sum (u_i - \bar{u})^2] = E[\sum (u_i^2 + \bar{u}^2 - 2u_i\bar{u})]$$

$$= E(\sum u_i^2 + n\bar{u}^2 - 2\bar{u}\sum u_i)$$

$$= E(\sum u_i^2 - n\bar{u}^2)$$

$$= \sum E(u_i^2) - \frac{1}{n} E(\sum u_i)^2$$

$$= \sum E(u_i^2) - \frac{1}{n}(\sum u_i^2 + 2\sum_{i \neq j} u_i u_j)$$

$$= n\sigma^2 - \frac{1}{n} n\sigma^2 - 0$$

$$= (n-1)\sigma^2$$

$$\hat{\beta}_2 = \sum \frac{x_i}{\sum x_i^2} Y_i$$

$$= \sum k_i(\beta_1 + \beta_2 X_i + u_i)$$

$$= \beta_1 \sum k_i + \beta_2 \sum k_i X_i + \sum k_i u_i$$

$$= \beta_1 \frac{\sum x_i}{\sum x_i^2} + \beta_2 \frac{\sum x_i(x_i + \bar{X})}{\sum x_i^2} + \sum k_i u_i$$

$$= \frac{\beta_2 \left(\sum x_i^2 + \bar{X} \sum x_i \right)}{\sum x_i^2} + \sum k_i u_i$$

$$= \beta_2 + \sum k_i u_i$$

$$E \left[2(\hat{\beta}_2 - \beta_2) \right] (u_i - \bar{u}) = E \left(2 \sum k_i u_i \sum x_i u_i - 2\bar{u} \sum k_i u_i \sum x_i \right)$$

$$= 2E \left[\frac{\sum x_i u_i}{\sum x_i^2} \sum x_i u_i \right]$$

$$= 2E \left[\frac{\left(\sum x_i u_i \right)^2}{\sum x_i^2} \right]$$

$$= 2E \left[\frac{\sum x_i^2 u_i^2 + 2 \sum_{i \neq j} (x_i x_j)(u_i u_j)}{\sum x_i^2} \right]$$

$$= 2\sigma^2$$

$$E \left(\sum e_i^2 \right) = (n-1)\sigma^2 + \frac{\sigma^2}{\sum x_i^2} \sum x_i^2 - 2\sigma^2$$

$$= (n-2)\sigma^2$$

$$\sigma^2 = \frac{E \left(\sum e_i^2 \right)}{n-2} = E \left(\frac{\sum e_i^2}{n-2} \right)$$

设 $\hat{\sigma}^2 = \dfrac{\sum e_i^2}{n-2}$ ，则 $E(\hat{\sigma}^2) = \sigma^2$ ，因此 $\hat{\sigma}^2 = \sum e_i^2 / (n-2)$ 是 σ^2 的无偏估计量。则估计量 $\hat{\beta}_1$ 和 $\hat{\beta}_2$ 的方差和标准差的估计量分别是

$\hat{\beta}_1$ 的方差： $s^2_{(\hat{\beta}_1)} = \dfrac{\hat{\sigma}^2 \sum X_i^2}{n \sum x_i^2}$

$\hat{\beta}_1$ 的标准差： $s^2(\hat{\beta}_1) = \hat{\sigma} \sqrt{\dfrac{\sum X_i^2}{n \sum x_i^2}}$

$\hat{\beta}_2$ 的方差： $s^2(\hat{\beta}_2) = \hat{\sigma}^2 / \sum x_i^2$

$\hat{\beta}_2$ 的标准差： $s(\hat{\beta}_2) = \hat{\sigma} / \sqrt{\sum x_i^2}$

■ 第三节　一元线性回归模型的检验

　　根据样本观察值 $(X_i, Y_i)(i=1, 2, \cdots, n)$ 应用最小二乘法求得样本回归直线，来拟合总体回归直线，拟合的程度如何，必须进行一系列的统计检验。这些检验包括：拟合优度检验、参数估计量 $\hat{\beta}_1$ 和 $\hat{\beta}_2$ 的显著性检验及回归方程的显著性检验。

一、拟合优度与相关系数

我们用样本回归函数来估计总体回归函数，并不是每个 Y 值都准确地落在了估计的总体回归线上，即并非所有的 $e_i = Y_i - \hat{Y}_i$ 都为 0。因此，为了辨别估计的回归线拟合真实 Y 值的优劣，也就是样本回归函数与样本观察值之间拟合程度，需要我们建立一个"拟合优度"的度量规则。下面我们就讨论这个问题。

（一）总体差平方和的分解

设由样本观察值 (X_i, Y_i)，$i = 1, 2, 3, \cdots, n$，得出的样本回归直线为

$$\hat{Y}_i = \hat{\beta}_1 + \hat{\beta}_2 X_i$$

Y 的第 i 个观察值与样本平均值 $\bar{Y}$ 的离差称为 Y_i 的总离差，记为 $y_i = Y_i - \bar{Y}$，可以看出，总离差可以分做两部分，即

$$y_i = (Y_i - \hat{Y}_i) + (\hat{Y}_i - \bar{Y}) \tag{2.35}$$

其中一部分为：$\hat{y}_i = \hat{Y}_i - \bar{Y}$，是通过样本回归直线计算的拟合值与观察值的平均值之差，它是由样本回归直线所能解释的离差。

另一部分为：$e_i = Y_i - \hat{Y}_i$，为实际观察值与回归拟合值之差，称为残差。是回归直线所不能解释的离差，是由随机因素、被忽略掉的因素、观测误差等综合影响而产生的。

显然，由样本回归直线所能解释的那部分离差，即 $\hat{y}_i = \hat{Y}_i - \bar{Y}$ 的绝对值越大，则残差的绝对值就越小，就意味着样本回归直线与样本点 (X_i, Y_i) 拟合得就越好。

由于 $$Y_i - \bar{Y} = (Y_i - \hat{Y}_i) + (\hat{Y}_i - \bar{Y})$$

若用所有 Y_i 的离差之和来表示总离差（即 Y_i 之间的差异程度）显然是不行的，这是因为

$$\sum (Y_i - \bar{Y}) = \sum Y_i - \sum \bar{Y} = n\bar{Y} - n\bar{Y} = 0$$

因此，我们利用 Y_i 的离差平方和来反映总离差，即有

$$\sum (Y_i - \bar{Y})^2 = \sum \left[(Y_i - \hat{Y}_i) + (\hat{Y}_i - \bar{Y}) \right]^2$$

$$= \sum (Y_i - \hat{Y}_i)^2 + \sum (\hat{Y}_i - \bar{Y})^2 + 2\sum (Y_i - \hat{Y})(\hat{Y}_i - \bar{Y}) \tag{2.36}$$

可以证明

$$\sum (Y_i - \hat{Y})(\hat{Y}_i - \bar{Y}) = 0$$

因此 $$\sum (Y_i - \bar{Y})^2 = \sum (Y_i - \hat{Y}_i)^2 + \sum (\hat{Y}_i - \bar{Y})^2 \tag{2.37}$$

或者 $$\sum y_i^2 = \sum e_i^2 + \sum \hat{y}_i^2 \tag{2.38}$$

其中，$\sum y_i^2 = \sum (Y_i - \bar{Y})^2$ 称为总离差平方和（total sum of squares），用 TSS 表示；

$\sum e_i^2 = \sum (Y_i - \hat{Y}_i)^2$，称为残差平方和（residual sum of squares），用 RSS 表示；

$\sum \hat{y}_i^2 = \sum (\hat{Y}_i - \bar{Y})^2$，称为回归平方和(explained sum of squares)，用 ESS 表示。

式(2.37)或式(2.38)称为总离差平方和分解公式，表示总离差平方和可以分为残差平方和与回归平方和两部分。总离差平方和分解公式还可以写成：

$$TSS = RSS + ESS \tag{2.39}$$

(二) 判定系数

在总离差平方和中，如果回归平方和所占比例越大，残差平方和所占比例就越小，表明样本回归直线与样本点(X_i, Y_i)拟合得越好。反之，拟合得就不好。我们把回归平方和与总离差之比定义为样本判定系数(又叫可决系数)，记为

$$R^2 = \frac{\sum \hat{y}_i^2}{\sum y_i^2} = \frac{\sum (\hat{Y}_i - \bar{Y})^2}{\sum (Y_i - \bar{Y})^2} = \frac{ESS}{TSS} \tag{2.40}$$

R^2 是一个样本回归直线与样本观测值拟合优度的数量指标，R^2 越大，拟合优度就越好；R^2 越小，拟合优度就越差。

由于 $\qquad \bar{Y} = \hat{\beta}_1 + \hat{\beta}_2 \bar{X}$，又知 $\hat{Y}_i = \hat{\beta}_1 + \hat{\beta}_2 X_i$

因此 $\qquad \hat{Y}_i - \bar{Y} = \hat{\beta}_2(X_i - \bar{X})$

即 $\qquad \hat{y}_i = \hat{\beta}_2 x_i$

所以 $\qquad \sum \hat{y}_i^2 = \hat{\beta}_2^2 \sum x_i^2$

则有 $\qquad R^2 = \hat{\beta}_2^2 \frac{\sum x_i^2}{\sum y_i^2} \tag{2.41}$

由式(2.41)可知

$$\hat{\beta}_2 = \frac{\sum x_i y_i}{\sum x_i^2}$$

则

$$R^2 = \left(\frac{\sum x_i y_i}{\sum x_i^2}\right)^2 \frac{\sum x_i^2}{\sum y_i^2} = \frac{(\sum x_i y_i)^2}{\sum x_i^2 \sum y_i^2} \tag{2.42}$$

式(2.41)、式(2.42)是其他样本判定系数的表达形式。

(三) 判定系数的检验

由式(2.38)可知

$$\sum \hat{y}_i^2 = \sum y_i^2 - \sum e_i^2$$

代入式(2.40)可得

$$R^2 = 1 - \frac{\sum e_i^2}{\sum y_i^2} \tag{2.43}$$

其中，$\sum e_i^2 / \sum y_i^2$ 表示未被样本回归方程解释的总离差的比率，如果所有的样本

观测值 Y_i 都位于样本回归直线上，则残差就不存在，这时 $\sum e_i^2 = 0$，因此有 $R^2 = 1$，我们说 Y 的总离差完全由样本回归直线所解释。如果样本回归直线并没有解释 Y 的任何一部分离差，即 $\sum(\hat{Y}_i - \bar{Y})^2 = 0$，那么 $\sum y_i^2 = \sum e_i^2$，在这种情况下 $R^2 = 0$。如果样本回归直线只解释了总离差的一部分，仍有一部分未被解释，这时 $\sum e_i^2 / \sum y_i^2 > 0$，并且 $R^2 < 1$。综上所述可知判定系数的取值范围为：$0 \leqslant R^2 \leqslant 1$。

由此可以看出：如果拟合优度越接近于 1，说明样本回归直线与样本观测值拟合越好，也可称为拟合优度越高。如果越接近于 0，说明样本回归直线与样本观测值拟合越差，或称为拟合优度越差。

运用 Eviews 软件包，由回归分析结果输出表，可以直接读出对《计量经济学》教材需求一例的判定系数 R^2（R-squared），可知 $R^2 = 0.9900$。

（四）相关系数

经济变量之间通常是相关的，问题是相关程度如何，如果在相关程度过低的变量之间建立模型，就没有实际意义。这里只讨论两个变量之间的线性相关，又叫简单相关。

两个变量 X 和 Y 之间真实的线性相关程度是用总体相关系数 ρ 表示的。

$$\rho = \frac{\mathrm{Cov}(X, Y)}{\sqrt{\sigma_X^2}\sqrt{\sigma_Y^2}}$$

由于总体未知，ρ 无法计算。我们可以利用样本相关系数给出 ρ 的一个估计。

样本相关系数用 r 表示：

$$r = \frac{S_{XY}}{\sqrt{S_X^2}\sqrt{S_Y^2}} = \frac{\sum x_i y_i}{\sqrt{\sum x_i^2}\sqrt{\sum y_i^2}} \tag{2.44}$$

S_{XY}、S_X^2 和 S_Y^2 分别是 $\mathrm{Cov}(X, Y)$、σ_X^2 和 σ_Y^2 的无偏估计量，所以样本相关系数 r 是总体相关系数 ρ 的一个无偏估计。给定样本观测值，利用式(2.44)可以计算 r。

根据式(2.42)、式(2.44)，相关系数 r 还可以用判定系数 R^2 来计算，即

$$r = \pm\sqrt{R^2} \tag{2.45}$$

但是两者的概念不同，尤其在回归分析中，判定系数 R^2 比相关系数 r 更有意义。判定系数是建立在回归分析的理论基础上，告诉我们解释变量 X 对因变量 Y 变化的解释程度，因而它全面地度量了一个变量决定另一个变量变动的程度。但是，r 却不能，只是用以判定 X 与 Y 的线性相关程度。

相关系数的取值范围为：$-1 \leqslant r \leqslant 1$。

当 $r > 0$，称 X 与 Y 正相关；

当 $r < 0$，称 X 与 Y 负相关；

当 $r = 0$，称 X 与 Y 完全不相关；

当 $|r| = 1$，称 X 与 Y 完全相关；

总之，$|r|$ 越接近 1，相关程度越高。

由式(2.44)计算得到的样本相关系数在统计上是否显著，即总体 Y 与 X 是否显著

线性相关，必须进行相关系数的显著性检验，显著性检验是指利用样本结果，来证实一个虚拟假设(零假设)的真伪的一种检验程序，简称相关检验。

在介绍相关检验之前，我们首先来了解一下显著性水平 α 和 p 值。

所谓显著性水平 α，是指错误地拒绝一个其实是真实假设的错误概率(拒绝真实假设的概率)。α 通常都固定在 1%、5%，还有 10% 的水平上。这里有一个问题，就是给定了样本大小，如果我们企图减少拒绝真实假设的概率，同时就增加了接受错误假设的概率，这两种错误类型之间有一种替换关系。

经典假设检验方法的不足之处就是选择 α 的任意性。虽然一般常用的 α 值有 1%、5% 和 10%，但是这些并不是固定不变的。在实际应用中，最好用 P 值(P value)，即概率值，P 值也称为统计量精确置信水平(精确概率)。或者说，拒绝零假设的最低置信水平。P 值越低，拒绝零假设的证据就越充分。换句话说只有在 P 值这个显著性水平下我们才能够拒绝零假设。

现在，许多统计软件都能计算各种统计量的 P 值，我们采用的 Eviews 软件同样也给出了 P 值。下面我们来具体了解相关检验。步骤如下：

首先计算样本相关系数 r 值，然后根据给定的样本容量 n 和显著性水平 α 查相关系数表得临界值 r_α。表中 $n-2$ 表示自由度(在后面将向大家介绍)，最后检验判断。

若 $|r| > r_\alpha$，则 X 与 Y 有显著的线性关系；若 $|r| < r_\alpha$，则 X 与 Y 的线性关系不显著。

对例 2.2 作检验，设显著水平 $\alpha = 0.05$，由回归分析结果知，$R^2 = 0.9900$，所以 $|r| = 0.9950$。

对 $\alpha = 0.05$，$n-2 = 10-2 = 8$，查相关系数表得，$r_{0.05} = 0.632$，由于 $|r| = 0.9950 > 0.632$，由于 $r < 0$，说明对《计量经济学》教材的需求量随着价格的增加而降低，即二者之间存在着明显的负线性相关。

二、回归方程的显著性检验

在介绍回归方程的显著性检验之前，首先我们来了解一下 χ^2(chi-平方)分布及与其有关的自由度。我们知道如果随机变量 X 服从均值为 u、方差为 σ^2 的正态分布，即 $X \sim N(u, \sigma^2)$，则随机变量 $Z = (X-u)/\sigma$ 是标准正态变量，即 $Z \sim N(0, 1)$。统计理论证明：标准正态变量的平方服从自由度(degrees of freedom, d.f.)为 1 的 χ^2 分布，用符号表示为

$$Z^2 \sim \chi^2(1)$$

式中，χ^2 的下标(1)表示自由度(d.f.)为 1。正如均值、方差是正态分布的参数一样，自由度是 χ^2 分布的参数。在统计学中自由度有各种不同的含义，我们这里定义的自由度是平方和中的独立观察值的个数。

下面我们来讨论一下前面介绍过的总离差平方和 $\sum y_i^2$，回归平方和 $\sum \hat{y}_i^2$ 和残差平方和 $\sum e_i^2$ 的自由度。总离差平方和 $\sum y_i^2 = \sum (Y_i - \bar{Y})^2$ 的自由度为 $n-1$。这是因为因变量 Y 共有 n 个观测值，由于这 n 个观测值受 $\sum y_i = \sum (Y_i - \bar{Y}) = 0$ 的约束，当

$n-1$ 个观测值确定以后，最后一个观测值就不能自由取值了，因此总离差平方和 $\sum y_i^2$ 的自由度为 $n-1$。回归平方和 $\sum \hat{y}_i^2$ 的自由度是由解释变量对因变量的影响决定的，因此它的自由度取决于解释变量的个数。在一元线性回归模型中，只有一个解释变量，所以回归平方和 $\sum \hat{y}_i^2$ 的自由度为1(在多元回归模型中，如果解释变量的个数为 k 个，则其中回归平方和的自由度为 k)。因为回归平方和的自由度与残差平方和的自由度之和等于总离差平方和的自由度，因此，残差平方和 $\sum e_i^2$ 的自由度为 $n-2$。

平方和除以相应的自由度称为均方差。因此回归平方和的均方差为 $\sum \hat{y}_i^2/1 = \hat{\beta}_2^2 \sum x_i^2$，残差平方和的均方差为 $\sum e_i^2/n-2$。我们可以推证，在多元线性回归的条件下(即回归方程中有 k 个解释变量 X_i(不包括截距项)，$i=1,2,\cdots,k$)，$\sum \hat{y}_i^2$、$\sum e_i^2$ 分别服从自由度为 k 和 $(n-k-1)$ 的 χ^2 分布，即

$$\sum \hat{y}_i^2 \sim \chi^2(k)$$

$$\sum e_i^2 \sim \chi^2(n-k-1)$$

根据数据统计中的定理可知，如果 Z_1 和 Z_2 分别是自由度为 k_1 和 k_2 的 χ^2 分布变量，则其均方差之比服从自由度为 k_1 和 k_2 的 F 分布，即

$$F = \frac{Z_1/k_1}{z_2/k_2} \sim F(k_1, k_2)$$

那么

$$F = \frac{\sum \hat{y}_i^2/k}{\sum e_i^2/(n-k-1)} \sim F(k, n-k-1)$$

利用 F 统计量进行总体线性显著性检验的步骤如下：
(1) 提出关于 K 个总体参数的假设。

$$H_0 : \beta_1 = \beta_2 = \cdots = \beta_k = 0$$

$$H_1 : \beta_i \text{ 不全为 } 0(i=1,2,\cdots,k)$$

(2) 根据样本观察值计算并列出方差分析表，见表2.5。

表 2.5 方差分析表

方差来源	平方和	自由度	均方差
ESS	$\sum \hat{y}_i^2$	k	$\sum \hat{y}_i^2/k$
RSS	$\sum e_i^2$	$n-k-1$	$\sum e_i^2/(n-k-1)$
TSS	$\sum y_i^2$	$n-1$	$\sum y_i^2/(n-1)$

（3）在 H_0 成立的前提条件下计算 F 统计量。

$$F = \frac{\sum \hat{y}_i^2 / k}{\sum e_i^2 / (n-k-1)}$$

（4）检验。在给定显著性水平 α，查 F 分布表，见附录，得临界值 $F_\alpha(k, n-k-1)$。如果 $F > F_\alpha(k, n-k-1)$，则拒绝原假设（原假设 $H_0: B_1 = B_2 = \cdots = B_k = 0$）说明犯第一类错误的概率是非常小的。也可以通过与这个 F 值对应的 P 值来判断（P 值可以从统计软件包的计算结果中得到）说明如果原假设成立的前提下，得到此 F 值的概率很小即 P 值很小。这个结果说明我们的回归模型中的解释变量对因变量是有显著影响的，即回归总体是显著线性的。如果 $F < F_\alpha(k, n-k-1)$，则接受原假设，即回归总体不存在线性关系，或者说解释变量对因变量没有显著的影响关系。

实际上，对一元线性回归模型进行整体显著性检验，我们只要介绍 t 检验就可以了，但是在多元线性回归模型中，F 检验是检验统计假设的非常有用和有效的方法。我们再来看看利用表 2.2 中的数据建立的回归模型的 Eviews 计算的 F 统计量。$F = 792.2249$，$P = 0.0000$。说明如果假定参数 $\beta_2 = 0$，则 F 大于或等于 792.2249 的概率很小，几乎接近于 0，这就告诉我们价格与购买量之间确实存在着显著的相关关系。

三、对单个参数的检验：t 检验（P 值）

前面我们介绍了利用 R^2 来估计回归直线的拟合优度，但是 R^2 却不能告诉我们估计的回归系数是否在统计上显著的，即是否显著不为零。实际上，确实有些回归系数是显著的，有些则不是显著的，那么，如何进行判断呢？

在前面我们已经介绍了有关 $\hat{\beta}_1$、$\hat{\beta}_2$ 的概率分布，见式（2.27）、式（2.28）。但是，在实际分析时，由于 σ^2 未知，只能用无偏估计量 $\hat{\sigma}^2$ 来代替，则 OLS 估计量 $\hat{\beta}_1$、$\hat{\beta}_2$ 的标准化变量服从自由度为 $(n-2)$ 的 t 分布，即

$$t = \frac{\hat{\beta}_1 - \beta_1}{S(\hat{\beta}_1)} \sim t(n-2)$$

$$t = \frac{\hat{\beta}_2 - \beta_2}{S(\hat{\beta}_2)} \sim t(n-2)$$

利用 t 统计量对单个参数进行检验，检验步骤如下（以 β_2 为例）。

（1）对回归结果提出如下假设：

$$H_0: \beta_2 = 0$$
$$H_1: \beta_2 \neq 0$$

即在原假设的条件下，解释变量对因变量没有显著影响。在备择假设的条件下，解释变量对因变量有显著（正的或负的）影响，因此该假设是双侧假设检验问题。

以原假设 H_0 构造 t 统计量并由样本观察值计算得出统计检验值，则

$$t = \frac{\hat{\beta}_2 - 0}{S(\hat{\beta}_2)}$$

其中，$S_{(\hat{\beta}_2)} = \dfrac{\hat{\sigma}}{\sqrt{\sum x_i{}^2}} = \sqrt{\dfrac{\sum e_i{}^2}{(n-2)\sum x_i{}^2}}$。

(2) 检验。我们可以通过给定的显著性水平 α，查自由度为 $n-2$ 的 t 分布表，得临界值 $t_{\frac{\alpha}{2}}(n-2)$。如果检验统计值 $|t| > t_{\frac{\alpha}{2}}(n-2)$，则拒绝 H_0，接受 H_1：$\beta_2 \neq 0$，因为拒绝原假设而接受备择假设犯错误的概率很小，说明 β_2 所对应的变量 X 对 Y 有显著影响。若统计检验值 $|t| \leqslant t_{\frac{\alpha}{2}}(n-2)$，则不能拒绝 H_0：$\beta_2 = 0$，即 β_2 与 0 的差异不显著，只有接受原假设 H_0 犯错误的概率才会小，说明 β_2 所对应的变量 X 对 Y 没有显著影响，即变量之间的线性关系不显著。

对参数的显著性检验，还可以通过 P 值来判断，如果截距和斜率的 t 检验值的 P 值都很小，说明截距和斜率都显著不为零。因为在拒绝零假设的过程中，犯错误的概率很小。

在例 2.2 中，对《计量经济学》教材的需求模型及检验结果如下：

$$Y_I = 90.934 - 0.4376X_I$$
$$S(\hat{\beta}_2) = (0.4823)(0.0155)$$
$$t = (188.5358)(-28.1465)$$
$$P = (0.0000) \quad (0.0000)$$

从上面的回归结果中可以看出：当估计斜率的 t 值为 -28.1465 时，其 P 值几乎为 0。这意味着如果零假设为真，其价格系数为零，也就是说，得到比 t 绝对值（28.1465）更极端数值的概率几乎为 0，因此拒绝零假设。正如我们前面所介绍的一样，P 值越低，拒绝零假设的证据就越充分。

■ 第四节　一元线性回归模型的预测

预测是回归分析应用的一个重要领域。预测可以分为点预测和区间预测两种。

所谓点预测，就是给定 $X = X_0$ 时，将其代入样本回归方程 $\hat{Y}_i = \hat{\beta}_1 + \hat{\beta}_2 X_i$，求出相应的样本拟合值 $\hat{Y}_0$，以此作为因变量个别值 Y_0 和其均值 $E(Y|X_0)$，即 $E(Y_0)$ 的估计值。

由于抽样波动的影响，以及随机扰动项 u_i 的零均值假定不完全与实际相符，因此，点预测值 $\hat{Y}_0$ 与个别值 Y_0 及其均值 $E(Y|X_0)$ 都存在误差。我们希望在一定概率度下把握这个误差的范围，从而确定 Y_0 和 $E(Y|X_0)$ 可能取值的波动范围，这就是区间预测。

一、点预测

我们已知总体回归方程的设定形式为

$$Y_i = E(Y_i) + u_i = \beta_1 + \beta_2 X_i + u_i \tag{2.46}$$

当 $X = X_0$ 时，Y 的个别值为

$$Y_0 = \beta_1 + \beta_2 X_0 + u_0 \tag{2.47}$$

其总体均值 $\qquad E(Y_0) = \beta_1 + \beta_2 X_0$ (2.48)

样本回归方程在 $X = X_0$ 时的拟合值为

$$\hat{Y}_0 = \hat{\beta}_1 + \hat{\beta}_2 X_0 \tag{2.49}$$

对式(2.49)两边取期望，则

$$E(\hat{Y}_0) = E(\hat{\beta}_1 + \hat{\beta}_2 X_0)$$
$$= \beta_1 + \beta_2 X_0 = E(Y_0) \tag{2.50}$$

式(2.50)表示，在 $X = X_0$ 时，由样本回归方程计算的 $\hat{Y}_0$ 是个别值 Y_0 和总体均值 $E(Y_0)$ 的无偏估计，所以 $\hat{Y}_0$ 可以作为 $E(Y_0)$ 和 Y_0 的预测值。

$X_0 = 60$ 时，模型(2.11)的点预测值为 $Y_0 = 65$，即当价格为 60 元时，《计量经济学》教材的需求量约为 65 本。

二、区间预测

对于任一给定样本，估计值 $\hat{Y}_0$ 只能作为 Y_0 和 $E(Y_0)$ 的无偏估计量，不可能真是等于 Y_0 和 $E(Y_0)$，也就是说两者之间存在误差，这个误差称为预测误差，区间预测就是从估计这个误差开始的，为了估计这个误差，需要求出 $\hat{Y}_0$ 的抽样分布，在遵循最小二乘基本假定的条件下，我们可以推证 $\hat{Y}_0$ 服从正态分布。下面我们分别讨论 $\hat{Y}_0$ 对 Y_0 和 $E(Y_0)$ 的误差及其概率分布，进而进行区间预测。

（一）总体均值 E(Y₀)的预测区间

1. 定义误差

设 $\delta_0 = \hat{Y}_0 - E(Y_0)$，由于 $\hat{Y}_0$ 服从正态分布，所以 δ_0 是服从正态分布的随机变量。

2. δ_0 的数学期望与方差

$$E(\delta_0) = E[\hat{Y}_0 - E(Y_0)]$$
$$= (\beta_1 + \beta_2 X_0) - (\beta_1 + \beta_2 X_0)$$
$$= 0 \tag{2.51}$$
$$\text{Var}(\delta_0) = E[\hat{Y}_0 - E(Y_0)]^2$$
$$= E[\hat{\beta}_1 + \hat{\beta}_2 X_0 - (\beta_1 + \beta_2 X_0)]^2$$
$$= E[(\hat{\beta}_1 - \beta_1)^2 + 2(\hat{\beta}_1 - \beta_1)(\hat{\beta}_2 - \beta_2)X_0 + (\hat{\beta}_2 - \beta_2)^2 X_0^2]$$
$$= \text{Var}(\hat{\beta}_1) + 2X_0\text{Cov}(\hat{\beta}_1, \hat{\beta}_2) + X_0^2\text{Var}(\hat{\beta}_2) \tag{2.52}$$

式(2.52)中 $\text{Var}(\hat{\beta}_1)$、$\text{Var}(\hat{\beta}_2)$ 分别是 $\hat{\beta}_1$、$\hat{\beta}_2$ 方差，那么只要求出 $\hat{\beta}_1$、$\hat{\beta}_2$ 协方差即可。已知

$$\text{Cov}(\hat{\beta}_1, \hat{\beta}_2) = E[(\hat{\beta}_1 - \beta_1)(\hat{\beta}_2 - \beta_2)]$$
$$= E[(\bar{Y} - \hat{\beta}_2\bar{X} - \beta_1)(\hat{\beta}_2 - \beta_2)]$$

$$= E[(\beta_1 + \beta_2 \bar{X} + \bar{u} - \hat{\beta}_2 \bar{X} - \beta_1)(\hat{\beta}_2 - \beta_2)]$$

$$= E\{[-(\hat{\beta}_2 - \beta_2)\bar{X} + \bar{u}](\hat{\beta}_2 - \beta_2)\}$$

$$= -\overline{XE}(\hat{\beta}_2 - \beta_2)^2 + E(\bar{u}\hat{\beta}_2)$$

因为
$$E(\hat{\beta}_2 - \beta_2)^2 = \mathrm{Var}(\hat{\beta}_2) = \frac{\sigma^2}{\sum x_i^2}$$

$$E(\bar{u}\hat{\beta}_2) = \frac{1}{n} E\left(\sum u_i \sum \frac{x_i}{\sum x_i^2} Y_i\right)$$

$$= \frac{\sigma^2 \sum x_i}{\sum x_i^2} E(u_i Y_i)$$

$$= 0$$

所以
$$\mathrm{Cov}(\hat{\beta}_1, \hat{\beta}_2) = -\frac{\overline{X}\sigma^2}{\sum x_i^2} \tag{2.53}$$

那么
$$\mathrm{Var}(\delta_0) = \frac{\sigma^2 \sum X_i^2}{n \sum x_i^2} - \frac{2X_0 \overline{X} \sigma^2}{\sum x_i^2} + \frac{X_0^2 \sigma^2}{\sum x_i^2}$$

$$= \frac{\sigma^2}{\sum x_i^2}\left(\frac{\sum X_i^2 - n(\overline{X})^2}{n} + \overline{X}^2 - 2X_0 \overline{X} + X_0^2\right)$$

$$= \frac{\sigma^2}{\sum x_i^2}\left[\frac{\sum x_i^2}{n} + (X_0 - \overline{X})^2\right]$$

$$= \sigma^2\left[\frac{1}{n} + \frac{(X_0 - \overline{X})^2}{\sum x_i^2}\right] \tag{2.54}$$

3. δ_0 的抽样分布及其预测区间

由 δ_0 的期望和方差，即式(2.51)和式(2.52)可知，$\delta_0 \sim N\left(0, \sigma^2\left[\frac{1}{n} + \frac{(X_0 - \overline{X})^2}{\sum x_i^2}\right]\right)$

将 δ_0 标准化，则有

$$\frac{\delta_0 - 0}{\sigma\sqrt{\frac{1}{n} + \frac{(X_0 - \overline{X})^2}{\sum x_i^2}}} \sim N(0, 1) \tag{2.55}$$

由于 σ 未知，一般用 $\hat{\sigma}$ 来代替，根据抽样分布理论及误差 δ_0 的定义，则有

$$\frac{\hat{Y}_0 - E(Y_0)}{\hat{\sigma}\sqrt{\frac{1}{n} + \frac{(X_0 - \overline{X})^2}{\sum x_i^2}}} \sim t(n-2) \tag{2.56}$$

那么 $E(Y_0)$ 的预测区间为

$$\hat{Y}_0 - t_{\frac{a}{2}}\hat{\sigma}\sqrt{\frac{1}{n} + \frac{(X_0 - \bar{X})^2}{\sum x_i^2}} \leqslant E(Y_0) \leqslant \hat{Y}_0 + t_{\frac{a}{2}}\hat{\sigma}\sqrt{\frac{1}{n} + \frac{(X_0 - \bar{X})^2}{\sum x_i^2}} \quad (2.57)$$

式中，α 为显著水平。

(二) 总体个别值的区间预测

1. 定义误差

设 $e_0 = Y_0 - \hat{Y}_0$，由于 $\hat{Y}_0$ 服从正态分布，所以 e_0 也服从正态分布。

2. e_0 数学期望与方差

$$E(e_0) = E(Y_0 - \hat{Y}_0)$$
$$= \beta_1 + \beta_2 X_0 + E(u_0) - (\beta_1 + \beta_2 X_0) = 0 \quad (2.58)$$
$$\mathrm{Var}(e_0) = \mathrm{Var}(Y_0 - \hat{Y}_0)$$

由于 $\hat{Y}_0$ 与 Y_0 相互独立，并且

$$\mathrm{Var}(Y_0) = \mathrm{Var}(\beta_1 + \beta_2 X_0 + u_0)$$
$$= \mathrm{Var}(u_0)$$
$$\mathrm{Var}(\hat{Y}_0) = E[\hat{Y}_0 - E(Y_0)]^2 = \mathrm{Var}(\delta_0)$$

所以 $\mathrm{Var}(e_0) = \mathrm{Var}(Y_0) + \mathrm{Var}(\hat{Y}_0)$

$$= \mathrm{Var}(u_0) + \mathrm{Var}(\delta_0)$$
$$= \sigma^2 + \sigma^2 \left[\frac{1}{n} + \frac{(X_0 - \bar{X})^2}{\sum x_i^2}\right]$$
$$= \sigma^2 \left[1 + \frac{1}{n} + \frac{(X_0 - \bar{X})^2}{\sum x_i^2}\right] \quad (2.59)$$

3. e_0 的抽样分布及其预测区间

由 e_0 的数学期望与方差，即式(2.58)和式(2.59)可知

$$e_0 \sim N\left[0, \sigma^2\left(1 + \frac{1}{n} + \frac{(X_0 - \bar{X})^2}{\sum x_i^2}\right)\right] \quad (2.60)$$

将 e_0 标准化，则有

$$\frac{e_0 - 0}{\sigma\sqrt{1 + \frac{1}{n} + \frac{(X_0 - \bar{X})^2}{\sum x_i^2}}} \sim N(0, 1) \quad (2.61)$$

由于 σ 未知，所以用 $\hat{\sigma}$ 来代替，根据抽样分布理论及误差 e_0 的定义，有

$$\frac{Y_0 - \hat{Y}_0}{\hat{\sigma}\sqrt{1 + \frac{1}{n} + \frac{(X_0 - \bar{X})^2}{\sum x_i^2}}} \sim t(n-2) \quad (2.62)$$

那么 Y_0 的预测区间为

$$\hat{Y}_0 - t_{\frac{\alpha}{2}}\hat{\sigma}\sqrt{1+\frac{1}{n}+\frac{(X_0-\bar{X})^2}{\sum x_i^2}} \leqslant Y_0 \leqslant \hat{Y}_0 + t_{\frac{\alpha}{2}}\hat{\sigma}\sqrt{1+\frac{1}{n}+\frac{(X_0-\bar{X})^2}{\sum x_i^2}}$$

$$(2.63)$$

下面,我们再回到 55 个专业对《计量经济学》教材需求一例中,根据表 2.4,当 $X_0=60$,$\alpha=0.05$ 时,利用 $\hat{Y}_0$ 对总体均值 $E(Y_0)$ 和总体个别值 Y_0 的区间预测。

已知 $\hat{Y}_i = 90.934 - 0.4376X_i$,当 $X_0=60$,$\hat{Y}_0 = 64.678$,则

$$\hat{Y}_0 - t_{\frac{\alpha}{2}}\hat{\sigma}\sqrt{1+\frac{1}{n}+\frac{(X_0-\bar{X})^2}{\sum x_i^2}}$$

$$= 64.678 - 2.306 \times 0.7060 \times \sqrt{1+\frac{1}{10}+\frac{(60-27.5)^2}{2062.5}} = 62.6109$$

$$\hat{Y}_0 + t_{\frac{\alpha}{2}}\hat{\sigma}\sqrt{1+\frac{1}{n}+\frac{(X_0-\bar{X})^2}{\sum x_i^2}}$$

$$= 64.678 - 2.306 \times 0.7060 \times \sqrt{1+\frac{1}{10}+\frac{(60-27.5)^2}{2062.5}} = 66.7451$$

式中,$t_{\frac{\alpha}{2}}=2.306$,$\hat{\sigma}=0.7060$,$\bar{X}=27.5$,$\sum x_i^2=2062.5$。

那么,《计量经济学》教材的价格为 60 元时,对总体需求量 Y_0 建立一个 95%($\alpha=0.05$)的置信区间为:$62.6109 \leqslant Y_0 \leqslant 66.7451$。

同样,《计量经济学》教材的价格为 60 元时,对总体需求量

$E(Y|X_0=60)$ 建立一个 95%($\alpha=0.05$)的置信区间为 $64.678 - 2.306 \times 0.7060 \times$

$\sqrt{\frac{1}{10}+\frac{(60-27.5)^2}{2062.5}} \leqslant E(Y_0) \leqslant 64.678 + 2.306 \times 0.706 \times \sqrt{\frac{1}{10}+\frac{(60-27.5)^2}{2062.5}}$,即

$63.40425 \leqslant E(Y_0) \leqslant 65.95175$。

根据式(2.58)和式(2.64),对每一个给定的 X,我们都可以得到其一个 95%即 $(1-\alpha)$%的置信区间,即可以得到对应于每个 X,也就是对应于整条总体回归线的真实需求量置信区间或者说置信带。

第五节 实验:一元线性回归模型——建立、估计、检验与预测

一、研究问题的提出

改革开放以来,中国经济连续多年取得了快速发展,居民的收入和消费也持续增长。经济学著名的凯恩斯消费理论对消费与收入之间的关系进行了阐释,这种消费理论是否能得到实际经济发展的证实?能否从中得到一些关于中国居民消费与收入关系的启示?能否通过建立合适的计量经济模型预测居民的消费?这是本案例研究的主要目的。

此外，在详细展示研究过程的同时，大家可以体会如何利用所学的计量经济学知识进行一项较为完整、严谨的实证研究，并建议自行将数据更新，按照以下介绍的方法和操作步骤，进行实际演练，以加深理解。

二、模型建立

1. 总体回归模型建立的理论基础

关于收入和消费的关系，凯恩斯认为，存在一条基本心理规律：随着收入的增加，消费也会增加，但是消费的增加不及收入增加的多，消费和收入的这种关系就被称做消费函数或消费倾向，用公式表示是：$C = C(Y)$。对凯恩斯消费理论，其他经济学家也作了类似的研究。美国经济学家杜森贝利提出了相对收入理论，即他认为消费者会受自己过去的消费习惯及周围消费水平的影响来决定消费，从而消费是相对地决定的。生命周期的消费理论是美国经济学家弗朗科·莫迪利安尼提出强调人们会在更长时间范围内计划他们的生活消费开支，以达到他们在整个生命周期内消费的最佳配置。美国经济学家米尔顿·弗里德曼的永久收入的消费理论，认为消费者的消费支出主要不是由他的现期收入决定，而是由他的永久收入决定。

2. 初步的统计描述性分析

一般在建立总体回归模型之前，要利用散点图对样本数据之间的关系进行统计描述，以直观展示研究对象之间的变动关系。表 2.6 给出了 1978～2012 年城镇居民人均可支配收入和城镇居民人均生活消费支出数据，据此，利用 excel 绘制这两个变量的散点图。

表 2.6 1978～2012 年城镇居民人均可支配收入和城镇居民人均生活消费支出数据

年份	城镇居民人均可支配收入/元	城镇居民人均生活消费支出/元
1978	343.40	311.16
1979	397.45	355.05
1980	436.19	376.51
1981	445.97	406.87
1982	467.95	411.26
1983	485.98	433.09
1984	545.04	466.31
1985	550.78	501.46
1986	627.32	556.20
1987	641.54	565.89
1988	626.09	585.24
1989	626.81	551.97
1990	680.28	575.46
1991	729.28	622.43
1992	799.81	659.05

续表

年份	城镇居民人均可支配收入/元	城镇居民人均生活消费支出/元
1993	876.12	716.75
1994	950.63	774.56
1995	997.03	822.76
1996	1035.56	837.85
1997	1070.89	867.84
1998	1133.01	903.53
1999	1238.37	975.51
2000	1317.59	1047.88
2001	1429.57	1105.35
2002	1621.30	1268.11
2003	1767.14	1357.07
2004	1903.12	1449.14
2005	2085.81	1577.41
2006	2303.18	1701.56
2007	2584.09	1871.86
2008	2801.11	1993.41
2009	3048.59	2174.63
2010	3391.96	2388.54
2011	3871.27	2688.02
2012	4360.25	2956.42

资料来源：《新中国 60 年统计资料汇编》、历年《中国统计年鉴》。表中的数据已用相应的物价指数进行调整，均以 1978 年为不变价

从散点图 2.8 可以看出，城镇居民人均可支配收入(X)城镇居民人均生活消费支出(Y)呈现为明显的正相关关系，并且根据上述的消费理论，为了简化起见，建立的计量经济模型为如下线性模型：

$$Y_t = \beta_1 + \beta_2 X_t + \mu_t \qquad (2.64)$$

三、参数估计

假定所建模型及随机干扰项 u_i 满足古典假定，可以用 OLS 法估计其参数。运用计算机软件 EViews 作计量经济分析十分方便。

利用 EViews 作简单线性回归分析的步骤如下。

1. 建立工作文件

首先，双击 EViews 图标，进入 EViews 主页。在菜单中点击 File \ New \ Workfile，出现对话框"Workfile Create"。在"Date Specification"中选择数据频率：

Annual（年度）	Weekly（周数据）
Quartrly（季度）	Daily（5 day week）（每周 5 天日数据）
Semi Annual（半年）	Daily（7 day week）（每周 7 天日数据）
Monthly（月度）	Undated or irreqular（未注明日期或不规则的）

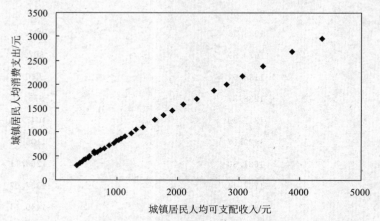

图 2.8　城镇居民人均可支配收入与其人均消费支出的散点图

　　由于在本例中是年度的时间序列数据，选择"Annual"，并在"Start"、"End"框中分别输入数据的起始时间（本例分别是 1978 年、2012 年），如图 2.9 所示，然后点击"OK"出现"Workfile Untitled"工作框。其中已有变量："c"—截距项、"resid"—剩余项。

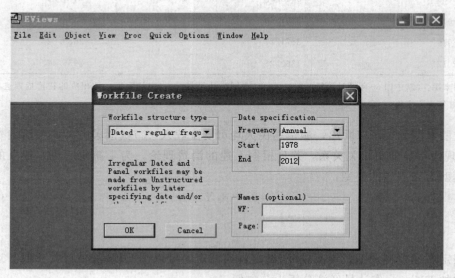

图 2.9　数据类型和结构的设定

2. 输入数据

　　在"Objects"菜单中点击"New Objects"，在"New Objects"对话框中选"Series"，现在出现"Series Untitled"，将鼠标放在任何一个带"NA"字样的空格上（注意目前空格呈现灰色，表明还不能对这些空格输入数据），点击右键选中"Edit"，此时所有带"NA"字样的空格均不再出现灰色，说明已经可以对这些空格输入数据，如图 2.10 所示。这时我们可以逐个将数据录入到这些空格上，当然比较简便的做法是直接复制整列数据再粘贴到这些空格上，如我们可以将存储在 excel 表格上的一列数据直接拷贝到带"NA"字样的一列上，但特别要注意的是，输入完数据后要记得命名并保存输入的数据（不能用中文命名，这里我们不妨将城镇居民人均可支配收入命名为 X），如图 2.11 所示，此时我们就完成了一个变量序列的数据输入过程（即 1978～2008 年的城镇居民人均可支配收入数据），其他变量的数据也可用类似方法输入，这里我们命名城镇居民人均生活消费支出为 Y。

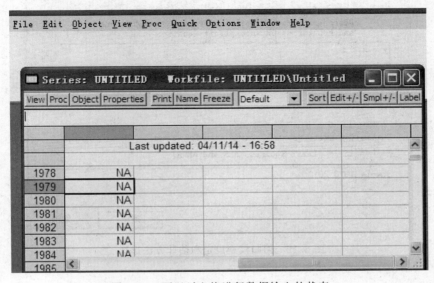

图 2.10　可以对空格进行数据输入的状态

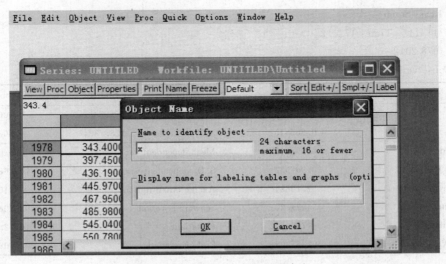

图 2.11　数据输入后的变量命名

3. 估计参数

方法一：在 EViews 主页界面点击"Quick"菜单，点击"Estimate Equation"，出现"Equation Specification"对话框，选择 OLS 估计，即选击"Least Squares"，键入"Y C X"（C 表示常数项），如图 2.12 所示，然后点击"确定"或按回车，即出现如表 2.7 那样的回归结果。

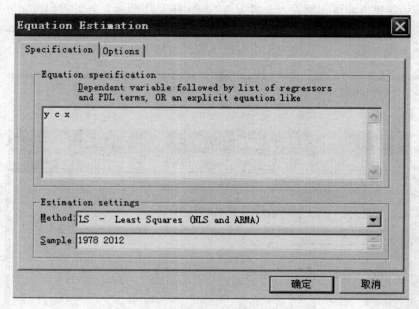

图 2.12　回归模型设定和估计方法选择

表 2.7　回归结果

Dependent Variable：Y

Method：Least Squares

Date：04/11/14　Time：17：12

Sample：1978 2012

Included observations：35

Variable	Coefficient	Std. Error	t-Statistic	Prob.
C	134.9145	8.962146	15.05382	0.0000
X	0.666815	0.005180	128.7334	0.0000
R-squared	0.998013	Mean dependent var		1053.033
Adjusted R-squared	0.997952	S. D. dependent var		709.5806
S. E. of regression	32.10834	Akaike info criterion		9.831554
Sum squared resid	34021.20	Schwarz criterion		9.920431
Log likelihood	−170.0522	F-statistic		16572.30
Durbin-Watson stat	0.365908	Prob(F-statistic)		0.000000

回归结果的有关解释如下：

Dependent Variable——被解释变量

Variable——解释变量

Coefficient——回归估计系数

Std. Error——回归估计系数的标准差

t-Statistic——t-检验值

Prob.——t 检验值的伴随概率（P 值）

R-squared——判定系数

Adjusted R-squared——调整后的判定系数

S. E. of regression——回归标准差

Sum squared resid——残差平方和

Log likelihood——对数似然估计值

Durbin-Watson stat——D-W 检验值

Mean of dependent var——被解释变量均值

S. D. of dependent var——被解释变量的标准差

Akaike info criterion——赤池信息准则

Schwarz criterion——施瓦茨准则

Hannan-Quinn criter.——汉南-奎恩准则

F-statistic——总体 F-检验值

Prob(F-statistic)——F 统计值的伴随概率

将表 2.7 的结果进行整理，可以得到以下回归结果及检验结果：

$$Y_t = 134.91 + 0.67X_t \tag{2.65}$$

$$(15.05) \quad (128.73)$$

$$P \text{ 值} = (0.0000) \quad (0.0000)$$

方法二：在 EViews 命令框中直接键入"LS Y C X"，按回车，即出现回归结果。

模型评价：从经济意义看，斜率 β_2 估计系数为 0.67，表示边际消费倾向为 0.67，截距项 β_1 估计值为 134.91，表示不受可支配收入影响的自发性消费行为，这些估计系数的大小和符号均符合经济理论。

此外，从统计检验看，$R^2 = 0.998$，说明总离差平方和的 99.8% 被样本回归直线所解释，因此样本回归线对样本点的拟合优度是很高的。从参数 β_1、β_2 显著性检验看，t 检验值分别为 15.05、128.73，其相应的 P 值几乎为 0。这意味着分别拒绝 $\beta_1 = 0$、$\beta_2 = 0$ 这些原假设，其中拒绝后一假设说明城镇居民人均可支配收入对城镇居民人均生活消费支出具有显著的正向影响。正如我们前面所介绍的一样，P 值越低，拒绝原假设的证据就越充分。

从以上模型的评价结果看，此模型是比较好的。

四 、预测

由于区间预测不能直接由 Eviews 直接得到，需要从 EViews 中得到区间估计公式中部分项的值，再用手工或者别的方式将其计算出来，作为初步的学习介绍，本节只介绍点预测。

1. 内插预测

在 Equation 框中，点击"Forecast"，进入图 2.13 所示的画面，在 Forecast name，框中可以为所预测的预测值序列命名，计算机默认为 YF，点击 OK，则得样本期内被解释变量的预测值序列 YF（也称拟合值序列）的图形形式（图 2.14）。同时在 Workfile 中出现一新序列对象 YF。此时，可以画出实际值 Y 和预测值序列 YF 的时间序列图，如图 2.15 所示，可见，Y 实际值和其内插预测值（估计值）非常接近，说明回归模型拟合得很好。

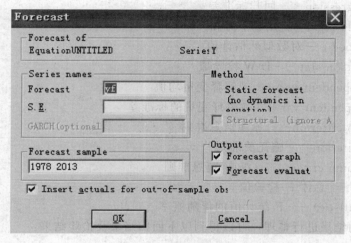

图 2.13　内插预测操作

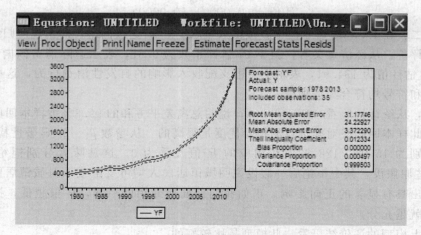

图 2.14　内插预测值及标准误差图

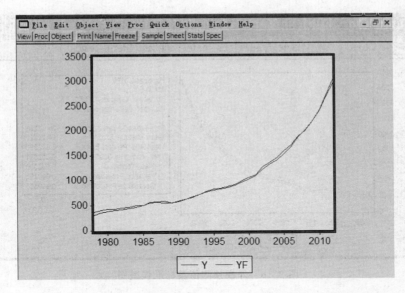

图 2.15　实际值 Y 和预测值序列 YF 的时间序列图（内推预测）

2. 外推预测

例如，原资料为 1978～2012 年，外推 2013 年的城镇居民人均生活消费支出。

首先，要录入 2013 年的可支配收入 X 的数据，在"Workfile"窗口双击"Range"，出现"Workfile Structure"窗口对话框，将"End"旁的文本框由"2012"改为"2013"，点击"OK"，即可将"Workfile"中的"Range"及"Sample"的"Range"改为"1978-2013"，即此时"Workfile"中的"sample"从"1978-2008"自动变为"1978-2009"。

在 EViews 命令框键入 data x /回车，或双击打开序列 X 表格形式，将编辑状态切换为"可编辑"，在 X 数据表格中的"2013"位置输入"5000"。

在 Equation 结果界面的菜单上点击 Forecast，弹出一对话框，在其中为预测的序列命名，如 yf2。点 OK 即可得到预测结果的图形形式，点 Workfile 中新出现的序列 yf2，可以看到外推预测值图，如图 2.16 所示（注意这时候得到的是所有内插预测与外推预测的得值）。双击"Workfile"窗口中出现的"yf2"，在"yf2"数据表中对应"X"的"5000"位置出现预测值 3468.99，这说明当 2013 年可支配收入为 5000 元时，2013 年生活消费支出的预测值为 3468.99 元。

最后，按住 Ctrl 键，同时选中 Y、YF2、Resid，点击右键，在右键菜单中选 Group 可打开实际值、预测值、残差序列。如图 2.17 所示，在样本区间内，城镇居民人均生活消费支出样本实际值与预测值（估计值）非常接近，各年对应的残差很小，2013 年预测值的变化趋势也符合样本区间的变化趋势，说明以上建立的线性回归模型无论是经济意义、统计检验，还是预测效果，均是比较理想的。

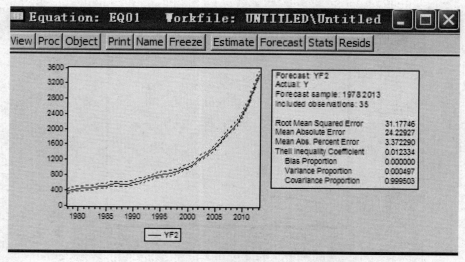

图 2.16　外推预测值及标准误差图

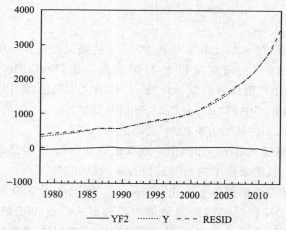

图 2.17　实际值、预测值和残差之间的关系图

思考与练习题

1. 试解释以下概念。

(1) 总体回归函数　　　　(2) 样本回归函数　　　　(3) 随机的总体回归函数

(4) 线性回归函数　　　　(5) 随机误差(扰动)项(u_i)　　(6) 残差项 e_i

(7) 回归系数或回归参数　(8) 回归系数的估计量　　(9) 最小二乘法

(10) OLS 估计量　　　　(11) 判定系数 R^2

2. 判断正误并说明理由。

(1) 随机误差项和残差项是一回事。

(2) 总体回归函数给出了对应于每一个自变量的因变量的值。

（3）在线性回归模型中，解释变量是原因，被解释变量是结果。

（4）随机变量的条件均值与非条件均值是一回事。

3．回答下列问题。

（1）线性回归模型有哪些基本假设？违背基本假设的计量经济学模型是否就不可估计？

（2）根据最小二乘原理，所估计的模型已经使得拟合误差达到最小，为什么还要讨论模型的拟合优度问题？

4．为什么要进行解释变量的显著性检验？

5．下表给出了每周家庭的消费支出 Y（美元）和每周家庭收入 X（美元）的数据。

每周收入（X）	每周消费支出（Y）
80	55，60，65，70，75
100	65，70，74，80，85，88
120	79，84，90，94，98
140	80，93，95，103，108，113，115
160	102，107，110，116，118，125
180	110，115，120，130，135，140
200	120，136，140，144，145
220	135，137，140，152，157，160，162
240	137，145，155，165，175，189
260	150，152，175，178，180，185，191

（1）对每一收入水平，计算平均的消费支出，即条件期望值 $E(Y \mid X_i)$。

（2）以收入为横轴，消费支出为纵轴作散点图。

（3）写出样本回归函数。

（4）对拟合优度、参数的显著性及回归方程的显著性进行检验。

6．下表给出 1960～1980 年 5 个工业国家的通货膨胀率。

年份	美国	联合王国	日本	德国	法国
1960	1.5	1.0	3.6	1.5	3.6
1961	1.1	3.4	5.4	2.3	3.4
1962	1.1	4.5	6.7	4.5	4.7
1963	1.2	2.5	7.7	3.0	4.8
1964	1.4	3.9	3.9	2.3	3.4
1965	1.6	4.6	6.5	3.4	2.6
1966	2.8	3.7	6.0	3.5	2.7
1967	2.8	2.4	4.0	1.5	2.7
1968	4.2	4.8	5.5	1.8	4.5
1969	5.0	5.2	5.1	2.6	6.4
1970	5.9	6.5	7.6	3.7	5.5
1971	4.3	9.5	6.3	5.3	5.5
1972	3.6	6.8	4.9	5.4	5.9

年份	美国	联合王国	日本	德国	法国
1973	6.2	8.4	12.0	7.0	7.5
1974	10.9	16.0	24.6	7.0	7.5
1975	9.2	24.2	11.7	5.9	11.7
1976	5.8	16.5	9.3	4.5	9.6
1977	6.4	15.9	8.1	3.7	9.4
1978	7.6	8.3	3.8	2.7	9.1
1979	11.4	13.4	3.6	4.1	10.7
1980	13.6	18.0	8.0	5.5	13.3

(1) 根据表中的数据描绘每个国家相对于时间的通货膨胀率图;

(2) 估计如下回归模型:

$$Y_{it} = B_0 + B_1 X_t + u_{it}$$

式中,Y_{it} 为第 i 个国家的通货膨胀率;i 为联合王国、日本、德国或法国;X_t 为美国通货膨胀率。

(3) 对得到的四个回归模型,分析该国的通货膨胀率与美国的通货膨胀率之间的关系。

(4) 对得到的每个回归模型进行检验。

7. 下表是 1960~1981 年新加坡每千人电话数与按要素成本 X 计算的新加坡元人均国内总产值(GDP)。这两个变量之间有何关系?你怎样得出这样的结论?

年份	Y	X	年份	Y	X
1960	36	1299	1971	90	2733
1961	37	1365	1972	102	3033
1962	38	1409	1973	114	3317
1963	41	1549	1974	126	3487
1964	42	1416	1975	141	3575
1965	45	1473	1976	163	3784
1966	48	1589	1977	196	4025
1967	54	1757	1978	223	4286
1968	59	1974	1979	262	4628
1969	67	2204	1980	291	5038
1970	78	2462	1981	317	5472

8. 下表给出 1970~1983 年美国的 GDP 和 4 种定义的货币存量。

年份	GDP	$M1$	$M2$	$M3$	L
1970	992.7	216.6	628.2	677.5	816.3
1971	1077.6	230.8	712.8	776.2	903.1
1972	1185.9	252	805.2	886	1023
1973	1326.4	265.9	861	985	1141.7

续表

年份	GDP	M1	M2	M3	L
1974	1434.2	277.6	908.5	1070.5	1249.3
1975	1549.2	291.2	1023.3	1174.2	1367.9
1976	1718	310.4	1163.6	1311.9	1516.6
1977	1918.3	335.4	1286.7	1472.9	1704.7
1978	2163.9	363.1	1389.1	1647.1	1910.6
1979	2417.8	389.1	1498.5	1804.8	2117.1
1980	2631.7	414.9	1632.6	1990	2326.2
1981	2957.8	441.9	1796.6	2238.2	2599.8
1982	3069.3	480.5	1965.4	2462.5	2870.8
1983	3304.8	525.4	2196.3	2710.4	3183.1

资料来源：总统经济报告，1985

其中，M_1＝现金＋活期存款＋旅行支票＋其他支票存款（OCDS）

M_2＝M_1＋隔日 RP 及欧元＋货币市场共同基金（MMMF）结余＋货币市场存款账户＋储蓄及小额存款

M_3＝M_2＋大额定期存款＋定期 RP＋机构 MMMF

L＝M_3＋其他流动资产

货币主义者或数量理论家声称，名义收入(GDP)主要由货币存量的数量变化决定，究竟什么是货币的"合适"定义，尚无一致意见。根据上表，试运用 OLS 法建立 GDP 与各种货币之间的回归模型，思考如下问题：

(1) 哪一种 GDP 与货币定义之间的关系密切？

(2) 如果回归分析结果告诉我们 GDP 与每一种货币定义之间的关系比较密切，是否意味着无论怎样选择货币定义都关系不大？

(3) 如果联邦储蓄银行向控制货币供给，那么为此目的，这些货币度量中的哪一种可作为较好的目标，你能从这些回归结果看出来吗？

9. 下表给出 1967～1990 年高年级学生的词汇数与数学成绩测试的结果。

年份	男生的词汇量	女生的词汇量	男生数学成绩	女生数学成绩
1967	463	468	515	467
1968	464	466	512	470
1969	459	466	513	470
1970	459	461	509	465
1971	454	457	507	466
1972	454	452	505	461
1973	446	443	502	460
1974	447	442	501	459
1975	437	431	495	449

续表

年份	男生的词汇量	女生的词汇量	男生数学成绩	女生数学成绩
1976	433	430	497	446
1977	431	427	497	445
1978	433	425	494	444
1979	431	423	493	443
1980	428	420	491	443
1981	430	418	492	443
1982	431	421	493	443
1983	430	420	493	445
1984	433	420	495	449
1985	437	425	499	452
1986	437	426	501	451
1987	435	425	500	453
1988	435	422	498	453
1989	434	421	500	454
1990	429	419	499	455

(1) 根据表中的资料，运用 OLS 法建立男生的数学分数对女生的数学分数的回归方程。

(2) 并对拟合优度、参数的显著性及方程的显著性进行检验。

(3) 通过女生的数学分数来预测男生的数学分数，假定 1991 年女生的数学成绩为 460 分，预测男生的数学成绩的平均分数。

(4) 对男生数学成绩的平均分数建立一个 95% 的置信区间。

(5) 重复上面问题(1)～(4)，假定 1991 年女生的词汇分数为 425 分。

10. 下表是 1979～1998 年我国的财政收入 Y 与国内生产总值 X 的统计资料。

年份	GDP	财政收入	年份	GDP	财政收入
1979	4 308.2	1 146.38	1989	16 909.2	2 664.90
1980	4 517.8	1 159.93	1990	18 547.9	2 937.10
1981	4 862.4	1 175.79	1991	21 617.8	3 149.48
1982	5 294.7	1 212.33	1992	26 638.1	3 483.37
1983	5 934.5	1 366.95	1993	34 634.4	4 348.95
1984	7 171.0	1 642.86	1994	46 759.4	5 218.10
1985	8 964.4	2 004.82	1995	58 478.1	6 242.20
1986	10 202.2	2 122.01	1996	67 884.6	7 407.99
1987	11 962.5	2 199.35	1997	74 462.6	8 651.14
1988	14 928.3	2 357.24	1998	79 395.7	9 875.95

资料来源：中国统计年鉴 1999. 北京：中国统计出版社，1999

(1) 作出散点图，建立财政收入随 GDP 变化的一元线性回归模型，并解释斜率系数的经济意义。

(2) 对所建立的回归模型进行检验。

（3）若 2001 年的 GDP 为 109 467 亿元，计算 2001 年财政收入的预测值及 95％的预测区间。

11. 下表给出了美国 30 所知名学校的 MBA 学生 1994 年基本年薪（ASP）、GPA 分数（从 1 到 4 共四个等级）、GMAT 分数及每年学费的数据。

1994 年 MBA 毕业生平均初职薪水

学校	ASP/美元	GPA	GMAT	学费/美元
Harvard	102 630	3.4	650	23 894
Stanford	100 800	3.3	665	21 189
Columbian	100 480	3.3	640	21 400
Dartmouth	95 410	3.4	660	21 225
Wharton	89 930	3.4	650	21 050
Northwestern	84 640	3.3	640	20 634
Chicago	83 210	3.3	650	21 656
MIT	80 500	3.5	650	21 690
Virginia	74 280	3.2	643	17 839
UCLA	74 010	3.5	640	14 496
Berkeley	71 970	3.2	647	14 361
Cornell	71 970	3.2	630	20 400
NYU	70 660	3.2	630	20 276
Duke	70 490	3.3	623	21 910
Carriegie Mellon	59 890	3.2	635	20 600
North Carolina	69 880	3.2	621	10 132
Michigan	67 820	3.2	630	20 960
Texas	61 890	3.3	625	8 580
Indiana	58 520	3.2	615	14 036
Purdue	54 720	3.2	581	9 556
Case Western	57 200	3.1	591	17 600
Georgetown	69 830	3.2	619	19 584
Michigan State	41 820	3.2	590	16 057
Penn State	49 120	3.2	580	11 400
Southern Methodist	60 910	3.1	600	18 034
Tulane	44 080	3.1	600	19 550
IIIinois	47 130	3.2	616	12 628
Lowa	41 620	3.2	590	9 361
Minnesota	48 250	3.2	600	12 618
Washington	44 140	3.3	617	11 436

（1）用双变量回归模型分析 GPA 是否对 ASP 有影响？

（2）用适合的回归模型分析 GMAT 分数是否与 ASP 有关系？

（3）每年的学费与 ASP 有关吗？你是如何知道的？如果两变量之间正相关，是否意味着进到最高学费的商业学校是有利的。

（4）你同意高学费的商业学校意味着高质量的 MBA 成绩吗？为什么？

12. 下表给出 1969～1972 年美国制造业的每百名雇员的辞退率与失业率。

美国制造业中的辞退率和失业率

年份	每百名雇员的辞退率和失业率 Y	失业率 $X/\%$
1960	1.3	6.2
1961	1.2	7.8
1962	1.4	5.8
1963	1.4	5.7
1964	1.5	5.0
1965	1.9	4.0
1966	2.6	3.2
1967	2.3	3.6
1968	2.5	3.3
1969	2.7	3.3
1970	2.1	5.6
1971	1.8	6.8
1972	2.2	5.6

（1）把数据描绘成散点图。

（2）建立辞退率与失业率之间线性回归模型。

（3）解释所得的结果。

13. 是否任何两个变量之间的关系，都可以用两变量线性回归模型进行分析？

14. 参数估计量的无偏性和有效性的含义是什么？从参数估计量的无偏性和有效性证明过程说明，为什么说满足基本假设的计量经济学模型的普通最小二乘参数估计量才具有无偏性和有效性？

15. 对于经过原点回归模型 $Y_i = b_1 X_i + \mu_i$，试证明：

$$\text{Var}(\hat{\beta}_1) = \frac{\sigma_\mu^2}{\sum X_i^2}$$

16. 试证明：

（1）$\sum e_i = 0$

（2）$\sum e_i x_i = 0$

（3）$\sum e_i \hat{Y}_i = 0$

17. 证明：仅当 $R^2 = 1$ 时，y 对 x 的线性回归的斜率估计量等于 x 对 y 的线性回归的斜率估计量的倒数。

18. 对于计量模型：$Y_i = b_0 + b_1 X_i + \mu_i$，其 OLS 估计参数 b_1 特性在下列情况下会受到什么影响：（1）观测值数目 n 增加；（2）X_i 各观测值差额增加；（3）X_i 各观测值近似相等。

第三章

多元线性回归模型

本章将一元回归模型拓展到了多元回归模型,其基本的建模思想与建模方法与一元的情形相同。主要内容仍然包括模型的基本假定、模型的估计、检验,以及模型在预测方面的应用等方面。只不过为了多元建模的需要,在基本假设方面及检验方面有所扩充。

在第二章中我们介绍的一元线性回归模型中,仅仅考虑了一个解释变量(自变量)对被解释变量(因变量)的影响,然而,社会经济问题所研究的变量往往受多个因素影响。例如,消费者的购买行为不但要受其收入水平的影响,还要受消费者心理偏好、价格水平、工作稳定性、经济环境,甚至预期寿命等诸多因素的影响。因此,本章我们将把一元线性回归模型推广到有多个解释变量影响被解释变量的情形。包含多个解释变量的回归模型,称为多元回归模型。下面我们就来讨论有关多元线性回归模型的一些问题。

■ 第一节　多元线性回归模型的几个基本问题

一、多元线性回归模型

1. 多元线性总体回归模型的表示形式

假定因变量 Y 与 $K-1$ 个解释变量 X_2,X_3,$\cdots$,X_k 具有线性相关关系,存在 n 期观察值,则多元线性总体回归模型可以表示为如下形式:

$$Y_i = \beta_1 + \beta_2 X_{2i} + \beta_3 X_{3i} + \cdots + \beta_k X_{ki} + u_i \quad (i = 1, 2, 3, \cdots, n) \quad (3.1)$$

包含 $K-1$ 个解释变量的总体多元回归模型也可以表示为 Y 的条件期望的形式:

$$E(Y \mid X_{2i}, X_{3i}, \cdots, X_{ki}) = \beta_1 + \beta_2 X_{2i} + \beta_3 X_{3i} + \cdots + \beta_k X_{ki} \quad (i = 1, 2, 3, \cdots, n)$$

$$(3.2)$$

式(3.2)表示,在给出以自变量 X_{2i},X_{3i},$\cdots$,X_{ki} 的固定值为条件的 Y 的条件均值或期望。

其中,β_1 是截距;β_2,$\cdots$,β_k 为偏回归系数(在后面将介绍这一问题)。也就是说,多元线性回归模型是以多个解释变量的固定值为条件的回归分析。

　　2. 多元线性样本回归模型的表示形式

　　同一元线性回归模型一样，多元线性总体回归模型是无法得到的，因此，只能用样本观察值进行估计。对应于式（3.2）和式（3.1）所示的总体回归模型，多元线性样本回归模型为

$$\hat{Y}_i = \hat{\beta}_1 + \hat{\beta}_2 X_{2i} + \hat{\beta}_3 X_{3i} + \cdots + \hat{\beta}_k X_{ki} \quad (i=1, 2, 3, \cdots, n) \tag{3.3}$$

和

$$Y_i = \hat{\beta}_1 + \hat{\beta}_2 X_{2i} + \hat{\beta}_3 X_{3i} + \cdots + \hat{\beta}_k X_{ki} + e_i \quad (i=1, 2, 3, \cdots, n) \tag{3.4}$$

式中，$\hat{Y}_i$ 称为 Y_i 的样本拟合值、样本估计值或样本回归值；$\hat{\beta}_j (j=1, 2, 3, \cdots, k)$ $(j=1, 2, \cdots, k)$ 是对应总体偏回归系数 β_j 的估计；残差项 e_i 是随机扰动项 u_i 的估计。

　　3. 偏回归系数

　　偏回归系数又称偏斜率系数，其意义如下：如 β_2 度量了在其他解释变量（X_3, X_4, $\cdots$, X_k）保持不变的情况下，X_2 每变化 1 个单位时，Y 的条件均值 $E(Y|X_{2i}, X_{3i}, \cdots, X_{ki})$ 的变化。也就是说，β_2 给出了其他解释变量保持不变时，$E(Y|X_{2i}, X_{3i}, \cdots, X_{ki})$ 对 X_2^* 的斜率。或者说，它给出了 X_2 的单位变化对 Y 的条件均值的"直接"或"净"（不包括通过 X_{3i}, X_{4i}, $\cdots$, X_{ki} 所产生的间接影响）影响。

二、多元线性回归模型的基本假定

　　与一元线性回归模型一样，首先要对多元线性回归模型的参数进行估计，为了达到这个目的，我们仍在第二章介绍的经典（或称古典）线性回归模型的框架下，利用普通最小二乘法（OLS）对参数进行估计，因此，多元线性回归模型必须遵循以下假定：

　　（1）X_{2i}, X_{3i}, $\cdots$, X_{ki}，与随机扰动项不相关。如果 X_2, X_3, $\cdots$, X_k 是非随机变量，则这个假定将自动满足。由于在线性回归模型中，X_2, X_3, $\cdots$, X_k 的取值是在重复抽样的条件下取某一固定数值，可以视为非随机的变量，因此，满足这一假定。

　　（2）零均值假定，即

$$E(u_i) = 0 \quad (i=1, 2, 3, \cdots, n) \tag{3.5}$$

　　（3）同方差假定，即

$$\mathrm{Var}(u_i) = \sigma^2 \quad (i=1, 2, 3, \cdots, n) \tag{3.6}$$

　　（4）无自相关假定，即

$$\mathrm{Cov}(u_i, u_j) = E(u_i u_j) = 0 \quad i \neq j; i, j = 1, 2, 3, \cdots, n \tag{3.7}$$

　　（5）解释变量之间不存在完全线性相关关系，即两个解释变量之间无确切的线性关系。这一假定将在下面给出说明。

　　（6）为了进行假设检验，假定随机扰动项 u_i 服从均值为零，方差为 σ^2 的正态分布，即

$$u_i \sim N(0, \sigma^2) \tag{3.8}$$

三、多元线性回归模型的矩阵表示

对多元线性总体回归模型可以用线性方程和矩阵表示如下：

取 n 次观测值 Y_i，X_{2i}，X_{3i}，…，$X_{ki}(i=1，2，…，n)$，代入式（3.1）中，得到以下线性方程组：

$$\begin{cases} Y_1 = \beta_1 + \beta_2 X_{21} + \beta_3 X_{31} + \cdots + \beta_k X_{k1} ++ u_1 \\ Y_2 = \beta_1 + \beta_2 X_{22} + \beta_3 X_{32} + \cdots + \beta_k X_{k2} ++ u_2 \\ \cdots \\ Y_n = \beta_1 + \beta_2 X_{2n} + \beta_3 X_{3n} + \cdots + \beta_k X_{kn} ++ u_n \end{cases}$$

将这 n 个方程写成矩阵形式：

$$\begin{bmatrix} Y_1 \\ Y_2 \\ \vdots \\ Y_n \end{bmatrix} = \begin{bmatrix} 1 & X_{21} & X_{31} & \cdots & X_{k1} \\ 1 & X_{22} & X_{32} & \cdots & X_{k2} \\ \vdots & \vdots & \vdots & & \vdots \\ 1 & X_{2n} & X_{3n} & \cdots & X_{kn} \end{bmatrix} \begin{bmatrix} \beta_1 \\ \beta_2 \\ \beta_3 \\ \vdots \\ \beta_k \end{bmatrix} + \begin{bmatrix} u_1 \\ u_2 \\ \vdots \\ u_n \end{bmatrix}$$

或写成如下形式：

$$Y = X\beta + u \tag{3.9}$$

式（3.9）就是用矩阵形式表示的多元线性总体回归模型。

式（3.9）中，Y 表示 $n \times 1$ 阶由因变量样本观测值构成的向量；X 表示 $n \times k$ 阶由解释变量样本观测值数据构成的矩阵；u 表示 $n \times 1$ 阶由随机扰动项构成的向量；β 表示 $k \times 1$ 阶由总体回归参数构成的向量。同样，多元线性样本回归模型可用矩阵表示如下：

$$Y = X\hat{\beta} + e \tag{3.10}$$

或者

$$\hat{Y} = X\hat{\beta} \tag{3.11}$$

其中，$Y = \begin{bmatrix} Y_1 \\ Y_2 \\ \vdots \\ Y_n \end{bmatrix}$ $\hat{Y} = \begin{bmatrix} \hat{Y}_1 \\ \hat{Y}_2 \\ \vdots \\ \hat{Y}_n \end{bmatrix}$ $\hat{\beta} = \begin{bmatrix} \hat{\beta}_1 \\ \hat{\beta}_2 \\ \vdots \\ \hat{\beta}_k \end{bmatrix}$ $e = \begin{bmatrix} e_1 \\ e_2 \\ \vdots \\ e_n \end{bmatrix}$。

式（3.11）中 $\hat{Y}$ 表示 $n \times 1$ 阶由因变量回归拟合值构成的向量；$\hat{\beta}$ 表示 $k \times 1$ 阶由总体未知回归参数估计值构成的向量；e 表示 $n \times 1$ 阶由残差项构成的向量。

对于多元线性回归模型，只要解释变量的个数多于三个，得到的计算公式将会非常复杂，因此必须借助于矩阵代数来计算。当然矩阵代数的手工计算也非常困难，多元线性回归模型的估计等问题必须借助于计算机来完成。

■ 第二节   偏回归系数的最小二乘估计

对于多元线性总体回归模型式(3.1)中的参数，即偏回归系数，同一元线性回归模型一样，我们可以用 OLS 法进行参数估计，OLS 法的一些性质对多元线性回归模型同样适用。

一、最小二乘估计量

我们已知总体回归模型的样本回归模型如下：

$$\hat{Y}_i = \hat{\beta}_1 + \hat{\beta}_2 X_{2i} + \hat{\beta}_3 X_{3i} + \cdots + \hat{\beta}_k X_{ki}$$

或者 $\quad Y_i = \hat{\beta}_1 + \hat{\beta}_2 X_{2i} + \hat{\beta}_3 X_{3i} + \cdots + \hat{\beta}_k X_{ki} + e_i \, (i = 1, \ 2, \ 3, \ \cdots, \ n)$

则 $\qquad e_i = Y_i - (\hat{\beta}_1 + \hat{\beta}_2 X_{2i} + \hat{\beta}_3 X_{3i} + \cdots + \hat{\beta}_k X_{ki})$ $\qquad$ (3.12)

在前面已经介绍过，通过 OLS 的原则是选择总体未知回归参数的估计量，使得残差平方和(RSS) $\sum e_i^2$ 达到最小，即

$$\min \sum e_i^2 = \sum \left[Y_i - (\hat{\beta}_1 + \hat{\beta}_2 X_{2i} + \hat{\beta}_3 X_{3i} + \cdots + \hat{\beta}_k X_{ki}) \right]^2$$

根据多元函数极值原理，使得残差平方和为最小值的必要条件是

$$\frac{\partial \sum e_i^2}{\partial \hat{\beta}_j} = 0, \quad j = 1, \ 2, \ 3, \ \cdots, \ k \qquad (3.13)$$

$$-2 \sum \left[Y_i - (\hat{\beta}_1 + \hat{\beta}_2 X_{2i} + \hat{\beta}_3 X_{3i} + \cdots + \hat{\beta}_k X_{ki}) \right] = 0$$

即 $\quad -2 \sum X_{1i} \left[Y_i - (\hat{\beta}_1 + \hat{\beta}_2 X_{2i} + \hat{\beta}_3 X_{3i} + \cdots + \hat{\beta}_k X_{ki}) \right] = 0 \qquad (3.14)$

$$\cdots$$

$$-2 \sum X_{ki} \left[Y_i - (\hat{\beta}_1 + \hat{\beta}_2 X_{2i} + \hat{\beta}_3 X_{3i} + \cdots + \hat{\beta}_k X_{ki}) \right] = 0$$

式(3.14)可以用矩阵表示如下：

$$\begin{bmatrix} \sum e_i \\ \sum X_{1i} e_i \\ \vdots \\ \sum X_{ki} e_i \end{bmatrix} = \begin{bmatrix} 0 \\ 0 \\ \vdots \\ 0 \end{bmatrix} \qquad (3.15)$$

或者 $\quad X'_e = \begin{bmatrix} 1 & 1 & \cdots & 1 \\ X_{11} & X_{12} & \cdots & X_{1n} \\ \vdots & \vdots & & \vdots \\ X_{k1} & X_{k2} & \cdots & X_{kn} \end{bmatrix} \begin{bmatrix} e_1 \\ e_2 \\ \vdots \\ e_n \end{bmatrix} = \begin{bmatrix} \sum e_i \\ \sum X_{1i} e_i \\ \vdots \\ \sum X_{ki} e_i \end{bmatrix} = 0 \qquad (3.16)$

对于样本回归方程式(3.10)的两边，同时乘以解释变量样本观察值矩阵 X 的转置阵 X'，得

$$X'Y = X'X\hat{\beta} + X'e \qquad (3.17)$$

由基本假定(5)可知，解释变量之间不存在完全的线性相关关系，由线性代数的相关知识可知，解释变量样本观察值矩阵 X 为满秩矩阵，即

$$\mathrm{rank}(X) = k$$

那么，矩阵 $X'X$ 也应是满秩矩阵，所以行列式 $|X'X| \neq 0$，矩阵 $X'X$ 的逆矩阵 $(X'X)^{-1}$ 存在。

因此，根据极值的必要条件，式(3.17)及矩阵 X 为满秩阵的基本假定，可得偏回归系数的最小二乘(OLS)估计量：

$$\hat{\beta} = (X'X)^{-1}X'Y \qquad (3.18)$$

我们还可以证明 $X'X$ 是正定矩阵，从而证明式(3.18)中给出的未知参数的最小二乘估计量确实使残差平方和 $\sum e_i^2$ 达到最小值。

二、实例

例 3.1　根据表 3.1 提供的数据，用 OLS 方法建立 Y 与 X_1 和 X_2 之间的线性回归方程，运用 Eviews6.0 软件得到回归运算结果如表 3.2 所示(具体操作步骤在本章最后的案例研究中将详细介绍)。

表 3.1　中国国内生产总值与最终消费和资本形成总额

年份	国内生产总值	最终消费/X_1	资本形成总额/X_2
1978	3 605.6	2 239.1	1 377.9
1979	4 092.6	2 633.7	1 478.9
1980	4 592.9	3 007.9	1 599.7
1981	5 008.8	3 361.5	1 630.2
1982	5 590.0	3 714.8	1 784.2
1983	6 216.2	4 126.4	2 039.0
1984	7 362.7	4 846.3	2 515.1
1985	9 076.7	5 986.3	3 457.5
1986	10 508.5	6 821.8	3 941.9
1987	12 277.4	7 804.6	4 462.0
1988	15 388.6	9 839.5	5 700.2
1989	17 311.3	11 164.2	6 332.7
1990	19 347.8	12 090.5	6 747.0
1991	22 577.4	14 091.9	7 868.0
1992	27 565.2	17 203.3	10 086.3
1993	36 938.1	21 899.9	15 717.7
1994	50 217.4	29 242.2	20 341.1

续表

年份	国内生产总值	最终消费/X_1	资本形成总额/X_2
1995	63 216.9	36 748.2	25 470.1
1996	74 163.6	43 919.5	28 784.9
1997	81 658.5	48 140.6	29 968.0
1998	86 531.6	51 588.2	31 314.2
1999	91 125.0	55 636.9	32 951.5
2000	99 214.6	61 516.0	34 842.8
2001	108 972.4	66 878.3	39 769.4
2002	120 350.3	71 691.2	45 565.0
2003	136 398.8	77 449.5	55 963.0
2004	160 280.4	87 032.9	69 168.4
2005	188 692.1	97 822.7	80 646.3
2006	221 651.3	110 595.3	94 402.0
2007	263 093.8	128 793.8	110 919.4
2008	306 859.8	149 112.6	133 612.3
2009	340 902.8	169 274.8	164 463.2
2010	401 512.8	194 115.0	193 603.9
2011	473 104	228 561.3	225 006.7
2012	519 470.1	261 832.8	252 773.2

资料来源：中国统计年鉴 2013. 北京：中国统计出版社，2013

表 3.2　回归结果

Dependent Variable：Y

Method：Least Squares

Date：04/20/14　Time：19：12

Sample：1978 2012

Included observations：35

Variable	Coefficient	Std. Error	t-Statistic	Prob.
C	−739.758 1	1 357.058	−0.545 119	0.589 5
$X1$	1.135 885	0.096 175	11.810 59	0.000 0
$X2$	0.935 988	0.098 215	9.530 031	0.000 0

R-squared	0.998 932	Mean dependent var	114 139.3
Adjusted R-squared	0.998 866	S. D. dependent var	141 661.4
S. E. of regression	4 771.141	Akaike info criterion	19.860 37
Sum squared resid	7.28E+08	Schwarz criterion	19.993 69
Log likelihood	−344.556 6	F-statistic	14 970.75
Durbin-Watson stat	1.032 823	Prob(F-statistic)	0.000 000

整理即得

$$\hat{Y}_t = -739.76 + 1.14X_{1t} + 0.94X_{2t} \tag{3.19}$$
$$t = (-0.5451) \quad (11.8106)(9.5300) \quad R^2 = 0.9989$$

三、最小二乘估计量的性质

在一元线性回归模型中，我们知道在古典线性回归模型的基本假定下，OLS 估计量是最优线性无偏估计量，这个性质对于满足古典线性模型条件的多元线性回归模型的最小二乘估计量同样成立。因此，根据 OLS 估计的多元线性回归模型中的每一个偏回归系数都是线性的、无偏的，并且具有最小方差性，所以 OLS 估计量比其他线性无偏估计量更准确地估计了真实的参数值。

从上面的讨论中不难发现，实际上多元线性回归模型在许多方面是一元线性回归模型的推广，只是计算机公式比较复杂，必须借助于计量经济软件和计算机来计算。

四、多元判定系数与校正的判定系数

（一）多元判定系数

在一元线性回归模型中，我们用式（2.37）定义的拟合优度 R^2 来度量样本回归直线的拟合优度，对于拟合优度 R^2 的应用可以推广到包含若干个解释变量的多元线性回归模型之中。在多元线性回归模型中，为了与一元线性回归模型加以区分，我们把拟合优度 R^2 这个统计量称为多元判定系数，下面我们就来讨论这个问题。

与一元线性回归模型相同，在多元线性回归模型中也有如下恒等式：

$$\text{TSS} = \text{ESS} + \text{RSS} \tag{3.20}$$

式中，TSS 为总离差平方和 $\left(\sum y_t^2\right)$；ESS 为回归平方和 $\left(\sum \hat{y}_t^2\right)$；RSS 为残差平方和 $\left(\sum e_t^2\right)$。同样，与一元线性回归模型类似，R^2 的定义如下：

$$R^2 = \text{ESS}/\text{TSS} \tag{3.21}$$

式（3.21）表明，R^2 是回归平方和与总离差平方和的比值，其取值的范围也在 0 与 1 之间。R^2 越接近 1，表示估计的样本回归直线对样本数据拟合得越好；R^2 近似等于 1，表明样本回归直线非常好地拟合了样本数据。R^2 正的平方根，称为多元相关系数或复相关系数，其度量了 Y 与所有解释变量的线性相关程度。

例 3.2 根据表 3.2 计算的回归结果，其中 R^2 为 0.9989，它表示约 99.89% 的国内生产总值的变化可以由最终消费和资本形成来解释。

其中，TSS、ESS、RSS 的矩阵表达式如下：

$$\begin{aligned}
\text{TSS} &= \sum (Y_t - \bar{Y})^2 \\
&= \sum (Y_t^2 - 2Y_t\bar{Y} + \bar{Y}^2) \\
&= \sum Y_t^2 - n\bar{Y}^2 \\
&= Y'Y - n\bar{Y}^2
\end{aligned}$$

$$ESS = \sum (Y_t - \bar{Y})^2 - \sum e_t^2$$
$$= Y'Y - n\bar{Y}^2 - (Y'Y - \hat{\beta}X'Y)$$
$$= \hat{\beta}X'Y - n\bar{Y}^2$$

由此判定系数 R^2 的矩阵表达式为

$$R^2 = \frac{ESS}{TSS} = 1 - \frac{e'e}{\sum (Y_i - \bar{Y})^2} = \frac{\hat{\beta}'X'Y - n\bar{Y}^2}{Y'Y - n\bar{Y}^2} \quad 0 \leqslant R^2 \leqslant 1 \quad (3.22)$$

（二）校正的判定系数

例 3.3　对于表 3.1 我们建立的是国内生产总值与最终消费、资本形成之间的回归模型，如果假设资本形成与国内生产总值之间的线性关系不明显，把它从模型中去掉，那么我们根据表 3.1 中的数据值建立国内生产总值与最终消费之间的线性回归模型。同样用 Eviews 软件得到回归运算结果如表 3.3 所示。

表 3.3　回归结果

Dependent Variable：Y
Method：Least Squares
Date：04/20/14　Time：19：19
Sample：1978 2012
Included observations：35

Variable	Coefficient	Std. Error	t-Statistic	Prob.
C	−8 634.474	2 073.661	−4.163 879	0.000 2
$X1$	2.045 467	0.022 840	89.556 45	0.000 0
R-squared	0.995 902	Mean dependent var		114 139.3
Adjusted R-squared	0.995 778	S. D. dependent var		141 661.4
S. E. of regression	9 204.547	Akaike info criterion		21.14 823
Sum squared resid	2.80E+09	Schwarz criterion		21.23 711
Log likelihood	−368.094 0	F-statistic		8 020.358
Durbin-Watson stat	0.297 743	Prob(F-statistic)		0.000 000

整理即得

$$\hat{Y}_t = -8634.47 + 2.045X_{1t} \quad (3.23)$$
$$t = (-4.1639) \quad (89.5565) \quad R^2 = 0.9959$$

现在大家注意到一个问题，就是式(3.19)三变量线性回归模型的 R^2 值为 0.9989，而式(3.23)两变量线性回归模型中 R^2 的值为 0.9959，即后一个回归方程中的 R^2 值比前一个回归方程的 R^2 值小，大家也许会提出一个问题：解释变量的个数会影响 R^2 吗？确实是这样的，判定系数有一个重要的性质：模型中的解释变量越多，R^2 值就越大。那么要想增加回归模型对因变量的解释程度，只要不断地增加解释变量的个数就可以了吗？其实，实际情况并非如此，理由如下：假设样本容量保持不变，总离差平方和 TSS 不会改变，其自由度为 $n-1$，但理论上增加解释变量只会增加回归平方和 ESS。因此 R^2（ESS/TSS）只可能增加，如此一来容易形成这样一种错觉：即想要模型拟合得更好，就只要增加即便是毫无意义的解释变量就可以了，显然这样是不符合逻辑的，也不符合科学建模所要求的严谨性。因此，在多元回归模型中，R^2 并不能真实反映回归模型对观察数据的拟合程度。比较相同因变量但解释变量个数不同的两个回归模型的样本判定系数 R^2，如果用我们原来定义的判定系数直接进行比较是没有可比性的。

R^2（ESS/TSS）作为判定系数出现上述问题的原因是，其并没有考虑三个平方和的自由度。在一个有 $K-1$ 个解释变量的模型中，如多元回归模型中有 10 个解释变量（不包括截距项），则 ESS 的自由度为 10，但是 R^2 的计算公式并未考虑不同的多元回归模型中三个平方和的自由度的不同。一个自然地解决方法是用平方和的自由度进行校正，以消除 R^2 对解释变量个数的依赖性，它能根据模型中解释变量的个数进行调整，这个指标就是校正的判定系数 $\bar{R}^2$，其计算公式如下：

$$\bar{R}^2 = 1 - \frac{\text{RSS}/(n-k)}{\text{TSS}/(n-1)} \tag{3.24}$$

式中，RSS 为残差平方和；TSS 为总离差平方和；n 为样本容量；k 为多元回归中包括截距项和解释变量系数在内的所有回归参数的个数，不难验证 R^2 和 $\bar{R}^2$ 具有如下关系：

$$\bar{R}^2 = 1 - (1-R^2)\frac{n-1}{n-k} \tag{3.25}$$

式中，R^2 为原始的判断系数 ESS/TSS；n 为样本容量；k 为多元回归中包括截距项和解释变量系数在内的所有回归参数的个数。

这里需要注意，前面讨论的判定系数 R^2 又可称为非校正的判定系数。

校正的判定系数有如下性质：

（1）$k>1$，则 $\bar{R}^2 \leqslant R^2$，即随着模型中解释变量的增加，校正的判定系数越来越小于非校正判定系数 R^2。

（2）非校正判定系数 R^2 总是为正的，但是校正的判定系数 $\bar{R}^2$ 的取值可能为负的。例如，若回归模型中，$k=3$，$n=30$，$R^2=0.06$，则 $\bar{R}^2$ 为 -0.0096。

目前，许多统计软件都可以计算 R^2 和 $\bar{R}^2$，校正判定系数可以使我们对因变量相同、但解释变量个数不同的两个回归模型作比较。

五、偏相关系数

在第二章的第二节中我们介绍了作为度量两变量之间的线性关联程度的系数 r，对于多元线性回归模型，我们可以计算出多个相关系数 r_{0i}（下标 0 代表 Y，下标 i 代表 X_i，其中，$i=2, 3, \cdots, k$）表示因变量 Y 与解释变量 X 之间的线性关联程度，这些相关系数称为简单相关系数或者称为零阶相关系数。在这里，我们需要考虑这样一个问题，在多元线性回归模型中，简单相关系数是否能够真实反映变量之间的相关程度呢？如 r_{02} 果真能度量 Y 与 X_2 之间的线性关联程度吗？其实在经济活动中，两个变量之间的相关程度总要受到其他有关变量的影响。例如，在一元线性回归模型中，简单相关系数就能真实地反映 Y 与 X 之间真实的相关程度，但在包含三变量的多元线性回归模型中，如果要研究 Y 与 X_2 之间真实的相关程度，就必须剔除 X_3 对它的影响。一般地，在研究多个变量 Y 与 X_2，X_3，…，X_k 的线性相关程度时，如果其他变量保持不变，只考虑 Y 与 $X_i (i = 2, 3, \cdots, k)$ 之间的关系，这种相关叫做偏相关。衡量偏相关程度的指标，就是偏相关系数。例如，在三变量的线性回归模型中，$r_{02.3}$ 表示 X_3 保持不变时 Y 与 X_2 的偏相关系数；$r_{03.2}$ 表示 X_2 保持不变时 Y 与 X_3 的偏相关系数；$r_{32.0}$ 表示 Y 保持不变时 X_2 与 X_3 的偏相关系数；在偏相关系数中，根据固定变量数目的多少，可以分为零阶偏相关系数、一阶偏相关系数、$(k-1)$ 阶偏相关系数等。例如，$r_{02.3}$ 称为一阶偏相关系数，$r_{02.34}$ 称为二阶偏相关系数，$r_{02.345}$ 称为三阶偏相关系数，以此类推。

■ 第三节　参数估计量和随机扰动项的方差估计

在一元线性回归模型中，我们向大家介绍了总体回归参数 β_1 和 β_2 的估计量 $\hat{\beta}_1$ 和 $\hat{\beta}_2$ 的方差，以及随机扰动项方差 σ^2 的估计量及其概率分布。同样在多元线性回归模型中，为了进行假设检验、经济预测等，我们也必须了解总体回归参数的估计量的方差和随机扰动项方差 σ^2 的估计量及其概率分布。

一、估计量 $\hat{\beta}_1$，$\hat{\beta}_2$，…，$\hat{\beta}_k$ 的方差估计

为方便起见，我们用矩阵的形式来进行介绍。首先我们来计算总体回归参数的估计量 $\hat{\beta}$ 的方差-协方差矩阵，公式表示如下：

$$E[\hat{\beta} - E(\hat{\beta})][\hat{\beta} - E(\hat{\beta})]' \tag{3.26}$$

$$= E\begin{bmatrix} \begin{pmatrix} \hat{\beta}_1 - \beta_1 \\ \hat{\beta}_2 - \beta_2 \\ \cdots \\ \hat{\beta}_k - \beta_k \end{pmatrix} (\hat{\beta}_1 - \beta_1, \ \hat{\beta}_2 - \beta_2, \ \cdots, \ \hat{\beta}_k - \beta_k) \end{bmatrix}$$

$$= E\begin{bmatrix} (\hat{\beta}_1 - \beta_1)^2 & (\hat{\beta}_1 - \beta_1)(\beta_2 - \hat{\beta}_2) \cdots (\hat{\beta}_1 - \beta_1)(\hat{\beta}_k - \beta_k) \\ (\hat{\beta}_2 - \beta_2)(\hat{\beta}_1 - \beta_1)(\hat{\beta}_2 - \beta_2)2 \cdots (\hat{\beta}_2 - \beta_2)(\hat{\beta}_k - \beta_k) \\ \cdots \\ (\hat{\beta}_k - \beta_k)(\hat{\beta}_1 - \beta_1)(\hat{\beta}_k - \beta_k)(\hat{\beta}_2 - \beta_2) \cdots (\hat{\beta}_k - \beta_k)^2 \end{bmatrix} \tag{3.27}$$

由式（3.27）可见，矩阵在主对角线上给出了各个参数估计量 $\hat{\beta}$ 的方差，而在其余部分给出了不同的参数估计量 $\hat{\beta}_i$ 和 $\hat{\beta}_j$ 之间的协方差，因此，这个矩阵被称为 $\hat{\beta}$ 的方差-协方差矩阵。由参数估计式（3.18）可知：

$$\hat{\beta} = (X'X)^{-1}X'Y$$
$$= (X'X)^{-1}X'(X\beta + u)$$
$$= (X'X)^{-1}X'X\beta + (X'X)^{-1}X'u$$
$$= \beta + (X'X)^{-1}X'u$$

则 $\hat{\beta} - \beta = (X'X)^{-1}X'u$ (3.28)

把式(3.28)代入式(3.27)中，可得

$$E[\hat{\beta} - E(\hat{\beta})][\beta - E(\hat{\beta})]'' = E[(X'X)^{-1}X'u[(X'X)^{-1}X'u]'$$
$$= E[(X'X)^{-1}X'uu'X(X'X)^{-1}$$
$$= (X'X)^{-1}X'E(uu')X(X'X)^{-1}$$
$$= \sigma^2(X'X)^{-1}X'X(X'X)^{-1}$$
$$= \sigma^2(X'X)^{-1}$$ (3.29)

设 c_{ij} 为矩阵 $(X'X)^{-1}$ 中的第 i 行和第 j 列元素，比较式(3.27)和式(3.29)的右边，则第 i 个回归参数估计量的方差、标准差和协方差可以分别表示如下：

$$\mathrm{Var}(\hat{\beta}_i) = \sigma^2 C_{ij} \quad i = j$$ (3.30)

$$\sigma(\hat{\beta}_i) = \sigma\sqrt{C_{ij}} \quad i = j$$ (3.31)

$$\mathrm{Cov}(\hat{\beta}_i, \hat{\beta}_j) = \sigma^2 C_{ij} \quad i \neq j$$ (3.32)

二、随机扰动项的方差估计

对于每一个 OLS 估计量 $\hat{\beta}_i (i = 1, 2, 3, \cdots, k)$，我们特别关心的是其方差或标准差的大小，因为方差和标准差是我们用来衡量估计量接近总体未知回归参数（真值）$\beta_i (i = 1, 2, 3, \cdots, k)$ 程度的重要依据。但是在参数估计量 $\hat{\beta}_i$ 的方差和标准差的表达式中，都含有 σ^2 项，而随机扰动项 u_i 的方差 σ^2 是未知的，所以我们仍需要从残差 e_i 出发来估计随机扰动项的方差 σ^2。

1. 定义残差向量

$$e = \begin{pmatrix} e_1 \\ e_2 \\ \vdots \\ e_n \end{pmatrix} = \begin{pmatrix} Y_1 - \hat{Y}_1 \\ Y_2 - \hat{Y}_2 \\ \vdots \\ Y_n - \hat{Y}_n \end{pmatrix} = Y - \hat{Y} = Y - X\hat{\beta}$$
$$= Y - X(X'X)^{-1}X'Y$$
$$= [I - X(X'X)^{-1}X']Y$$

令 $P = I - X(X'X)^{-1}X'$，则

$$e = PY = P(X\beta + u) = PX\beta + Pu$$
$$= [I - X(X'X)^{-1}X']X\beta + Pu$$
$$= Pu$$ (3.33)

容易验证 $P = P'$，且 $P \cdot P = P$。

2. 残差的期望和方差-协方差矩阵

残差的期望，即 $E(e)=E(Pu)=PE(u)=0$。残差的方差-协方差矩阵为

$$
\begin{aligned}
E(ee') &= E[Pu(Pu)'] \\
&= E(Pu \cdot u'P') \\
&= PE(uu')P' \\
&= PP'\sigma 2
\end{aligned}
\tag{3.34}
$$

残差平方和为

$$
\begin{aligned}
\sum e_i^2 &= e'e \\
&= (PY)'(PY) = Y'P'PY = Y'PY \\
&= Y'[I - X(X'X)^{-1}X']Y \\
&= Y'Y - Y'X\hat{\beta}
\end{aligned}
\tag{3.35}
$$

由于 $Y'X\hat{\beta}=\hat{\beta}'X'Y$，所以有

$$
\sum e_i^2 = Y'Y - \hat{\beta}'X'Y
\tag{3.36}
$$

残差平方和是矩阵 (ee') 的主对角线上元素的代数和，即

$$
\sum e_i^2 = e'e = \mathrm{tr}(ee')
\tag{3.37}
$$

其中，$\mathrm{tr}(A)$ 表示矩阵 A 的迹，即 A 的主对角线上元素的代数和。矩阵的迹具有这样一个性质，即 $\mathrm{tr}(AB)=\mathrm{tr}(BA)$。

3. 随机干扰项 u_i 的方差 σ^2 的估计

对式(3.37)两边同时取期望，得

$$
\begin{aligned}
E\left(\sum e_i^2\right) &= E(e'e) = E[\mathrm{tr}(ee')] = \mathrm{tr}[E(ee')] \\
&= \mathrm{tr}(P\sigma^2) = \mathrm{tr}[I - X(X'X)^{-1}X']\sigma^2 \\
&= \{\mathrm{tr}I_{n\times1} - \mathrm{tr}[(X'X)^{-1}X'X]_{k\times k}\}\sigma^2 \\
&= [\mathrm{tr}I_{n\times1} - \mathrm{tr}I_{k\times1}]\sigma^2 \\
&= [n-k]\sigma^2
\end{aligned}
$$

因此，$E\left(\dfrac{\sum e_i^2}{n-k}\right)=E\left(\dfrac{e'e}{n-k}\right)=\sigma^2$

$$
\tag{3.38}
$$

记 $\hat{\sigma}^2 = \dfrac{\sum e_i^2}{n-k} = \dfrac{e'e}{n-k}$

$$
\tag{3.39}
$$

即 $\hat{\sigma}^2 = \dfrac{\sum e_i^2}{n-k} = \dfrac{e'e}{n-k}$ 为随机扰动项 u_i 的方差的无偏估计，那么 $\hat{\sigma} = \sqrt{\dfrac{\sum e_i^2}{n-k}} = \sqrt{\dfrac{e'e}{n-k}}$ 就为随机扰动项 u_i 的标准差 σ 的无偏估计，又称为估计标准差。因此参数估计量 $\hat{\beta}_i$ 的方差、标准差和协方差的估计量可分别表示如下：

$$S^2(\hat{\beta}_i) = \hat{\sigma}^2 C_{ii} = \left(\frac{\sum e_i^2}{n-k}\right) C_{ii} = \left(\frac{e'e}{n-k}\right) C_{ii} (i=j) \tag{3.40}$$

$$S(\hat{\beta}_i) = \hat{\sigma}\sqrt{C_{ii}} = \sqrt{\frac{\sum e_i^2}{n-k} C_{ii}} = \sqrt{\frac{e'e}{n-k} C_{ii}} (i=j) \tag{3.41}$$

$$\text{Cov}(\hat{\beta}_i, \hat{\beta}_j) = \hat{\sigma}^2 C_{ij} = \left(\frac{\sum e_i^2}{n-k}\right) C_{ij} = \left(\frac{e'e}{n-k}\right) C_{ij} (i \neq j) \tag{3.42}$$

■ 第四节　多元线性回归模型的假设检验

根据样本观察值应用最小二乘法对多元线性回归模型进行估计时，与一元线性回归模型一样，必须对拟合优度（在第二节中已经介绍）、回归系数的显著性及回归方程的显著性进行一系列的检验，在这一节将讨论这些问题。

一、关于个别偏回归系数的显著性检验

虽然拟合优度 R^2 度量了估计的样本回归直线与样本观察值之间拟合程度，但是 R^2 本身却不能告诉我们估计的回归系数是否在统计上是显著的，也就是是否显著不为零。如果有的回归系数显著不为零，则其对应的解释变量对因变量的影响是重要的，否则就是不重要的，应该把这个解释变量从模型中剔出，重新建立更为简单的模型，因此，必须对回归系数的显著性进行检验。

同一元线性回归模型一样，在多元线性回归模型中，如果随机扰动项 u_i 和解释变量 X_i 满足基本假定的要求，同样可以证明参数估计量 β_i 服从均值为 β_i、方差 $\text{Var}(\hat{\beta}_i)$ 为 $\sigma^2 C_{ij}$ 的正态分布。

由于随机扰动项方差 σ^2 未知，在第三节中我们已经证明了 σ^2 的无偏估计量为 $\hat{\sigma}^2$，因此可用 $\hat{\sigma}^2$ 代替 σ^2，此时 OLS 估计量 $\hat{\beta}_i$ 服从自由度为 $(n-k)$ 的 t 分布，而不再是正态分布，即

$$t = \frac{\hat{\beta}_i - \beta_i}{S(\hat{\beta}_i)} \sim t(n-k) \tag{3.43}$$

具体检验步骤如下：

（1）提出假设。

原假设：$H_0 : \beta_i = 0$

备择假设：$H_1 : \beta_i \neq 0$

（2）在 H_0 成立的条件下，构造 t 统计量，并根据样本观测值计算出对应的 t 统计检验值：

$$t = \frac{\hat{\beta}_i - \beta_i}{S(\hat{\beta}_i)} = \frac{\hat{\beta}_i}{\hat{\sigma}\sqrt{C_{ii}}} \tag{3.44}$$

（3）在给定显著性水平 α 的条件下，查表得临界值 $t_{\alpha/2}(n-k)$。

（4）判断。若 $|t| \geqslant t_{\alpha/2}(n-k)$，则拒绝 H_0：$\beta_i = 0$，接受 H_1：$\beta_i \neq 0$。这是因为接受 H_1 的概率保证程度很大，也就是说接受 H_1 犯错误的概率（即假设检验问题中的第一类错误）很小，说明 β_i 所对应的解释变量 X_i 对因变量 Y_i 有显著影响。

若 $|t| \leqslant t_{\alpha/2}(n-k)$，则不能拒绝 H_0：$\beta_i = 0$，即 β_i 与 0 的差异不显著，这种情况下，只有接受 H_0，犯错误的概率才会小。说明 β_i 对应的解释变量 X_i 对因变量 Y_i 没有显著影响。

对参数的显著性检验，同样可以通过 P 值来检验。检验方法同一元线性回归模型一样，即如果 $\hat{\beta}_i$ 对应的 t 统计检验值的 P 值都很小，说明 β_i 显著异于零，也就是说在拒绝原假设的过程中，犯错误的概率很小。

二、关于总体显著性的假设检验

与一元线性回归模型不同，对多元线性回归模型要进行总体显著性检验，所谓回归模型的总体性检验是指在一定的显著性水平下，从总体上对模型被解释变量与解释变量之间的线性关系是否显著成立进行的一种统计检验。同样可以运用 F 检验的方法进行显著性检验，也可以运用 F 检验量对应的 P 值进行检验。具体方法如下。

（1）提出假设。原假设：H_0：$\beta_2 = \beta_3 = \cdots = \beta_k = 0$

备择假设：H_1：$\beta_i(i=2, \cdots, k)$ 不全为 0

（2）在 H_0 成立的前提条件下，构造服从自由度为 $(k-1, n-k)$ 的 F 分布的检验统计量（注意：k 为包括截距项在内的回归参数的个数）。

$$F = \frac{\text{ESS}/(k-1)}{\text{RSS}/(n-k)} \tag{3.45}$$

$$= \frac{(\hat{\beta}'X'Y - n\bar{Y}^2)/(k-1)}{(Y'Y - \hat{\beta}X'Y)/(n-k)} \tag{3.46}$$

（3）在给定显著性水平 α 时，查表得临界值 $F_\alpha(k-1, n-k)$。

（4）检验。若 $F > F_\alpha(k-1, n-k)$，拒绝 H_0，即回归方程显著成立；若 $F < F_\alpha(k-1, n-k)$，则不能拒绝 H_0，即回归方程不显著成立。

对于多元线性回归方程总体性的显著性检验，同样可以运用 F 统计量的 P 值进行检验。如果 F 统计量的 P 值很小，说明拒绝原假设犯错误的概率很小，也就是说拒绝原假设的概率保证程度很大。

例 3.4　对根据表 3.1 得到的国内生产总值与最终消费、资本形成之间的回归模型（3.19）的总体显著性的检验如下。

根据表 3.2 得到回归分析运算结果可知：

$\alpha = 0.05$；$F = 14\,970.75$；$F_\alpha(k-1, n-k) = F_{0.05}(2, 32) = 3.28$

显然 $F > F_\alpha(k-1, n-k)$ 即根据国内生产总值与最终消费、资本形成之间的关系而建立的回归模型是显著成立的。

对于总体方程的显著性检验，同样可以运用 F 统计量的 P 值进行检验。得出的结论是相同的。从表 3.2 得到的回归分析运算结果表中得知，当 $F = 14\,970.75$ 时，$P = (0.000)$，也就是说拒绝零假设，犯错误的概率几乎没有。

三、对两个回归系数是否相等的检验

在多元线性回归模型中，如

$$Y_i = \beta_1 + \beta_2 X_{2i} + \beta_3 X_{3i} + \beta_4 X_{4i} + u_i \qquad (3.47)$$

如果式(3.47)代表对某商品的需求量的一个多元线性回归模型。式中，Y 表示某商品的需求量；X_2 表示该商品的价格；X_3 表示消费者的收入；X_4 表示消费者的财富。

在这里我们希望了解消费者的收入和财富是对该商品需求量的影响是否有差异，即检验 β_3 和 β_4 是否相等这样一个假设，检验步骤如下：

(1) 提出假设。

原假设：H_0：$\beta_3 = \beta_4$ 或 $\beta_3 - \beta_4 = 0$

备择假设：H_1：$\beta_3 \neq \beta_4$ 或 $\beta_3 - \beta_4 \neq 0$

即两个斜率系数 β_3 和 β_4 相等。这个原假设是说，收入影响系数与财富影响系数相等。

(2) 构造 t 统计量。在经典假设的条件下，可以证明：

$$t = \frac{(\hat{\beta}_3 - \hat{\beta}_4) - (\beta_3 - \beta_4)}{S(\hat{\beta}_3 - \hat{\beta}_4)} \sim t(n-k) \qquad (3.48)$$

$$S(\hat{\beta}_3 - \hat{\beta}_4) = \sqrt{\mathrm{Var}(\hat{\beta}_3) + \mathrm{Var}(\hat{\beta}_4) - 2\mathrm{Cov}(\hat{\beta}_3, \hat{\beta}_4)} \qquad (3.49)$$

在原假设成立的条件下，我们构造的统计量为

$$t = \frac{\hat{\beta}_3 - \hat{\beta}_4}{\sqrt{\mathrm{Var}(\hat{\beta}_3) + \mathrm{Var}(\hat{\beta}_4) - 2\mathrm{Cov}(\hat{\beta}_3, \hat{\beta}_4)}} \qquad (3.50)$$

(3) 给定显著性水平 α，得到临界值 $t_{\alpha/2}(n-k)$。

(4) 检验，如果 $|t| \geqslant t_{\alpha/2}(n-k)$，则拒绝原假设 H_0：$\beta_3 = \beta_4$，接受备择假设 H_1：$\beta_3 \neq \beta_4$；如果 $|t| \leqslant t_{\alpha/2}(n-k)$，则不能拒绝原假设 H_0：$\beta_3 = \beta_4$，从而拒绝备择假设 H_1：$\beta_3 \neq \beta_4$。对于两个回归系数是否相等的检验，我们同样可以运用 t 统计量的 P 值进行检验，如果 t 统计量的 P 值低的合理(如小于给定的显著性水平 α)，就可拒绝原假设。

第五节　多元线性回归模型预测

对于多元线性回归模型 $Y = X\beta + u$，根据样本观察值$(X_{2i}, X_{3i}, \cdots, X_{ki})(i = 1, 2, \cdots, n)$，利用最小二乘法求得样本回归方程 $\hat{Y} = X\hat{\beta}$。所谓预测，就是给定解释变量的某一特定向量值，$X_0 = (1, X_{20}, X_{30}, \cdots, X_{k0})$，对因变量的个别值 Y_0 及均值 $E(Y_0)$ 进行估计。

一、点预测

利用样本回归方程，容易计算 $\hat{Y}_0 = X_0\hat{\beta}$。同第二章讨论的一样，$\hat{Y}_0$ 可以作为总体个别值 Y_0 及均值 $E(Y_0)$ 的无偏估计量。

二、区间预测

区间预测包括两个方面，一方面是总体个别值 Y_0 的区间预测，另一方面是总体均值 $E(Y_0)$ 的区间预测。预测的具体过程同第二章讨论的一样，在这里只向大家作简单的介绍。

设 e_0 是因变量观测值向量 Y_0 与预测值向量 $\hat{Y}_0$ 之差，即 $e_0 = Y_0 - \hat{Y}_0$。e_0 是随机扰动项构成的向量，服从均值为零，方差为 $\mathrm{Var}(e_0) = \sigma^2[1 + X_0 (X'X)^{-1} X'_0]$ 的正态分布，即

$$e_0 \sim N(0, \sigma^2[1 + X_0 (X'X)^{-1} X'_0]) \tag{3.51}$$

由于 σ^2 未知，σ^2 只能用它的无偏估计量 $\hat{\sigma}^2$ 代替，则可得 e_0 方差和标准差的估计量。可以证明，以下统计量服从 t 分布，即

$$t = \frac{e_0}{\hat{\sigma} \sqrt{1 + X_0 (X'X)^{-1} X'_0}} = \frac{Y_0 - \hat{Y}_0}{\hat{\sigma} \sqrt{1 + X_0 (X'X)^{-1} X'_0}} \sim t(n-k) \tag{3.52}$$

对给定的显著性水平 α，查表可得自由度为 $n-k$ 的临界值 $t_{\alpha/2}(n-k)$，得到因变量个别值 Y_0 的 $1-\alpha$ 预测区间为

$$\hat{Y}_0 - t_{\alpha/2}\hat{\sigma} \sqrt{1 + X_0 (X'X)^{-1} X'_0} \leqslant Y_0 \leqslant \hat{Y}_0 + t_{\alpha/2}\hat{\sigma} \sqrt{1 + X_0 (X'X)^{-1} X'_0}$$

$$\tag{3.53}$$

同理可得总体均值 $E(Y_0)$ 的 $1-\alpha$ 预测区间为

$$\hat{Y}_0 - t_{\alpha/2}\hat{\sigma} \sqrt{X_0 (X'X)^{-1} X'_0} \leqslant E(Y_0) \leqslant \hat{Y}_0 + t_{\alpha/2}\hat{\sigma} \sqrt{X_0 (X'X)^{-1} X'_0} \tag{3.54}$$

■ 第六节　回归模型的其他函数形式

前面我们讨论线性回归模型，其结构具有两个方面的特点：一方面，被解释变量是解释变量的线性函数，即变量线性模型；另一方面，被解释变量是参数的线性函数，即参数线性模型。实际上在复杂经济现象中，用以描述经济现象之间的关系往往不可能符合上述的参数线性（LIP）和变量线性（LIV）的特点。

例如，假定对式（2.11）给出的 LIP/LIV《计量经济学》教材的需求函数，式（2.11）中的斜率仅仅给出了价格每变动一个单位而引起的（平均的）需求变动的绝对量。现在我们想要估计需求的价格弹性，但是我们从式（2.11）却无法估计出这个弹性。然而，利用我们即将讨论的对数模型，却很容易计算出这样一个弹性。在这一节中我们将讨论参数线性模型，而变量不是线性模型的这样一些函数形式。

在参数线性回归模型的限制下，回归模型的形式也有多种。在本节中我们将讨论下面几种形式的回归模型：①双对数线性模型；②半对数模型；③双曲线函数模型；④多项式回归模型。

所有这些模型的一个重要特征是：它们都是参数线性模型，但变量却不一定是线性的。

一、双对数线性模型

现在我们再来看第二章中讨论的对《计量经济学》的需求一例，但是现在考虑如下形式的需求函数：

$$Y_i = AX_i^{\beta_2} \tag{3.55}$$

该模型变量 X_i 是非线性的。但可将式(3.55)作恒等变换表示成另一种形式：

$$\ln Y_1 = \ln A + \beta_2 \ln X_i \tag{3.56}$$

令 $\beta_1 = \ln A$，将其代入式(3.56)中，可得

$$\ln Y_i = \beta_1 + \beta_2 \ln X_i \tag{3.57}$$

为了估计，将模型(3.57)引入随机项，可得

$$\ln Y_i = \beta_1 + \beta_2 \ln X_i + \mu_i \tag{3.58}$$

式(3.58)是对于参数 β_1 和 β_2 是以线性的，而且变量的对数形式也是线性的。原始模型(3.55)变量 X_1 是非线性的，因此，我们将形如式(3.58)的模型称为双对数(double-log)模型(因为两个变量都是以对数形式出现)或称为对数–线性(log-liner)模型。

那么如何使非线性回归模型转化为线性模型呢？在这里，对于双对数线性回归模型就是通过对数变换而实现的。具体变换方法如下：

令 $Y_i^* = \ln Y_i$，$X_i^* = \ln X_i$，代入模型(3.58)中得

$$Y_i^* = \beta_1 + \beta_2 X_i^* + \mu_i \tag{3.59}$$

可以发现模型(3.59)与我们前面讨论得线性回归模型是一样的，因为模型中不仅参数是线性的，而且通过变换后的变量 Y_i^* 与 X_i^* 之间也是线性的。

对于变形后的模型(3.59)，如果它满足古典线性回归模型的基本假定，则非常容易用普通最小二乘法来估计它，并且得到的估计量是最优的线性无偏估计量。

在实际的经济活动分析中，双对数模型的应用是非常广泛的，其原因在于，它有一个很吸引人的特点，也就是斜率 β_2 度量了 Y 对 X 的弹性，即给定 X 一个很小的变动所引起的 Y 变动的幅度。这是因为，

$$\text{斜率} = \frac{\Delta Y/Y}{\Delta X/X} = \frac{\dfrac{\mathrm{d}y}{Y}}{\dfrac{\mathrm{d}x}{X}} = \frac{\mathrm{d}\ln y}{\mathrm{d}\ln x} = \frac{\Delta \ln y}{\Delta \ln x} = \text{弹性} \tag{3.60}$$

可见，在双对数模型中，斜率就是 Y 对 X 的弹性，而且这个弹性是常数。

如果在式(3.60)中 Y 代表商品的需求量，X 代表商品的单位价格，则 E 就是需求的价格弹性。

例 3.5   在式(2.39)中，我们给出了对《计量经济学》教材的需求函数，但是不难发现需求量和价格之间是近似的线性关系，因为并没有拟合所有的样本点。下面我们来讨论一下，如果用双对数线性模型拟合表 2.2 给出的数据，结果又会如何呢？为了方便，这里列出具体数据，见表 3.4。

表 3.4　各专业对《计量经济学》教材的需求

需求量 Y	价格 X	lnY	lnX
89	5	4.4886	1.6094
86	10	4.4543	2.3026
84	15	4.4308	2.7081
82	20	4.4067	2.9957
80	25	4.3820	3.2189
79	30	4.3694	3.4012
76	35	4.3307	3.5553
74	40	4.3041	3.6889
70	45	4.2485	3.8067
69	50	4.2341	3.9120

OLS 回归结果如下：

$$\ln Y_i = 4.7020 - 0.1080 \ln X_i \qquad (3.61)$$
$$S(b_i) = (0.0482)\ (0.0151)$$
$$t = (97.4780)\ (-7.1586)$$
$$R^2 = 0.8649$$

从回归结果可知，价格弹性约为-0.11，表明价格提高一个百分点，平均而言，需求量将下降 0.11 个百分点。根据定义，如果产品的价格弹性的绝对值小于 1，则称该产品是缺乏弹性的。因此，在《计量经济学》一例中，价格是缺乏弹性的。截距值 4.70 表示了 $\ln X$ 为零时，$\ln Y$ 的平均值。同样，这里的截距没有什么具体的经济含义。$R^2 = 0.8649$，表示 $\ln X$ 解释了变量 $\ln Y$ 的 86% 的变动。

另外，对于双对数线性模型的检验，应采用同线性回归模型一样的方法进行检验。

前面我们介绍了两个变量的双对数线性回归模型，这很容易推广到模型中存在多个解释变量的情形。例如，我们可将三变量的对数线性模型表示如下：

$$\ln Y_i = \beta_1 + \beta_2 \ln X_{1i} + \beta_3 \ln X_{2i} + \mu_i \qquad (3.62)$$

在这个模型中，偏斜率系数 β_2 和 β_3 又称为偏弹性系数。因此，β_2 是 Y 对 X_1 的弹性（X_2 保持不变），即在 X_2 为常量前提下，X_1 每变动 1%，Y 变化的幅度。由于此时 X_2 为常量，所以我们称此弹性为偏弹性。类似地，β_3 是 Y 对 X_2 的偏弹性（X_1 保持不变）。概括地说，在多元对数线性模型中，每一个偏斜率系数度量了在其他变量保持不变的条件下，因变量对某一解释变量的偏弹性。

例 3.6　根据统计资料给出的 1978~1998 年总产出（用国内生产总值 GDP 度量）、劳动投入（用从业人员度量，单位为万人），以及资本投入（用固定资本度量），运用 OLS 法建立我国的柯布-道格拉斯生产函数为

$$\ln Y_i = -2.7636 + 0.5616\ln X_1 + 0.8230\ln X_2$$

$$(3.1788) \quad (0.3386) \quad (0.0651)$$

$$T = (-0.8694) \quad (1.4815) \quad (12.6464)$$

$$R^2 = 0.9926 \qquad \bar{R}^2 = 0.9912$$

对回归方程解释如下：

偏斜率系数 0.5616 表示产出对劳动投入的弹性，也就是说，0.5616 表示在资本投入保持不变的条件下，劳动投入每增加一个百分点，平均产出将增加 0.56%。类似地，在劳动投入保持不变的条件下，资本投入每增加一个百分点，产出将平均增加 0.82%。如果将两份弹性系数相加，我们将得到一个重要的经济参数-规模报酬参数，它反映了产出对投入的比例变化的变动。如果两个弹性系数之和为 1，则称规模报酬不变（即同时增加劳动和资本为原来的两倍，则产出也是原来的两倍）；如果两个弹性系数之和大于 1，则称规模报酬递增（如同时增加劳动和资本为原来的两倍，则产出是原来的两倍多）；如果两个弹性系数之和小于 1，则称规模报酬递减（如同时增加劳动和资本为原来的两倍，则产出小于原来的两倍）。在本例中，两个弹性系数之和为 1.3846，表明中国经济的特征是规模报酬递增的。

另外，在本例中参数及总体性都通过显著性检验，R^2 值为 0.9912，表明（对数）劳动力和资本解释了大约 99.12% 的（对数）产出的变动，很高的解释程度表明模型很好地拟合了样本数据。

二、半对数线性模型

对经济现象进行分析时，有时大家对某一经济变量的增长率感兴趣。比如说，经济增长率、未偿付消费者信贷的增长率等。在回归分析中，我们就是用半对数模型来测度这些增长率的。

例 3.7 表 3.5 给出了 1981～1998 年我国未偿付消费者信贷（国内债务）的数据。现在我们就来计算在此期间的未偿付消费者信贷的增长率。我们来回忆一下在货币、银行及金融等课程中介绍过的复利计算公式：

$$Y_t = Y_0(1+r)^t \tag{3.63}$$

式中，Y_0 表示 Y 的初始值（消费者在银行的初期存款项）；Y_t 表示第 t 年的 Y 值；r 表示 Y 的增长率（复利率）。将式(3.63)的两边取对数，得

$$\ln Y_t = \ln Y_0 + t\ln(1+r) \tag{3.64}$$

令 $\beta_1 = \ln Y_0$，$\beta_2 = \ln(1+r)$，则模型(3.64)可表示为

$$\ln Y_t = \beta_1 + \beta_2 t \tag{3.65}$$

若引进随机干扰项后，得

$$\ln Y_t = \beta_1 + \beta_2 t + \mu_t \tag{3.66}$$

我们把如式(3.66)的回归模型称为半对数模型，因为在这个模型中，仅有一个变量以对数的形式出现，在式(3.66)中，因变量以对数形式出现。其中模型中解释变量为对

数形式的半对数模型,将在后面介绍)。那么如何解释这类模型呢?很清楚,如果模型(3.66)在满足 OLS 基本假定的条件下,我们就可以运用最小二乘法来估计模型(3.66)。进而进行进一步的检验与应用。根据表 3.5 提供的数据,得到如下回归结果:

$$\ln\hat{Y}_t = 2.6582 + 0.277\,435t \tag{3.67}$$
$$(0.2777)(0.0257)$$
$$t = (9.5728)\ (10.8148)$$
$$P = (0.0000)\quad(0.0000)\quad R^2 = 0.8797$$

表 3.5   中国 1981~1998 年未偿付消费者信贷   (单位:亿元)

年份	Y	年份	Y
1981	48.66	1990	93.46
1982	43.83	1991	199.3
1983	41.58	1992	395.64
1984	42.53	1993	314.78
1985	60.61	1994	1028.57
1986	60.51	1995	1510.86
1987	63.07	1996	1847.77
1988	92.17	1997	2412.03
1989	56.07	1998	3228.77

资料来源:中国统计年鉴 1999.北京:中国统计出版社,1999

对式(3.67)的回归结果解释如下:由于在如式(3.66)这样的半对数的模型中,斜率度量了给定解释变量的绝对变化所引起的 Y 的比例变动或相对变动。将此相对改变量乘以 100%,就得到增长率。在这个例子中,平均而言,Y(未偿付消费者信贷)的年相对变化率为 0.2774,因而年增长率为 27.74%。

正因为如此,所以半对数模型又称为增长模型,通常我们用这类模型来测度许多变量的增长率,包括经济变量和其他一些非经济变量。

对于截距 2.6582 是当 $t=0$ 时的 Y 的初始值,我们多次指出通常截距是没有特别实际的意义。

在前面,我们讨论了因变量是对数形式而解释变量是线性形式的增长模型,为了描述方便,称之为对数-线性模型(log-lin model)或增长模型(growth model)。下面,我们将介绍因变量是线性形式而解释变量是对数形式的模型。相应地,称之为线性-对数模型(lin-log model)。

我们用一个具体的例子来介绍线性-对数模型。

例 3.8   表 3.6 给出了中国 1985~1998 年的国内生产总值(GDP)与国家银行现金支出的具体数据。

通过例 3.8 我们想了解一下货币支出与国内生产总值的影响。

现考虑建立下面的模型:

$$Y_t = \beta_1 + \beta_2 \ln X_t + \mu_t \tag{3.68}$$

式中,Y_t 为国内生产总值;X_t 为现金支出。

表 3.6　中国 1985～1998 年国内生产总值与银行现金支出　（单位：亿元）

年份	GDP(Y)	银行现金支出(X)	年份	GDP(Y)	银行现金支出(X)
1985	8 964.4	5 694.8	1992	26 638.1	32 406.2
1986	10 202.2	6 843.9	1993	34 634.4	50 412.5
1987	11 962.5	9 015.7	1994	46 759.4	72 671.0
1988	14 928.3	13 490.0	1995	58 478.1	97 322.3
1989	16 909.2	15 267.6	1996	67 884.6	121 179.9
1990	18 547.9	17 471.4	1997	74 462.6	142 988.3
1991	21 617.8	21 998.5	1998	79 395.7	204 993.1

资料来源：中国统计年鉴 1999. 北京：中国统计出版社，1999

根据表 3.7 得出回归结果如下：

$$\hat{Y}_t = -179\ 108.8 + 20\ 654.32\ln X_t \tag{3.69}$$

$$(16\ 448.66)\quad(1576.438)$$

$$t = (-10.8890)\quad(13.1019)$$

$$P = (0.0000)\quad(0.0000)\quad R^2 = 0.9347$$

对于式(3.69)的回归结果通常的解释就是，斜率系数 20 654.32 表示银行现金支出每增加一个百分点，GDP 的绝对变化量为 206.5432 亿元。如何来理解这一解释呢？

我们首先来回顾一下对数形式的变化，对数形式的变化又称为相对变化，则模型 (3.68)中的斜率系数的度量方法为

如果 $Y_t = \beta_1 + \beta_2\ln X_t + \mu_t$

用微分，可以证明：$\dfrac{dY}{dX} = \beta_2\left(\dfrac{1}{X}\right)$

因此，
$$\beta_2 = X \cdot \frac{dY}{dX} = \frac{dY}{dX/X} = \frac{\Delta Y}{dX/X} \tag{3.70}$$

式(3.70)表示 β_2 等于 Y 的绝对变化量除以 X 的相对变化量。对式(3.69)可以变形为

$$\Delta Y = \beta_2\left(\frac{\Delta X}{X}\right) \tag{3.71}$$

式(3.71)表明，Y 的绝对变化量等于 β_2 乘以 X 的相对变化量。则式(3.71)说明 X 每变动一个百分点，Y 的绝对变化量。因此，在用 OLS 法估计线性-对数模型的回归方程时，求 Y 的绝对变化量时，需将用估计的斜率系数 β_2 乘以 0.01 或者除以 100。

我们再来看模型(3.69)给出的 GDP-银行现金支出的回归结果，不难发现银行支出每增加一个百分点，平均而言，GDP 将增加 206.5432（注：将估计的斜率值除以 100）。

因而，形如式(3.68)这样的线性-对数模型，通常用于研究解释变量每变 1%，相应的因变量的绝对变化量。另外如果式(3.68)中，有多个对数形式的解释变量，那么，同样每一个偏斜率系数度量了在其他变量保持不变的条件下，某一给定解释变量 X 每变动 1%，所引起的因变量的绝对变化量。

三、倒数模型

我们把形如式(3.72)的模型称为倒数模型:

$$Y_t = \beta_1 + \beta_2 \left(\frac{1}{X_t} \right) + u_i \tag{3.72}$$

式(3.72)是一个变量之间非线性的模型,因为解释变量 X 是以倒数的形式出现在模型中,而模型中参数之间是线性的。如果令 $X_i^* = 1/X_i$,则模型就变为

$$Y_i = \beta_1 + \beta_2 X_i^* + u_i \tag{3.73}$$

对式(3.73),如果满足 OLS 法的基本假定的要求,则可以运用 OLS 法进行参数估计,进而检验及应用。模型(3.73)的一个显著特征是,随着 X 的无限增大($1/X$ 将接近于零),Y 将逐渐接近 β_1 渐近值(asymptotic value)或极值。因此,当变量 X 无限增大时,形如式(3.73)的回归模型将逐渐靠近其渐近值或极值。

图 3.1 给出了倒数函数模型的一些可能的形状。

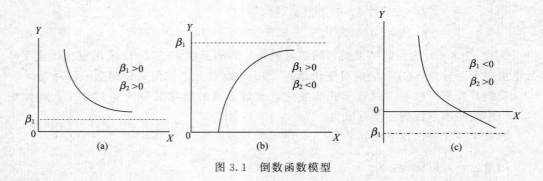

图 3.1　倒数函数模型

在形如图 3.1(a)的倒数模型中,若用 Y 表示生产的固定成本(AFC)(也就是总固定成本除以产出),X 代表产出,则根据经济理论,随着产出的不断增加,AFC 将逐渐降低(因为总固定成本不变),最终接近其渐近线($X = \beta_1$)。

形如图 3.1(b)的倒数模型,它的一个重要用途就是可以用来描绘恩格尔消费曲线(Engel expenditure curve)(以德国统计学家恩格尔的名字命名),该曲线表明:消费者对某一商品的支出占其总收入或总消费支出的比例。

如果用 Y 表示消费者在某一商品上的消费支出,X 表示消费者总收入,则该商品有如下特征:收入有一个临界值,在此临界值之下,不能购买该种商品(如汽车)。在图 3.1(b)中,收入的临界值水平是 $-(\beta_2/\beta_1)$。在此水平之上,无论消费者的收入水平有多高,也不会有任何消费(即使是百万富翁通常也不会在同一时间内拥有两辆以上的汽车)。在图 3.1(b)中,消费的满足水平为渐近线 $X = \beta_1$。倒数函数模型是描述这类商品最合适的模型。

形如图 3.1(c)的倒数模型,它的一个重要用途就是用来描述宏观经济学中著名的菲利普斯曲线(Philips curve),菲利普斯根据英国货币工资变化的百分比(Y)与失业率

(X)的数据，得到了形如图 3.1(c) 的一条曲线。从图中可以看出，工资的变化对失业水平的反应是不对称的。

例 3.9　根据表 3.7 提供的 1958～1969 年美国小时收入指数年变化的百分比(Y)与失业率(X)，建立 1958～1969 年美国的菲利普斯曲线。

根据表 3.7 提供的数据，运用 OLS 法进行回归分析，结果如下：

$$\hat{Y_i} = -0.2594 + 20.5880\left(\frac{1}{X_i}\right) \tag{3.74}$$

$$(1.0086)\ (4.675)$$

$$t = (-0.2572)(4.3996) \qquad R^2 = 0.6594$$

表 3.7　1958～1969 年美国小时收入指数年变化的百分比(Y)与失业率(X)

年份	Y/%	X/%	年份	Y/%	X/%
1958	4.2	6.8	1964	2.8	5.2
1959	3.5	5.5	1965	3.6	4.5
1960	3.4	5.5	1966	4.3	3.8
1961	3.0	6.7	1967	5.0	3.8
1962	3.4	5.5	1968	6.1	3.6
1963	2.8	5.7	1969	6.7	3.5

资料来源：总统经济报告. 1989

为了比较，我们根据表 3.7 的数据，运用 OLS 法得到变量之间的线性回归结果如下：

$$\hat{Y_i} = 8.0417 - 0.7883 X_i \tag{3.75}$$

$$(1.2402)\ (0.2418)$$

$$t = (6.4625)\ (-3.2605) \qquad R^2 = 0.5153$$

观察这两个模型，在线性模型(3.75)中，斜率为负，因为在其他条件保持不变时，失业率越高，收入的增长率越低。然而，在倒数模型中，斜率却为正，这是因为 X 是以倒数的形式进入模型的。换句话说，倒数模型中正的斜率与线性模型中负的斜率的作用相同。线性模型表明，失业率每上升 1%，平均而言，无论如何度量 X，收入的变化率为常数，约为-0.79；另外，在倒数函数模型中，收入的变化率却不是常数，它依赖于 X（即失业率）的水平。因此，后一种模型更符合经济理论。另外，由于在两个模型中因变量相同，我们可以比较R^2值，倒数模型的R^2值比线性模型的大，这也表明了前者比后者更好地拟合了样本数据。

这个例子表明，一旦遇到的不是 LIV/LIP 模型，只是参数线性而变量却不一定是线性的模型，我们需要根据具体情况来仔细地选择合适的模型。在选择时，现象背后的经济理论对选择适当的模型是有很大的帮助的。不可否认，建立模型需要经济理论和实际经验的互相融合。

四、多项式回归模型

多项式回归模型在生产与成本函数这个领域中被广泛地使用，如图3.2所示描绘了总成本函数（是产出的函数）曲线和边际成本（MC）及平均成本（AC）曲线。

总成本函数可表示为

$$Y_i = \beta_1 + \beta_2 X_i + \beta_3 X_i^2 + \cdots + \beta_k X_i^{k-1} + u_i \tag{3.76}$$

式中，Y 表示总成本（TC）；X 表示产出。

在这类多项式函数中，等式的右边只有一个解释变量，但却以不同的次幂出现，因而，也可把模型（3.76）看做多元回归模型。

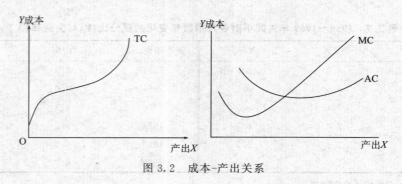

图 3.2　成本-产出关系

虽然，在模型（3.76）中，变量之间是非线性的，但参数却是线性的，因此我们可以运用 OLS 法进行参数估计及进一步的检验等。

五、不同函数形式模型比较

在第六节中我们讨论了几种回归模型，这些模型有一个特点：这些模型的参数之间是线性的，但是变量之间却不一定是线性的。对每一种模型，我们指出了其特殊的性质并强调了其适应条件。表3.8总结了讨论过的不同函数形式模型的一些显著特征。

表 3.8　不同函数形式模型比较

模型	形式	斜率	弹性
线性模型	$Y_i = \beta_1 + \beta_2 X_i$	β_2	$\beta_2 (X/Y)^*$
双对数模型	$\ln Y_i = \beta_1 + \beta_2 \ln X_i$	$\beta_i (Y/X)$	β_2
对数-线性模型	$\ln Y_i = \beta_1 + \beta_2 X_i$	$\beta_2 Y$	$\beta_2 (X)^*$
线性-对数模型	$Y_i = \beta_1 + \beta_2 \ln X_i$	$\beta_2 (1/X)$	$\beta_2 (1/Y)^*$
倒数模型	$Y_i = \beta_1 + \beta_2 (1/X_i)$	$-\beta_2 (1/X^2)$	$-\beta_2 (1/XY)^*$

* 弹性系数是一个变量，其值依赖于 X 或 Y，或 X 与 Y

从表3.8中可以看出，对变量之间是线性的模型，其斜率为一常数，而弹性系数是一个变量，但是，在双对数模型中，其弹性系数是一常数，而斜率为一变量。表3.8中的其他模型，斜率和弹性系数都是变量。

第七节 实验：多元线性回归模型——建立、估计、检验与结果解释

一、研究问题的提出：政府支出对居民消费具有挤出效应吗

在前一章的案例分析中，我们建立了一元线性回归模型，通过模型估计和检验发现，城镇居民人均可支配收入对其生活消费支出具有显著的正向影响，并从数据上支持了相关的消费经济理论。然而，不管按照经济理论还是经验直觉，影响消费的因素绝不仅有收入这一项，物价、经济增长预期、消费者心理等诸多因素均会影响消费。此外，根据计量经济学理论，如果回归模型遗漏重要的解释变量，则模型的参数估计是有偏、非一致的（具体推导过程已超出本书的范围）。因此，我们在前一章案例分析的基础上，考虑更多解释变量的多元回归模型。

为了应对亚洲金融危机和内需严重不足的矛盾，我国从 20 世纪 90 年代中期开始实行积极的财政政策，从近年的实践来看已经取得了一定的积极效果。但值得关注的是，与政府财政支出占 GDP 总量稳步攀升相对应，城乡居民最终消费占 GDP 总量的比重却从积极财政政策实施前 1997 年的 59% 逐年下降到 2012 年的不到 50%，居民的平均消费倾向和边际消费倾向也有所下滑。这表明目前我国的经济增长依然主要依赖政府和企业投资支出的增加而非居民消费的增长，仍然是一种粗放型的增长方式，内需不足在未来相当长的一段时间内仍将会成为困扰我国经济增长的主要因素。在此背景下，政府支出与居民消费的关系是一个非常重要的议题。政府支出如何在总量和结构上影响居民消费是决定政府财政政策执行效果的主要因素。本案例研究的主要目的是，建立回归模型判断政府支出究竟对居民消费具有挤出效应（即促进作用），还是挤入效应（即抑制作用）？

二、模型设定

1. 模型建立的理论基础

政府支出对居民消费的影响从作用来讲主要包括两类：替代效应和互补效应。政府支出对居民消费的总影响就是替代效应和互补效应的加权之和。而从影响的方向来讲也可以分为两类，如果政府支出增加带来居民消费的总水平下降，则称政府支出对居民消费具有挤出效应，反之则称为具有挤入效应。本案例主要研究政府支出对居民消费的影响方向，对于这个问题，凯恩斯宏观理论和 IS-LM 模型对政府支出如何影响居民消费并没有给出直接的结论。但是根据其理论，政府支出的增加将通过乘数效应带动国民收入的成倍增长，而居民消费水平取决于当前的绝对收入水平，虽然边际消费倾向会随着收入的增加而递减，但随着政府支出的增加居民消费总量仍然会增加。因此一般认为凯恩斯主义暗含了政府可以通过支出影响居民消费的机制。

2. 多元线性回归模型的建立

表 3.9 给出了 1978～2012 年城镇居民人均可支配收入、城镇居民人均生活消费支出及人均实际财政支出数据。

表 3.9   1978～2012 年城镇居民人均可支配收入、人均生活消费支出及人均财政支出数据

(单位：元)

年份	城镇居民人均可支配收入	城镇居民人均生活消费支出	人均实际财政支出
1978	343.40	311.16	111.98
1979	397.45	355.05	118.09
1980	436.19	376.51	102.64
1981	445.97	406.87	86.60
1982	467.95	411.26	86.24
1983	485.98	433.09	90.22
1984	545.04	466.31	95.96
1985	550.78	501.46	98.21
1986	627.32	556.20	101.60
1987	641.54	565.89	96.73
1988	626.09	585.24	97.28
1989	626.81	551.97	108.84
1990	680.28	575.46	112.98
1991	729.28	622.43	112.79
1992	799.81	659.05	108.74
1993	876.12	716.75	123.02
1994	950.63	774.56	145.12
1995	997.03	822.76	156.92
1996	1035.56	837.85	165.12
1997	1070.89	867.84	181.97
1998	1133.01	903.53	199.13
1999	1238.37	975.51	222.72
2000	1317.59	1047.88	245.19
2001	1429.57	1105.35	274.10
2002	1621.30	1268.11	298.33
2003	1767.14	1357.07	311.23
2004	1903.12	1449.14	332.94
2005	2085.81	1577.41	365.36
2006	2303.18	1701.56	395.06
2007	2584.09	1871.86	439.21
2008	2801.11	1993.41	504.08
2009	3048.59	2174.63	583.18
2010	3391.96	2388.54	669.29
2011	3871.27	2688.02	723.63
2012	4360.25	2956.42	796.13

注：表中的数据是用相应的物价指数对名义变量进行调整，均调整为以 1978 年为不变价的实际值
资料来源：《新中国 60 年统计资料汇编》、历年《中国统计年鉴》

为了简化起见，建立的多元回归模型为如下线性模型：

$$Y_t = \beta_0 + \beta_1 X_{1t} + \beta_2 X_{2t} + \mu_t \qquad (3.77)$$

式中，Y_t 为城镇居民人均生活消费支出；X_{1t} 为城镇居民人均可支配收入；X_{2t} 为人均实际财政支出；μ_t 为随机干扰项。

三、参数估计

如前一章案例分析类似，如果假定所建模型及随机扰动项 u_i 满足古典假定，可以用 OLS 法估计其参数。运用计算机软件 Eviews 进行计量经济分析十分方便。

利用 EViews 作简单线性回归分析的步骤如下。

1. 建立工作文件

首先，双击 EViews 图标，进入 EViews 主页。在菜单一次点击 File \ New \ Workfile，出现对话框"Workfile Create"。在"Date Specification"中选择数据频率，由于在本例中是年度的时间序列数据，选择"Annual"，并在"Start Date"、"end date"分别输入数据的起始时间（本例分别是 1978 年、2012 年），点击"OK"出现"Workfile Untitled"工作框。其中已有变量："c"为截距项，"resid"为剩余项。

2. 输入数据

在"Objects"菜单中点击"New Objects"，在"New Objects"对话框中选"Series"，现在出现"Series Untitled"，将鼠标放在任何一个带"NA"字样的空格上（注意目前空格呈现灰色，表明还不能对此空格输入数据），点击右键选中"Edit"，此时所有带"NA"字样的空格均不再出现灰色，说明表格已经处于可编辑状态。特别要注意的是，输入完数据后要记得命名保存输入的数据（不能用中文命名，这里我们不妨将城镇居民人均可支配收入命名为 X1），此时我们就完成了一个变量序列的数据输入，其他变量的数据也可用类似方法输入，因此唯一与前一章案例分析不同之处仅在于，再增加输入人均实际财政支出 X2。

3. 估计参数

方法一：在 EViews 主页界面点击"Quick"菜单，点击"Estimate Equation"，出现"Equation Specification"对话框，选 OLS 估计，即选击"Least Squares"，键入"Y C X1 X2"，如图 3.3 所示，点"确定"或按回车，即出现如表 3.10 所示的回归结果。

将表 3.10 的结果进行整理，可以得到以下回归结果及检验结果

$$Y_t = 129.81 + 0.786X_{1t} - 0.642X_{2t} \qquad (3.78)$$

$$(15.60) \quad (18.70) \quad (-2.85)$$

$$P = (0.000) \quad (0.000) \quad (0.008)$$

方法二：在 EViews 命令框中直接键入"LS Y C X1 X2"，如图 3.4 所示，按回车，即出现回归结果。

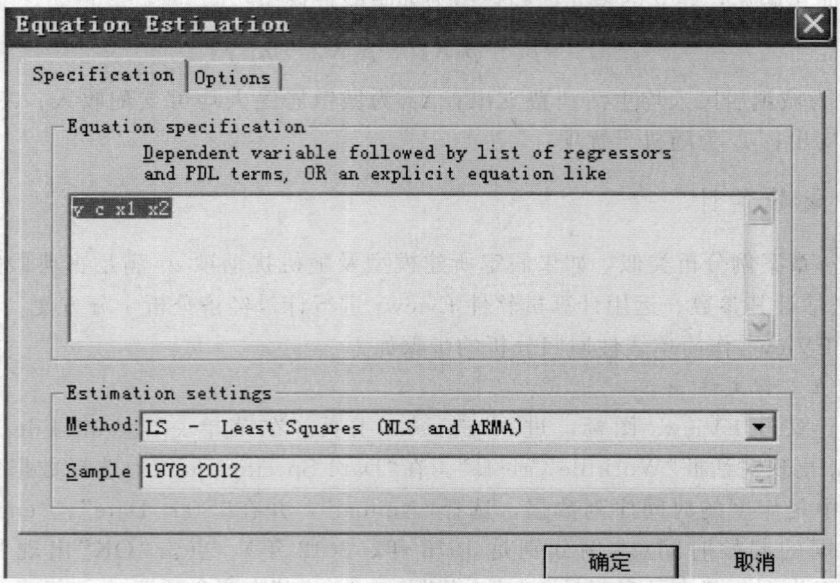

图 3.3　多元回归模型设定和估计方法选择

表 3.10　回归结果

Dependent Variable：Y

Method：Least Squares

Date：04/11/14　Time：21：49

Sample：1978 2012

Included observations：35

Variable	Coefficient	Std. Error	t-Statistic	Prob.
C	129.811 8	8.321 075	15.600 37	0.000 0
$X1$	0.785 977	0.042 040	18.695 79	0.000 0
$X2$	−0.642 433	0.225 231	−2.852 325	0.007 5

R-squared	0.998 416	Mean dependent var	1 053.033
Adjusted R-squared	0.998 316	S. D. dependent var	709.580 6
S. E. of regression	29.114 48	Akaike info criterion	9.662 165
Sum squared resid	27 124.90	Schwarz criterion	9.795 481
Log likelihood	−166.087 9	F-statistic	10 081.97
Durbin-Watson stat	0.608 701	Prob(F-statistic)	0.000 000

　　模型评价：从经济意义看，斜率 β_1 估计系数为 0.79，表示边际消费倾向为 0.79，截距项 β_0 估计值为 129.81，表示不受可支配收入影响的自发性消费行为，这些估计系数的大小和符号均符合经济理论。β_2 的估计值为 −0.64，说明政府财政支出对居民消费具有一定的挤出效应，似乎有悖于前面的理论预期。对此结果可能的解释是：虽然扩

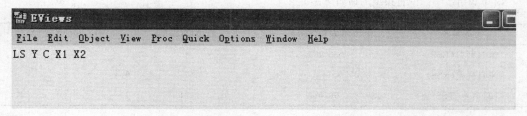

图 3.4 在 EViews 命令框上输入模型的设定形式

大政府支出有利于短期内刺激经济增长，但由于支出结构不甚合理，财政支出的经济效率有待加强。比如说，支出用于民生工程的比例较低，从而可能并没有有效地提高居民实际可支配收入，因此，从长期看，一味扩大政府支出反而可能会降低居民消费的实际水平。

从统计检验看，调整的 $R^2 = 0.998$，说明总离差平方和的 99.8% 被样本回归直线所解释，因此样本回归线对样本点的拟合优度是很高的。从参数 β_1、β_2 显著性检验结果看，说明城镇居民人均可支配收入对人均生活消费支出具有显著的正向影响，而人均实际财政支出对城镇居民人均生活消费支出具有显著的挤出影响。从 F 统计检验结果看，由于 $F = 10\,081.97$，在 1% 显著水平下拒绝 $\beta_1 = \beta_2 = 0$ 的原假设，说明根据城镇居民人均生活消费支出、城镇居民人均可支配收入与人均实际财政支出之间的关系而建立的多元线性回归模型整体上是显著成立的。

四、基于回归分析结论得出的政策启示

我国在实行积极的财政政策、刺激经济增长的同时，应注意降低扩大政府支出对消费的挤出效应，在扩大政府支出的同时，调整支出的结构，将更大比例的支出用于民生工程，切实用于提高居民的实际可支配收入，才能在更大程度上发挥财政政策对宏观经济的调控作用。

思考与练习题

1. 试解释以下概念：

(1) 偏回归系数　　　　(2) 多元判定系数　　　　(3) 联合假设检验

(4) 校正判定系数　　　(5) 双对数模型　　　　　(6) 对数-线性模型

(7) 线性-对数模型　　　(8) 弹性系数　　　　　　(9) 调整的判定系数 R^2

2. 多元线性回归模型与一元线性回归模型有哪些区别？

3. 按步骤解释下列过程：

(1) 对单个多元回归系数的显著性检验。

(2) 对所有的斜率系数的显著性检验。

(3) 在多元线性回归分析中，t 检验与 F 检验有何不同？在一元线性回归分析中二者是否有等价的作用？

4. 下表给出了三变量模型的回归结果：

方差来源	平方和(SS)	自由度(d. f.)	平方和的均值(MSS)
来自回归(ESS)	65 965	—	—
来自残差(RSS)	—	—	—
总离差(TSS)	66.042	14	

(1) 样本容量是多少？

(2) 求 RSS。

(3) ESS 与 RSS 的自由度各是多少？

(4) 求 F。

(5) 检验假设 X_2 和 X_3 对 Y 无影响。你用什么方法进行假设检验？为什么？

(6) 根据以上信息，你能否确定 X_2 和 X_3 各自对 Y 的贡献？

5. 下表给出 1980～1996 年美国的城市劳动参与率、失业率等数据。

年份	CLFPRM	CLFPRF	UNRM	UNRF	AHE82	AHE
1980	77.4	51.5	6.9	7.4	7.78	6.66
1981	77.0	52.1	7.4	7.9	7.69	7.25
1982	76.6	52.6	9.9	9.4	7.68	7.68
1983	76.4	53.9	9.9	9.2	7.79	8.02
1984	76.4	53.6	7.4	7.6	7.80	8.32
1985	76.3	54.5	7.0	7.4	7.77	8.57
1986	76.3	55.3	6.9	7.1	7.81	8.76
1987	76.0	56.0	6.2	6.2	7.73	8.98
1988	76.2	56.6	5.5	5.6	7.69	9.28
1989	76.4	57.4	5.2	5.4	7.64	9.66
1990	76.4	57.5	5.7	5.5	7.52	10.01
1991	75.8	57.4	7.2	6.4	7.45	10.32
1992	75.8	57.8	7.9	7.0	7.41	10.57
1993	75.4	57.9	7.2	6.6	7.39	10.83
1994	75.1	58.8	6.2	6.0	7.40	11.12
1995	75.0	58.9	5.6	5.6	7.40	11.44
1996	74.9	59.3	5.4	5.4	7.43	11.82

注：CLEPRM. 男性城市劳动力参与率(%)；CLFPRF. 女性城市劳动力参与率(%)；ONRM. 男性城市失业率(%)；ONRF. 女性城市失业率(%)；AHE82. 平均小时工资(1982 美元价)；AHE. 平均小时工资(当前美元价)

资料来源：总统经济报告. 1997

(1) 建立一个合适的回归模型解释城市男性劳动力参与率与城市男性失业率及真实的平均小时工资(AHE82)之间的关系。

(2) 建立一个合适的回归模型解释城市女性劳动力参与率与城市女性失业率及真实的平均小时工

资(AHE82)之间的关系。

(3) 建立一个合适的回归模型解释城市男性劳动力参与率与城市男性失业率及当前的平均小时工资(AHE)之间的关系。

(4) 建立一个合适的回归模型解释城市女性劳动力参与率与城市女性失业率及当前的平均小时工资(AHE)之间的关系。

(5) 如果(1)和(3)的回归结果不同,你如何解释?

(6) 如果(2)和(4)的回归结果不同,你如何使回归结果合理化?

6. 下表给出了德国 1971~1987 年消费者价格指数 Y(以 1980 年为 100)及货币供给 X(亿德国马克)的数据。

年份	Y	X	年份	Y	X
1971	64.1	110.02	1980	100.0	237.97
1972	67.7	125.02	1981	106.3	240.77
1973	72.4	132.27	1982	111.9	249.25
1974	77.5	137.17	1983	115.6	275.08
1975	82.0	159.51	1984	118.4	283.89
1976	85.6	176.16	1985	121.0	296.05
1977	88.7	190.80	1986	120.7	325.75
1978	91.1	216.20	1987	121.1	354.93
1979	94.9	232.41			

(1) 根据上表数据进行以下回归:

①Y 对 X ②$\ln Y$ 对 $\ln X$ ③$\ln Y$ 对 X ④Y 对 $\ln X$

(2) 解释各回归结果。

(3) 对每一个模型求 Y 对 X 的变化率。

(4) 对每一个模型求 Y 对 X 的弹性,对其中的一些模型,求均值 Y 对均值 X 的弹性。

(5) 根据这些回归结果,你将选择哪个模型?为什么?

7. 根据下面的数据估计模型:$1/Y_i = \beta_1 + \beta_2 X_i + u_i$

Y	86	79	76	69	65	62	52	51	51	48
X	3	7	12	17	25	35	45	55	70	120

(1) 解释 β_1 的含义。

(2) 求 Y 对 X 的变化率。

(3) 求 Y 对 X 的弹性。

(4) 用相同的数据估计下面的回归模型:$Y_i = \beta_1 + \beta_2 (1/X_i) + u_i$。

(5) 你能比较这两个模型的 R^2 值吗?为什么?

(6) 如何判定哪一个模型更好一些?

8. 下表给出了 1960~1982 年 7 个 OECD 国家(美国、新加坡、德国、英国、意大利、日本、法国)的总最终能源需求指数(Y)、实际的 GDP(X_1)、实际的能源价格(X_2)的数据,所有指数均以 1973 年为基准(以 1973 年为 100)。

(1) 运用柯布-道格拉斯生产函数建立能源需求与收入、价格之间的对数需求函数，即

$$\ln Y_t = \beta_1 + \beta_2 X_{2t} + \beta_3 \ln X_{3t} \qquad ①$$

(2) 所估计的回归系数是否显著？用 P 值回答这个问题。

(3) 解释各个回归系数的意义。

(4) 根据上面的数据建立线性回归模型，即

$$Y_t = \beta_1 + \beta_2 X_{2t} + \beta_3 X_{3t} + \mu_t \qquad ②$$

(5) 比较模型①和模型②的 R^2 值。

(6) 如果模型①和模型②的结论不同，你将选择哪个回归模型，为什么？

年份	最终需求	实际的 GDP	实际的能源价格	年份	最终需求	实际的 GDP	实际的能源价格
1960	54.1	54.1	111.9	1972	97.2	94.3	98.6
1961	55.4	56.4	112.4	1973	100.0	100.0	100.0
1962	58.5	59.4	111.1	1974	97.3	101.4	120.1
1963	61.7	62.1	110.2	1975	93.5	100.5	131.0
1964	63.6	65.9	109.0	1976	99.1	105.3	129.6
1965	66.8	69.5	108.3	1977	100.9	109.9	137.7
1966	70.3	73.2	105.3	1978	103.9	114.4	133.7
1967	73.5	75.7	105.4	1979	106.9	118.3	144.5
1968	78.3	79.9	104.3	1980	101.2	119.6	179.0
1969	83.3	83.8	101.7	1981	98.1	121.1	189.4
1970	88.9	86.2	97.7	1982	95.6	120.6	190.9
1971	91.8	89.8	100.3				

9. 设有模型：$Y_t = \beta_0 + \beta_1 X_{1t} + \beta_2 X_{2t} + \mu_t$，试在下列条件下：

(1) $\beta_1 + \beta_2 = 1$

(2) $\beta_1 = \beta_2$

分别求出 β_1、β_2 的最小二乘估计量。

10. 多元线性计量经济学模型 $Y_t = \beta_0 + \beta_1 X_{1t} + \beta_2 X_{2t} + \cdots + \beta_k X_{kt} + \mu_t$ 的矩阵形式是什么？每个矩阵的含义是什么？熟练地写出用矩阵表示的该模型的普通最小二乘参数估计量，并证明在满足基本假设的情况下该普通最小二乘参数估计量是无偏估计量。

11. 对模型 $Y_t = \beta_0 + \beta_1 X_{1t} + \beta_2 X_{2t} + \cdots + \beta_k X_{kt} + \mu_t$ 应用 OLS，可以得到 $\hat{Y}_t$，试证明残差与 $\hat{Y}_t$ 不相关，即 $\sum \hat{Y}_t e_t = 0$。

12. 考虑下列两个模型：

Ⅰ. $Y_t = \beta_0 + \beta_1 X_{1t} + \beta_2 X_{2t} + \beta_3 X_{3t} + \mu_t$

Ⅱ. $(Y_t - x_{2t}) = a_1 + a_2 X_{2t} + a_3 X_{3t} + \mu_t'$

(1) 证明：$\hat{a}_2 = \hat{\beta}_2 - 1$，$\hat{a}_1 = \hat{\beta}_1$。

(2) 残差的 OLS 估计量相同。

(3) 在何种情况下，模型Ⅱ的拟合优度会小于模型Ⅰ的拟合优度？

第四章

异方差

接下来的第四到第六章主要介绍计量经济模型的三级检验问题(一级检验为实际经济意义检验，二级检验为统计意义检验)，即计量经济检验，其主要对回归模型的若干基本经典假定是否成立进行检验，当检验发现不成立时继续采用 OLS 估计模型所带来的不良后果及如何修正等问题。具体包括异方差性问题、序列自相关问题、多重共线性问题这三大类问题。

我们已经非常熟悉线性回归模型的古典假设和满足古典假设前提下线性回归模型的性质，但现实生活中遇到的问题往往要比古典模型复杂得多。古典线性回归模型的一个重要假设是：总体回归模型的随机干扰项 u_i 是同方差的，即它们具有相同的方差 σ^2。如果随机干扰项的方差随观测值不同而异，就是异方差，即异方差是模型随机干扰项的方差不相同时产生的一类现象。在异方差存在的情况下，OLS 估计尽管是无偏的、一致的，但通常的假设检验却不再可靠，这时仍采用通常的 t 检验和 F 检验，则有可能导致错误的结论。同样的，由于随机干扰项异方差的存在而导致的参数估计值的标准差的偏误，也会使采用模型的预测变得无效。对模型的异方差性有若干种检测方法，如图示法、Park 检验法及 White 检验法等。当检测出模型确实存在异方差性时，通过采用加权最小二乘法进行修正。

因此，本章要讨论当同方差假定不满足时的几个问题：①对最小二乘估计的性质有什么影响；②如何检验异方差的存在；③有哪些补救措施。

■ 第一节 异方差的概念

如果随机干扰项的方差随观测值不同而异就是异方差，即对于不同的样本点，随机干扰项的方差不再是常数，而是互不相同，则认为出现了异方差性。异方差可以用符号表示为

$$\text{Var}(u_i) \neq \text{Var}(u_j), \quad i \neq j = 1, 2, \cdots, n$$

异方差在许多应用中都存在，但主要出现在截面数据分析中。例如，我们调查不同

规模公司的利润，会发现大公司的利润变异幅度要比小公司的利润变异程度大，即大公司利润的方差比小公司利润的方差大。利润方差的大小可能取决于公司的规模、产业特点、研究开发支出等因素。又如在分析家庭支出模式时，我们也会发现高收入家庭通常比低收入家庭对某些商品的支出有更大的变异程度（用方差表示）。下面我们用几个具体的例子说明异方差问题。

例 4.1　表 4.1 给出了对某大学学生人均月家庭收入和在校月生活费支出的调查数据。

表 4.1　大学生生活费支出与家庭收入　　　　　　（单位：元）

人均月家庭收入 HINC	在校月生活费支出 STEXP	平均值	方差
600	350，350，300，310，300，330，320，350，340	328.89	411.11
800	370，340，300，400，330，350，340，330，340	344.44	777.78
1 000	550，500，450，400，430，600，380，400，420	458.89	5 686.11
1 200	700，500，530，550，580，580，600，610，400	561.11	6 836.11
1 400	1 000，1 200，2 000，800，680，730，500，600，650	906.67	213 675.00
1 600	600，750，600，1 000，1 050，1 200，1 500，1 550，2 000	1 150.00	225 486.11

　　由图 4.1 可以看出，随着人均月家庭收入的增加，大学生在校平均月生活费支出也随之增加，而且随着家庭收入的增加，具有同一家庭收入水平的学生的生活费支出的差异也随家庭月收入的增加而增加。这是因为，低收入家庭的学生把生活费都花在了必要的伙食支出上，而高收入家庭的学生在生活费支出上有更大的不确定性，如可以消费一些高档食品、买一些衣物、有一些娱乐支出等。读者可以从图 4.1 中清楚地看到异方差性。

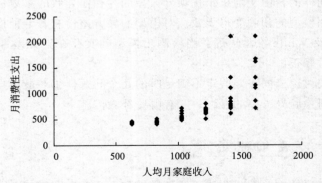

图 4.1　某大学学生人均月家庭收入和在校月消费性支出散点图

　　一般地，我们可以通过图 4.2 侧面地说明异方差的存在性，如图 4.2 所示。
　　在同方差情况下，随机干扰项与任意选定的 X 相对应的 Y 的子总体具有相同的方差；在异方差情况下，不同的 X 所对应的 Y 子总体则具有不同的方差。

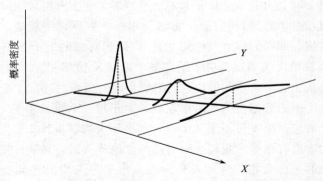

图 4.2 异方差情况下随机干扰项的概率分布

第二节 异方差的后果

在古典线性回归模型假定下，普通最小二乘估计量是线性、无偏、有效估计量，即在所有无偏估计量中，最小二乘估计量具有最小方差性。如果我们解除同方差假定，允许随机扰动项的方差随观察值而异，且其他假定不变，对存在异方差的回归模型用 OLS 法估计，将会产生如下后果：

(1) OLS 估计量虽然仍是线性的、无偏的，但不具有最小方差性，即它们不再是有效估计量，即使对于大样本数据也是如此。总之，无论是大样本还是小样本，OLS 估计量都不再是有效估计量。

(2) 建立在标准的 t 统计量基础上的显著性检验失效。如果仍用传统的检验方法，则可能得出错误的结论。因为 t 统计量是要利用总体方差的估计量 $\hat{\sigma}^2 = \sum e_i^2 /$（自由度）来构造的，当不满足同方差假定时，$\hat{\sigma}^2$ 不再是总体方差 σ^2 的无偏估计量，或夸大或缩小真实的总体方差 σ^2，从而导致我们利用构造 t 统计量进行假设检验失去意义，可能得出错误的结论。此时，真实的总体方差 σ^2 需应用计算机相关程序进行模拟。F 检验也同样会失效。

(3) 预测失效。如果模型存在异方差性时，仍然使用 OLS 估计量，将导致预测区间偏大或偏小，降低预测精度，此时模型的预测失效。

上述结论表明：异方差是一个潜在的严重问题，因为它破坏了 OLS 估计量的有效性及使用传统标准检验统计量进行假设检验的可靠性。因此，在研究具体问题时，尤其是涉及截面数据时，首先要考虑判断是否存在异方差问题。

第三节 异方差的检验

尽管理论上计量经济学家已经证明了异方差带来的后果，但针对具体情况检验异方差是否存在这一问题却绝非易事。这一点容易理解，因为只有当我们具有与所选 X 相

对应的 Y 的子总体，才能知道 σ_i^2（如表 4.1 给出的某大学生人均月家庭收入和在校月生活费支出一例的假设总体）。但我们很少能够得知总体数据，一般地，我们仅仅知道一个具体的样本观察值，即我们仅有与给定变量 X 值相对应的一个 Y 样本观察值，而根据单独的 Y 样本观察值无法确定对应于给定某个确定 X 值的 Y 的条件分布的方差。

为了更清楚地认识这一点，我们以《中国统计年鉴 2009》我国 31 个地区人均可支配收入与人均消费性支出的数据为例，结果发现，对于每一个收入水平，只有一个人均消费性支出数据与之对应，根本得不出某个收入水平下人均消费性支出的方差。另外，处于同一收入水平的家庭有很多，我们必须对这些家庭逐一进行调查才能得到该收入水平下人均消费性支出的总体数据，进而得到该收入水平下人均消费性支出的方差。事实上，由于调查成本等原因，我们不可能对每一个家庭进行调查，也就无法得到与每个收入水平相对应的人均消费性支出的方差。因此，实际上要准确判断回归模型是否存在异方差绝非易事。

到目前为止，还没有严格的规则来检验异方差，但我们拥有一些检测工具，这些检测工具可以帮助我们检验异方差。下面介绍一些常用的检测工具。

一、图示法——残差的图形检验

在回归分析中，我们常常对样本回归模型的残差进行分析。具体做法为：将残差对其相应的一个解释变量样本观察值作散点图，或是对 Y_i 的估计量 $\hat{Y}_i$ 作散点图。这样的残差图可以为我们判断古典线性回归模型中的同方差假定是否成立提供直观的线索。

另外，我们常常将残差的平方对解释变量作散点图，如图 4.3 所示。尽管 e_i^2 与 u_i^2 是不同的概念，但 e_i^2 经常可以用来替代或估计 u_i^2，尤其对大样本数据。我们概括一下，将残差的平方 e_i^2 对变量 X 作散点图，可以描绘出异方差的各种形式。在图 4.3(a) 中，e_i^2 并没有随着 X 的变化而发生明显的变化，表明模型中可能不存在异方差。图 4.3(c) 表明 e_i^2 与变量 X 之间存在线性关系，图 4.3(b)、图 4.3(d)、图 4.3(e) 表明 e_i^2 与变量 X 之间存在比较复杂的关系。如果残差的平方 e_i^2 与变量 X 之间呈现出图 4.3(b)~4.3(e) 中的任意一种关系，则回归模型很可能存在着异方差。

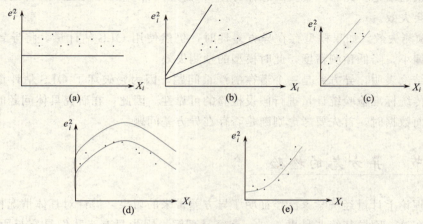

图 4.3　残差平方与解释变量 X 的散点图

假设现在有一个包括四个自变量的多元回归方程。我们将 e_i^2 对每一个自变量作散点图，如果发现 e_i^2 与一个自变量呈现出图 4.3(b)～图 4.3(e)中的某种关系，这时我们可以初步断定数据存在异方差。另外，我们还可以将 e_i^2 对 Y 的估计$\hat{Y}_i$ 值作散点图，对 $\hat{Y}_i$ 的散点图可能也会呈现出图 4.3(b)～图 4.3(e)中的某种形式，同样也表明回归模型可能存在异方差。这样就避免了将残差的平方对单个解释变量作散点图的麻烦，尤其是模型中的解释变量很多时。

散点图作为一种检验工具，可以给我们提供是否存在异方差的直观信息，一旦有信息表明可能存在异方差，我们在今后的分析中应该更为谨慎。

二、帕克检验（Park-test）

虽然用散点图进行异方差检验简单直观，但很多情况下并不容易进行准确的判断和得出严谨的结论。如果存在异方差，随机扰动项的方差可能与一个或多个解释变量系统相关。为此，我们可以作 σ_i^2 对一个或多个解释变量的回归。例如，在双变量模型中，我们可以进行下面的异方差检验程序，称为帕克检验：

$$\ln\sigma_i^2 = \beta_1 + \beta_2 \ln X_i + \nu_i \qquad (4.1)$$

式中，ν_i 是随机误差项。这里选取的特殊函数形式式(4.1)是为了运算方便。

遗憾的是，回归方程(4.1)是不可操作的，因为我们并不知道真实的异方差 σ_i^2。如果知道的话，当然本身就不需要解决异方差问题。帕克检验建议用 e_i^2 替代 σ_i^2，估计如下回归方程：

$$\ln e_i^2 = \beta_1 + \beta_2 \ln X_i + \nu_i \qquad (4.2)$$

帕克检验的步骤如下：

(1) 运用数据对回归模型进行普通最小二乘法估计，暂且不考虑异方差问题。

(2) 从原始回归方程中得到残差，并求其平方。

(3) 利用原始模型中的一个解释变量作形如式(4.2)的回归；如果有多个解释变量，则对每个解释变量都作形如式(4.2)的回归，或作对 Y_i 的估计量$\hat{Y}_i$进行回归。

(4) 检验原假设 $H_0: \beta_2 = 0$。如果 $\ln e_i^2$ 和 $\ln X_i$ 之间具有相关性并在统计上显著，则拒绝不存在异方差的原假设，说明存在异方差，在这种情况下我们需采取一些补救措施，随后讨论。否则，不能拒绝原假设，说明不存在异方差。

三、格莱泽检验（Glejser-test）

格莱泽检验实质上与帕克检验很相似。从样本回归模型中获得残差 e_i 之后，格莱泽建议使用残差的绝对值对 X_i 进行回归。格莱泽建议的一些函数形式如下：

$$|e_i| = \beta_1 + \beta_2 X_i + v_i \qquad (4.3)$$

$$|e_i| = \beta_1 + \beta_2 \sqrt{X_i} + v_i \qquad (4.4)$$

$$|e_i| = \beta_1 + \beta_2 \frac{1}{X} + v_i \qquad (4.5)$$

每种情形下的原假设都是不存在异方差，即 H_0：$\beta_2 = 0$。如果原假设被拒绝，则有证据表明存在异方差。

四、怀特（White-test）的一般异方差检验

怀特（White）提出了检验异方差的一般性方法，这种方法在实际中很容易应用。假定我们有如下模型：

$$Y_i = \beta_1 + \beta_2 X_{2i} + \beta_3 X_{3i} + u_i \tag{4.6}$$

怀特检验步骤如下：

（1）首先用普通最小二乘法估计回归方程（4.6），获得残差 e_i 及 e_i^2。

（2）然后作如下辅助回归：

$$e_i^2 = A_1 + A_2 X_{2i} + A_3 X_{3i} + A_4 X_{2i}^2 + A_5 X_{3i}^2 + A_6 X_{2i} \cdot X_{3i} + \nu_i \tag{4.7}$$

即作残差的平方 e_i^2 对所有原始变量，变量的平方项及变量的交叉乘积项进行回归，也可以加入原始变量的更高次幂项。ν_i 是辅助方程（4.7）的随机扰动项。

（3）求辅助方程（4.7）的 R^2 值。在原假设下（即方程 4.7 中所有斜率系数为零），怀特证明了从方程（4.7）中获得的 R^2 值与样本容量（n）的乘积服从 χ^2 分布，自由度等于方程（4.7）中解释变量个数（不包括截距项）。

$$n \cdot R^2 \sim \chi^2(\mathrm{d.f}) \tag{4.8}$$

（4）如果式（4.8）中得到的 χ^2 值超过了所选显著水平下的 χ^2 临界值，或者说计算 χ^2 值的 p 值很低，则可以拒绝原假设，说明存在异方差。如果由式（4.8）计算 χ^2 值的 p 值很大，则不能拒绝原假设。

我们只讨论了检验异方差的一些常见方法。其他方法我们就不在此介绍了，有兴趣的读者可以查阅有关这方面的参考书。

第四节　异方差的补救方法

在前面的讨论可知，异方差的存在虽然并不破坏普通最小二乘法的无偏性，但是估计量却不再是有效的，即使对大样本也是如此，因为缺乏有效性，所以通常的假设检验结果并不可靠。因此，如果怀疑存在异方差或者已经检测到异方差的存在，则采取补救措施进行相应修正就很重要。

一、σ_i^2 已知时的异方差的修正方法

我们考虑双变量总体回归函数

$$Y_i = \beta_1 + \beta_2 X_i + u_i \tag{4.9}$$

式中，Y 可以是人均消费性支出；X 可以是可支配收入。假设每个随机干扰项方差 σ_i^2 是已知的，对模型作如下变换：

$$\frac{Y_i}{\sigma_i} = \beta_1 \left(\frac{1}{\sigma_i} \right) + \beta_2 \left(\frac{X_i}{\sigma_i} \right) + \frac{u_i}{\sigma_i} \tag{4.10}$$

即对式(4.9)的两边都除以"已知"的方差的平方根。令

$$v_i = \frac{u_i}{\sigma_i} \tag{4.11}$$

我们将 v_i 称做是"变换"后的随机干扰项。如果满足同方差，则变换后回归方程(4.10)就不存在异方差导致的问题了。假设古典线性回归模型中的其他假设均能满足，则方程(4.10)中的各参数的 OLS 估计将是线性、无偏、有效估计量，我们就可以按常规的方法进行统计分析了。

下面我们证明变换后的随机干扰项 v_i 是同方差的。由式(4.11)得：

$$v_i^2 = \frac{u_i^2}{\sigma_i^2} \tag{4.12}$$

因此，$\mathrm{Var}(v_i) = E(v_i^2) = E\left(\frac{u_i^2}{\sigma_i^2}\right)$

$$= \left(\frac{1}{\sigma_i^2}\right)E(u_i^2)$$

$$= \left(\frac{1}{\sigma_i^2}\right)(\sigma_i^2) \tag{4.13}$$

$$= 1$$

可见变换后的随机干扰项满足同方差性。所以变换后的模型(4.10)不存在异方差问题，我们可以用常规的 OLS 方法进行估计。

在实际操作中，我们可以将 Y 和 X 的每个观察值都除以"已知"的 σ_i，然后再对变换后的数据进行 OLS 回归，由此获得的 β_1、β_2 的 OLS 估计量就称为加权最小二乘法(weighted least squares，WLS)估计量，之所以这样称呼，是因为 Y 和 X 的每个观察值都以其随机干扰项标准差 σ_i 的倒数为权数。

二、σ_i^2 未知时的异方差的修正方法

尽管从直观上看加权最小二乘法很简单，但我们如何知道或如何找出真实的 σ_i^2？从前面的分析中可知，有关随机干扰项方差的信息是极少的，在实际问题中我们无法获得真实的 σ_i^2。当 σ_i^2 未知时，进行怎样的变换才能得到应用 WLS 法？一般地，我们可以假定随机干扰项方差与解释变量或被解释变量的关系来确定变换的形式。

1.σ_i^2 与 X_i 成比例

在使用常规的 OLS 法估计之后，我们将回归得到的残差对解释变量 X 描图，如果观察到的图形表明 σ_i^2 与解释变量呈现线性相关，或与 X 成比例，即

$$\mathrm{Var}(\mu_i) = E(u_i^2) = \sigma^2 X_i \tag{4.14}$$

这表明随机干扰项的方差与 X 成比例，或者说与 X_i 线性相关；常数 σ^2 是比例因子。在式(4.14)假定下，将模型(4.9)作如下变换：

$$\frac{Y_i}{\sqrt{X_i}} = \beta_1 \frac{1}{\sqrt{X_i}} + \beta_2 \frac{X_i}{\sqrt{X_i}} + \frac{u_i}{\sqrt{X_i}}$$

$$=\beta_1\frac{1}{\sqrt{X_i}}+\beta_2\sqrt{X_i}+v_i \tag{4.15}$$

式中，$v_i=u_i/\sqrt{X_i}$。也就是说，我们此处进行的变换是将模型(4.9)的两边同时除以X_i的平方根。方程(4.15)演示了进行平方根变换的过程。

与式(4.10)的思路一致，容易证明如果随机干扰项方差与解释变量线性相关，则$v_i=u_i/\sqrt{X_i}$是同方差的，因此，我们可以应用OLS法来估计方程(4.15)。事实上，我们进行变换的过程就是使用WLS的过程。这时取的权数为$\frac{1}{\sqrt{X_i}}$。

2. σ_i^2 与 X_i^2 成比例

如果判断 σ_i^2 并不是与 X 线性相关，而是随着 X 的平方按比例增加。可表示为

$$Var(\mu_i)=E(u_i^2)=\sigma^2 X_i^2 \tag{4.16}$$

这时我们需要将方程的两边同除以 X_i，而不是除以 X_i 的平方根，变换如下：

$$\frac{Y_i}{X_i}=\beta_2+\beta_1\frac{1}{X_i}+v_i \tag{4.17}$$

式中，$v_i=u_i/X_i$。我们可以证明式(4.17)中的随机扰动项是同方差的。所以，我们可以用OLS法估计方程(4.17)。在式(4.17)中，原方程中的斜率变成了式(4.17)中的截距项，而原方程中的截距项变成了式(4.17)中的斜率系数。当我们估计出方程(4.17)后，将方程两边同乘 X_i，就可得到我们需要的方程。

本节讨论的消除异方差的变换方法也称为方差稳定变换。在不知道真实方差 σ_i^2 信息的情况下，通常的做法是先推测它将是什么形式，然后根据推测决定变换的形式，运用 WLS 进行回归。

三、重新设定模型

除了推测 σ_i^2 以外，有时我们可以重新设定总体回归函数，或许也可以缓解异方差问题。例如，我们可以不选择形如式(4.9)的线性模型，而选择对数形式来估计模型，在样本数据值比较大时，这样常常可以缓解异方差性。我们可以估计：

$$\ln Y_i=\beta_1+\beta_2\ln X_i+\mu_i \tag{4.18}$$

在这个模型中，异方差问题可能没有线性模型(4.9)中那么严重，因为对数变换压缩了测定变量的尺度，把未经变换之前两个变量之间10倍的差异缩小为两倍的差异。例如，50是5的10倍，但 ln50(=3.912)是 ln5(=1.609)的两倍。

对数线性模型还有一个显著优点是斜率系数 β_2 度量的是 Y 对 X 的弹性。在研究实际问题时，我们选择线性模型还是对数线性模型要根据经济理论和实际经济问题来决定。如果选择两者中的任何一个并没有太大差别的话，在线性模型中的异方差问题比较严重时，不妨试一试双对数模型。

第五节　实验：异方差的检验与补救

本节我们通过一个具体的实例，探索如何进行异方差问题的检验和修正。已知 2008 年中国各省份城镇居民人均可支配收入与人均消费性支出的截面样本数据（请同学们按照以下实验方法和步骤，自行查找最新的数据，亲自动手实践一番），见表 4.2。

表 4.2　2008 年中国各地区城镇居民人均可支配收入与人均消费性支出

(单位：元)

地区	人均可支配收入(PDI)	人均消费性支出(PCE)	地区	人均可支配收入(PDI)	人均消费性支出(PCE)
北京	24 724.89	16 460.26	湖北	13 152.86	9 477.51
天津	19 422.53	13 422.47	湖南	13 821.16	9 945.52
河北	13 441.09	9 086.73	广东	19 732.86	15 527.97
山西	13 119.05	8 806.55	广西	14 146.04	9 627.40
内蒙古	14 432.55	10 828.62	海南	12 607.84	9 408.48
辽宁	14 392.69	11 231.48	重庆	14 367.55	11 146.80
吉林	12 829.45	9 729.05	四川	12 633.38	9 679.14
黑龙江	11 581.28	8 622.97	贵州	11 758.76	8 349.21
上海	26 674.90	19 397.89	云南	13 250.22	9 076.61
江苏	18 679.52	11 977.55	西藏	12 481.51	8 323.54
浙江	22 726.66	15 158.30	陕西	12 857.89	9 772.07
安徽	12 990.35	9 524.04	甘肃	10 969.41	8 308.62
福建	17 961.45	12 501.12	青海	11 640.43	8 192.56
江西	12 866.44	8 717.37	宁夏	12 931.53	9 558.29
山东	16 305.41	11 006.61	新疆	11 432.10	8 669.36
河南	13 231.11	8 837.46			

资料来源：中国统计年鉴 2009. 北京：中国统计出版社，2009

由表 4.2 可以看出，随着人均可支配收入的增加，人均消费性支出也表现出增加的趋势，而且增加的速度加快。如果作城镇居民人均消费性支出与可支配收入的回归，很难保证同方差假定，其原因是不同收入家庭的边际消费性支出不同，而且这种边际消费倾向也受本地区经济发达程度的影响。例如，浙江省人均可支配收入为 22 726.66 元/年，人均消费性支出为 15 158.30 元/年；而北京市人均可支配收入为 24 724.89 元/年，人均消费性支出为 16 460.26 元/年。

现在假定我们要研究人均消费性支出与可支配收入的关系，考虑如下模型：

$$\text{PCE}_i = \beta_1 + \beta_2 \text{PDI}_i + u_i \tag{4.19}$$

式中，PCE 为人均消费性支出；PDI 为可支配收入。

首先，由图 4.4 可以预期人均消费性支出与可支配收入呈正相关关系，如图 4.4 所示。

其次，利用 Eviews 对回归模型 4.19 作线性回归分析的步骤如下。

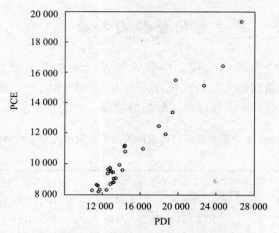

图 4.4   人均全年家庭消费性支出与可支配收入散点图

（1）建立工作文件。首先，双击 EViews 图标，进入 EViews 主页。在菜单依次点击 File \ New \ Workfile，出现对话框"Workfile Create"。在本例中是截面数据，在"Workfile Structure Type"选择"Undated or Un Structured"，并在"Observations"分别输入数据的个数，如图 4.5 所示，点击"OK"出现"Workfile Untitled"工作框。其中已有变量："c"为截距项，"resid"为剩余项。

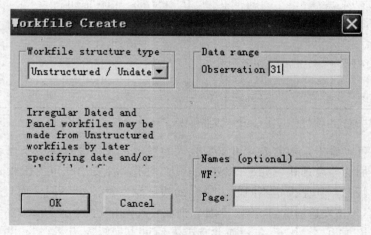

图 4.5   数据结构类型（设定截面数据）

（2）输入数据与前面章节的步骤类似，将可支配收入数据命名为 PDI，人均消费性支出命名为 PCE 表示。

（3）估计参数。方法一：在 EViews 主页界面点击"Quick"菜单，点击"Estimate Equation"，出现"Equation Specification"对话框，选 OLS 估计，即选击"Least Squares"，键入"PCE C PDI"，点"OK"或按回车，即出现如表 4.3 所示的回归结果。

表 4.3　2008 年中国各地区城镇居民人均可支配收入与人均消费性支出回归结果

Dependent Variable：PCE

Method：Least Squares

Date：01/24/14　Time：12：41

Sample：1 31

Included observations：31

	Coefficient	Std. Error	t-Statistic	Prob.
C	725. 345 9	456. 465 9	1. 589 047	0. 122 9
PDI	0. 664 746	0. 029 549	22. 496 22	0. 000 0
R-squared	0. 945 802	Mean dependent var		10 657. 15
Adjusted R-squared	0. 943 934	S. D. dependent var		2 727. 015
S. E. of regression	645. 711 9	Akaike info criterion		15. 840 92
Sum squared resid	12 091 373	Schwarz criterion		15. 933 44
Log likelihood	−243. 534 3	Hannan-Quinn criter.		15. 871 08
F-statistic	506. 079 8	Durbin-Watson stat		1. 669 446
Prob(F-statistic)	0. 000 000			

　　从表 4.3 可以看出，城镇居民平均每人全年消费性支出随可支配收入的增加而增加。

　　下面根据前面介绍的知识，具体利用几种不同的方法检验随机干扰项的异方差性。

一、异方差检验

1. 图示法

　　在得出回归结果后，点击菜单栏"quick"，然后再选中"graph"，出现"series list"对话框后，输入"resid"和"pdi"，如图 4.6 所示，点击"OK"，在出现的"graph options"中选中"scatter"，即可得出残差与 PDI 之间的散点图（图 4.7）。通过观察残差

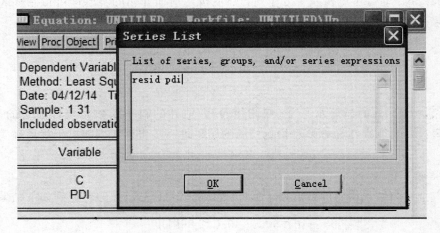

图 4.6　画出两个变量序列的散点图

与 PDI 之间的散点图，可以清楚地看到，随着城镇居民人均可支配收入的增加，消费性支出的变动幅度也增大了，初步判断可能存在异方差。但是否确实存在异方差还应该更进一步地检验。

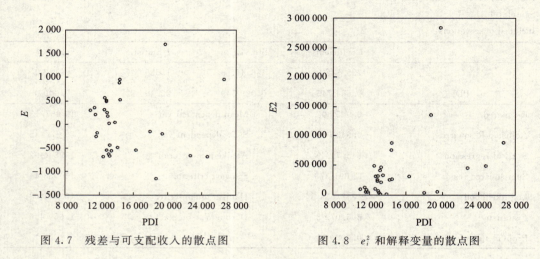

图 4.7　残差与可支配收入的散点图　　　　图 4.8　e_i^2 和解释变量的散点图

　　由于残差的离散程度随着家庭收入的增加而改变，同方差假定可能不满足。需特别指出的是，尽管残差 e_i 与扰动项 u_i 很相像，但二者并非是相同的概念，可以用残差的平方作为随机干扰项方差（用残差的平方替代）的估计值。现在将回归残差的平方对可支配收入作散点图，如图 4.8 所示，从该图来看，残差平方与可支配收入是系统相关的，随着家庭收入的增加，残差的平方呈现离散变化，进一步表明可能存在异方差问题。

　　2. 帕克检验

　　按照前面介绍的帕克检验的步骤，下面我们用帕克检验来检验随机干扰项是否存在异方差。把残差平方的对数对可支配收入的对数进行回归，在命令窗口，输入 GENR resid2＝resid^2 即可生成残差平方序列，然后按照前面介绍的步骤即可得到如表 4.4 所示的结果。

　　因此有

$$\ln e_i^2 = -15.13 + 2.817 \ln\text{PDI}_i \tag{4.20}$$
$$t = (-1.012)\ (1.805)$$

　　显然，在 10% 的显著水平下（双侧检验），估计的斜率系数是统计显著的。所以，拒绝原假设，表明存在异方差。帕克检验的结果进一步告诉我们随机干扰项确实存在异方差。

　　3. 格莱泽检验

　　我们把回归结果得到的残差用于回归模型式（4.3）～式（4.5），得到如下结果：

$$|e_i| = -101.6065 + 0.041\,58\text{PDI} \tag{4.21}$$
$$t = (-0.4548)\ (2.8749) \qquad R^2 = 0.2218$$

$$|e_i| = -841.2725 + 11.2167\sqrt{\text{PDI}} \tag{4.22}$$

$$t = (-1.1830) \quad (2.9547) \quad R^2 = 0.2314$$

$$|e_i| = 1393.916 - 12\,398\,686\left(\frac{1}{\text{PDI}}\right) \tag{4.23}$$

$$t = (4.8799) \quad (-3.1207) \quad R^2 = 0.2514$$

表 4.4 帕克检验回归结果

Dependent Variable：LOG(RESID2)
Method：Least Squares
Date：01/24/14　Time：23：27
Sample：1 31
Included observations：31

	Coefficient	Std. Error	t-Statistic	Prob.
C	−15.128 05	14.955 68	−1.011 525	0.320 1
LOG(PDI)	2.816 681	1.560 153	1.805 388	0.081 4
R-squared	0.101 038	Mean dependent var		11.865 11
Adjusted R-squared	0.070 039	S. D. dependent var		2.055 499
S. E. of regression	1.982 209	Akaike info criterion		4.268 642
Sum squared resid	113.945 5	Schwarz criterion		4.361 158
Log likelihood	−64.163 95	Hannan-Quinn criter.		4.298 800
F-statistic	3.259 426	Durbin-Watson stat		1.597 552
Prob(F-statistic)	0.081 406			

　　根据格莱泽检验，式(4.21)～式(4.23)都表明拒绝原假设，表明存在异方差。对格莱泽检验有一点需要特别注意：与帕克检验一样，在格莱泽建议的回归方程（即检验方程）中，它的随机扰动项本身可能就存在异方差和序列相关问题。然而，对于大样本的情况，上述模型能够很好地检验异方差问题。因此，格莱泽检验可以用作大样本情况下异方差的检测工具。

　　4. 怀特检验

　　我们可以遵循怀特检验的步骤进行异方差检验，也可以利用 Eviews 软件提供的怀特检验功能直接得到辅助回归方程、χ^2 值和 p 值。表 4.5 是 Eviews 提供的怀特检验结果。

　　由表 4.5 可得辅助回归方程为

$$e_i^2 = -3\,130\,332 + 373.6875\text{PDI}_i - 0.008\,644\text{PDI}_i^2 \tag{4.24}$$

$$t = (-1.8520) \quad (1.8712) \quad (-1.5740) \quad R^2 = 0.2622$$

表 4.5 怀特检验回归结果

Dependent Variable：RESID2
Method：Least Squares
Date：01/24/14 Time：23：50
Sample：1 31
Included observations：31

	Coefficient	Std. Error	t-Statistic	Prob.
C	−3 130 332	1 690 184	−1.852 066	0.074 6
PDI	373.687 5	199.701 7	1.871 229	0.071 8
PDI-2	−0.008 644	0.005 492	−1.573 993	0.126 7
R-squared	0.262 164	Mean dependent var		390 044.3
Adjusted R-squared	0.209 461	S. D. dependent var		551 628.0
S. E. of regression	490 464.8	Akaike info criterion		29.135 86
Sum squared resid	6.74E+12	Schwarz criterion		29.274 63
Log likelihood	−448.605 8	Hannan-Quinn criter.		29.181 10
F-statistic	4.974 404	Durbin-Watson stat		2.243 594
Prob(F-statistic)	0.014 172			

在 5% 的显著水平下，$\chi^2_{0.05}(2) = 5.9915$

$$n \cdot R^2 = 31 \times 0.2622 = 8.1282 > 5.9915$$

所以，我们在 5% 的显著水平下拒绝原假设，接受随机干扰项存在异方差的备择假设。一般地，只要 Obs×R−squared 给出的 p 值小于我们选定的显著水平，我们就可以在该显著水平下拒绝原假设。

以上几种方法的检验，从不同角度均说明模型随机误差项存在异方差。

二、异方差修正

1. 应用加权最小二乘法修正异方差

前面的检验结果表明随机干扰项可能存在异方差问题。根据图 4.8，判断残差平方与可支配收入成比例，因此我们接受式(4.14)的假定，取权重为 $1/X_i$，首先要生成并命名权数序列 $w = 1/X_i$，利用加权最小二乘法得到如表 4.6 所示的结果(点击"Quick"，在"Estimate Equation"打开窗口，在"Specificaton"窗口填写公式 ，"Options"窗口中有一个 Weighted LS/TSLS 选项，选中，在下面填写权重，如图 4.9 所示，就可以进行加权最小二乘法估计)。

根据上述信息我们得到基于加权最小二乘法的回归结果：

$$\text{PCE}_i = 783.6139 + 0.6608\text{PDI}_i \tag{4.25}$$

$$t = \quad (1.6374)(20.0994)$$

表 4.6 异方差的修正：加权最小二乘法

Dependent Variable：PCE

Method：Least Squares

Date：01/25/14　Time：00：45

Sample：1 31

Included observations：31

Weighting series：W

	Coefficient	Std. Error	t-Statistic	Prob.
C	783.613 9	478.582 1	1.637 366	0.112 4
PDI	0.660 846	0.032 879	20.099 41	0.000 0
Weighted Statistics				
R-squared	0.933 023	Mean dependent var		10 384.98
Adjusted R-squared	0.930 714	S. D. dependent var		1 263.239
S. E. of regression	604.268 1	Akaike info criterion		15.708 25
Sum squared resid	10 589 057	Schwarz criterion		15.800 77
Log likelihood	−241.477 9	Hannan-Quinn criter.		15.738 41
F-statistic	403.986 3	Durbin-Watson stat		1.617 632
Prob(F-statistic)	0.000 000			
Unweighted Statistics				
R-squared	0.945 770	Mean dependent var		10 657.15
Adjusted R-squared	0.943 900	S. D. dependent var		2 727.015
S. E. of regression	645.905 8	Sum squared resid		12 098 635
Durbin-Watson stat	1.700 480			

　　该方程就可以与表 4.3 的回归结果直接进行比较了。两个方程的截距项和斜率系数都存在一定的差异。虽然这个模型还可能存在其他一些需要进一步解决的问题，但这一结果比表 4.3 的估计结果更为接近真实情况。

　　2. 通过对变量取对数来修正异方差

　　对变量取对数后得出的回归结果如下：

$$\ln(\text{PCE}_i) = 0.3432 + 0.9292\ln(\text{PDI}_i) \tag{4.26}$$
$$t = \quad (0.8027)\,(20.8318) \qquad R^2 = 0.9374$$

　　回归结果表明：在对数线性模型中，人均消费性支出与可支配收入显著正相关，在其他条件不变的情况下，可支配收入增加 1%，人均消费性支出会增加 0.9292%。读者可以验证发现对变量取对数后得出的回归结果，其异方差的严重程度一般要明显降低，但同学们要记住，解决异方差需要大量的理论知识和丰富的实际经验的准备，不要轻易用"解决异方差问题"这样的表述，而尽量使用"降低异方差性或缓解异方差问题"这样的表述。

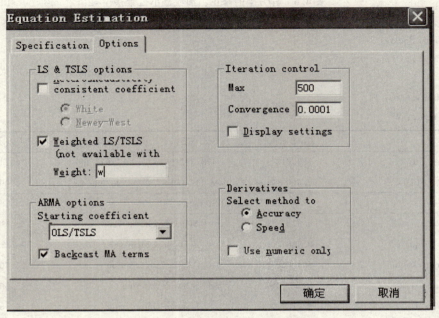

图 4.9　加权最小二乘法的设定

思考与练习题

1. 什么是异方差？试举例说明经济现象中的异方差性。检验异方差性的方法思路是什么？

2. 线性回归模型异方差问题一般可能由哪些原因引起？

3. 下列哪种情况是异方差性造成的结果？

(1) OLS 估计量是有偏的。

(2) 通常的 t 检验不再服从 t 分布。

(3) OLS 估计量不再具有最佳线性无偏性。

4. 若已知线性回归模型 $Y = \beta_1 + \beta_2 X_2 + \beta_3 X_3 + \varepsilon$ 的误差项的方差为 $\sigma_i^2 = 2X_{2i} - 3$，则处理该模型的方法是什么？

5. 考察下述模型

$$Y_t = \beta_1 + \beta_2 X_t + u_t \tag{1}$$

式中，u 按下述方式取决于 X

$$u_t = \beta_2 X_t^2 + v_t \tag{2}$$

其中，v_t 是一个独立于 X 且满足全部经典假定的随机变量。对原模型(1)是否可以利用 OLS？为什么？

6. 对一元线性回归模型

$$Y_i = \beta_1 + \beta_2 X_i + u_i$$

假设

$$E(u_i u_j) = \begin{cases} 0, & i \neq j \\ \sigma_i, & i = j \end{cases}$$

令 $\omega_i = \dfrac{1}{\sigma_i^2}$，对模型应用加权最小二乘法，求 β_1 和 β_2 的估计式 $\hat{\beta}_1$ 与 $\hat{\beta}_2$。

7. 考察下述形式的消费函数

$$C_t = \beta_1 + \beta_2 Y_t + \beta_3 A_t + u_t$$

式中，C_t 为消费支出；Y_t 为个人可支配收入；A_t 为消费者的流动资产；$E(\mu_t)=0$；$\mathrm{Var}(u_t)=\sigma_u^2 Y_t^2$（其中 σ_u^2 为常数）。

（1）将上述模型变换为其随机项是同方差的模型。

（2）试证这个变换了的模型的随机项的方差等于 σ_u^2，因而变换了的模型是同方差的。

（3）写出估计这个变换了的模型参数所需要的正规方程。

8. 对某沿海地区家庭每年生活开支和每年收入进行抽样研究，调查了 20 个家庭，其中每五个家庭收入相同，共分四组，数据列表如下表所示。

组	家庭生活开支/千元					家庭收入/千元
1	1.8	2.0	2.0	2.0	2.1	5.0
2	3.0	3.2	3.5	3.5	3.6	10.0
3	4.2	4.2	4.5	4.8	5.0	15.0
4	4.8	5.0	5.7	6.0	6.2	20.0

家庭生活开支模型假设为

$$Y_i = \beta_1 + \beta_2 X_i + \mu_i$$

式中，Y_i 表示家庭生活开支；X_i 表示家庭收入。

（1）利用 OLS 求回归方程。

（2）作散点图，由散点图分析家庭生活开支离差量的变化情况。

（3）设 $\mathrm{Var}(\mu_i)=\sigma_u^2 X_i^2$，其中 σ^2 为一非零常数，变换原模型求回归方程。

9. 已知模型 $y_i = \beta_0 + \beta_1 X_{1i} + \beta_2 X_{2i} + u_i$

式中，y_i 为某公司在第 i 个地区的销售额；X_{1i} 为该地区的总收入；X_{2i} 为该公司在该地区投入的广告费用（$i=0, 1, 2, \cdots, 50$）。

（1）由于不同地区人口规模 P_i 可能影响着该公司在该地区的销售，因此有理由怀疑随机误差项 u_i 是异方差的。假设 σ_i 依赖于总体 P_i，请逐步描述你如何对此进行检验。

需说明：①零假设和备择假设；②要进行的回归；③要计算的检验统计值及它的分布（包括自由度）；④接受或拒绝零假设的标准。

（2）假设 $\sigma_i = \sigma P_i$。逐步描述如何求得 BLUE 并给出理论依据。

第五章

序列自相关

让我们回忆古典线性回归假设中对随机扰动项 u_i 的要求：总体回归模型的随机扰动项 u_i 无序列相关或称为无自相关。但在实际研究中，随机扰动项常常不满足上述假定。本章主要讨论以下问题：①自相关性质是什么？②自相关导致的理论与实际结果是什么？③如何发现或诊断序列自相关？④如果发现比较严重的自相关，如何采取补救措施？

■ 第一节　序列自相关的概念

序列自相关就是指总体回归模型的随机扰动项 u_i 之间存在着相关，即按时间（如在时间序列数据中）或空间（如在截面数据中）排序的各随机扰动项之间存在的相关。

正如异方差的产生常常与截面数据有关，自相关问题通常与时间序列数据有关。但截面数据中也可能产生自相关问题。

古典线性回归模型中随机扰动项 u_i 中不存在序列自相关可表示为

$$\text{Cov}(u_i,\ u_j) = E(u_iu_j) = 0,\ i \neq j \tag{5.1}$$

其含义为两个不同的随机扰动项 u_i 和 u_j 的乘积的期望是零，即任一观察值的随机扰动项不受其他观察值随机扰动项的影响。例如，在分析消费支出与家庭收入的时序数据时，本期消费支出，对以后及之前的消费支出没有影响。

如果不同随机扰动项之间存在着依赖关系，即 u_i 存在序列自相关，则可表示为

$$\text{Cov}(u_i,\ u_j) = E(u_iu_j) \neq 0,\ i \neq j \tag{5.2}$$

这种情况下，本期家庭支出的变化，可能影响下一期或以后几期的消费支出。

由于我们无法观察到总体随机扰动项 u_i，只能通过残差项 e_i 来判断 u_i 的变化模式。如果 e_i 呈现出如图 5.1 所示的前两个图形的模式，则表示 u_i 可能存在正的自相关，如果 e_i 呈现图 5.1 中后两个图形的模式，则表示 u_i 可能存在负的自相关形式。

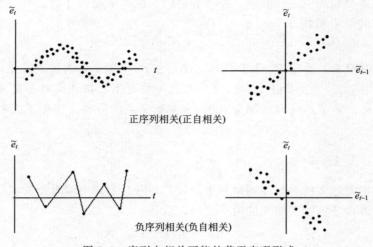

正序列相关(正自相关)

负序列相关(负自相关)

图 5.1 序列自相关可能的若干表现形式

第二节 序列自相关产生的原因

自相关现象在实际计量经济分析中是经常遇到的,那么是什么原因导致序列自相关呢?一般而言,有以下原因。

一、惯性

多数经济时间序列都存在惯性,如国民生产总值、就业、货币供给、价格指数、消费、投资等,都呈现周期波动。当经济恢复时,由萧条的底部开始,大多数经济序列向上变动,在向上变动的过程中,序列某一期的值会大于其前期值。这种推动经济变量向上的"动力"存在,直到经济开始衰退。在经济衰退期间,序列某一期的值可能小于前期值,这种防止经济变量下滑的"阻力"存在,直到经济开始复苏。因此,在涉及时间序列的回归方程中,连续的观察值之间很可能是相关的。

二、模型设定误差

有时自相关的发生并不是因为连续观察值之间由于惯性导致的相关,而是由于总体回归方程没有进行正确设定。模型设定不当意味着模型中遗漏了本应包括在模型中的重要变量,或模型设定了错误的函数形式。如果发生了这样的模型设定错误,则从不正确的模型中得到的残差会呈现自相关。检验是否由于模型设定错误而导致的残差自相关的方法为:将略去的变量加入到模型中,检验残差是否存在自相关。如果加入省略变量后模型的残差不存在自相关,则可以判定序列相关是由于模型设定错误而引起的。

三、蛛网现象

许多农产品的供给都呈现出蛛网现象,即供给对价格的反应滞后一个时期,因为供

给决策的实现需要经历一定的时间。种植谷物的农民本季度的计划受上一季度价格的影响，所以他们的供给函数为

$$Q_t = \beta_1 + \beta_2 P_{t-1} + u_T \tag{5.3}$$

假设在 t 时期末，价格 P_t 低于 P_{t-1}，于是在 $t+1$ 初，农民决定比 t 时期少生产一些，则 $t+1$ 期的产量会低于 t 期。显然在这种情况下，扰动项并不是随机的。因为农民在第 t 年生产多了，他们可能会在第 $t+1$ 年少生产一些。这样下去，就会形成蛛网模式。

四、滞后效应

在消费支出对收入的时间序列回归中，我们常常会发现当前时期的消费支出除了依赖于其他变量外，还依赖于前期的消费支出，就是

$$C_t = \beta_1 I + \beta_2 C_{t-1} + u_t \tag{5.4}$$

出现这种现象的原因是由于心理、技术及制度上的原因，消费者不轻易改变他们的消费习惯。如果我们忽略了式(5.4)中的消费变量滞后项，随机扰动项将由于滞后消费对当前消费的影响而反映出一种自相关的形式。

五、数据加工

在经济分析中，原始数据往往是经过加工得到的。例如，在用到季度数据的时间序列回归中，这些数据通常来自于每月数据，只不过是把 3 个月的观测值加在一起罢了。这种数据加工方式减弱了每月数据的波动从而引起数据的匀滑性。因此，用季度数据描绘的图形要比用月度数据看来匀滑得多。这种匀滑性本身就能使随机扰动项中出现自相关。其他的常用数据加工方法有内插法或外推法。用这些方法加工得到的数据都会给数据带来原始数据没有的系统性，这种系统性可能会造成随机扰动项自相关。

■ 第三节　序列自相关的后果

如果随机扰动项存在序列自相关，会产生什么后果呢？使用普通最小二乘法得到的估计量的性质会受什么影响呢？可以证明，随机扰动项存在自相关时，模型参数的最小二乘估计量具有如下后果：

(1) OLS 估计量仍然是线性无偏的，但不再是有效的。有时候用来计算 OLS 估计量方差和标准差的公式会严重低估真实的方差和标准差。

(2) 导致 t、F 检验失效。这是因为由于自相关的存在会严重低估真实的方差和标准差，从而导致 t 值被夸大。这会使这个参数回归系数表面看起来显著不为零，但事实并非如此。因此，出现序列自相关问题时，通常所用的 t、F 检验一般来说是不可靠的。

(3) 降低预测精度。区间预测与参数估计量的方差有关，由于参数估计量的方差是有偏估计，必然使预测区间估计不准确，从而降低预测精度，预测往往是无效的。

第四节 序列自相关的诊断

在进行自相关诊断时，我们遇到了与异方差情形一样的难题。我们不知道随机扰动项方差 σ^2 的真实值，因为真实的误差扰动项 u_i 是无法观察的。如果 u_i 相关的，我们也不知道它的产生机制，所以我们只能根据残差 e_i 推断 u_i 特征。

自相关的检验有两种方法，即图示法和解析法。

一、图示法

图示法是利用残差 e_i 对随机扰动项 u_t 的时间序列图进行判断。由于随机扰动项 u_t 不能直接观测，但我们可以用 OLS 法估计方程，通过观察得到的残差 e_t 的变化来判断随机扰动项 u_t 是否存在自相关。如果残差呈现图 5.1 中的前两者图像的形式，则可以判断随机扰动项 u_i 存在正的自相关，如果残差呈现图 5.1 中的后两者图像的形式，则可以判断随机扰动项 u_i 存在负的自相关。通常而言，由于经济变量的惯性机制，随机扰动项通常表现为正的相关关系。

二、杜宾-瓦尔森检验（DW 检验）

杜宾-瓦尔森检验是诊断自相关最著名的检验，其定义为

$$\text{DW} = \frac{\sum_{t=2}^{n}(e_t - e_{t-1})^2}{\sum_{t=1}^{n}e_t^2} \tag{5.5}$$

DW 统计量的最大优点是简单易行，它以 OLS 残差为基础，许多回归软件都可以对残差进行计算。Eviews 给出的有关回归方程的结果中除了判断系数 R^2，校正判断系数 $\bar{R}^2$、t 值、F 值等以外，还给出了 DW 值。

杜宾-瓦尔森检验的适用条件如下：

(1) 回归模型中包括截距项，DW 统计量无法用来判定那些通过原点的回归模型的自相关问题。

(2) 解释变量是非随机变量，即在重复取样中是固定的。

(3) 适用于一阶自相关形式的检验，即 $u_t = \rho u_{t-1} + v_t$。

(4) 回归模型的解释变量中不能包含因变量的滞后项，如因变量的一阶滞后值 Y_{t-1} 不能作为解释变量。

(5) 没有缺失数据。例如，对中国 1978~2012 年的投资-经济增长回归中，如果由于某种原因，1989 年和 2003 年的观测值缺失，则 DW 统计量对这种缺失数据没有补偿办法。

我们可以证明 DW 值介于 0 到 4 之间。如果我们用 $u_t = \rho u_{t-1} + v_t$ 表示随机扰动项的一阶自相关函数，可以证明对于大样本数据有

$$DW = 2(1 - \hat{\rho}) \tag{5.6}$$

并且

$$\hat{\rho} = \frac{\sum\limits_{t=2}^{n} e_t e_{t-1}}{\sum\limits_{t=1}^{n} e_t^2}, \quad -1 \leqslant \rho \leqslant 1 \tag{5.7}$$

式中，$\hat{\rho}$ 为随机扰动项一阶自相关函数 ρ 的估计量。由于 $-1 \leqslant \rho \leqslant 1$，根据式(5.6)有表 5.1。

表 5.1　$\hat{\rho}$ 值与 DW 值对应表

$\hat{\rho}$ 值	DW 值（近似）
$\hat{\rho} = -1$（完全负相关）	DW = 4
$\hat{\rho} = 0$（无自相关）	DW = 2
$\hat{\rho} = 1$（完全正相关）	DW = 0

根据以上讨论可得出：如果 DW 值接近于零，则表明存在着正的自相关；如果 DW 值接近 4，则表明存在着负自相关，DW 值越接近于 2，则说明越倾向于无自相关。当然，在我们根据 DW 值，要进行严格的判断自相关检验时，也需要临界值。杜宾和瓦尔森给出了 DW 的两个临界值下限 d_L 和上限 d_U。这些临界值取决于观察值个数 n 和解释变量个数 k。n 可取 $6 \sim 200$，k 最大值可达到 20，杜宾和瓦尔森已经给出了在 1% 和 5% 显著水平上、下限的 DW 表，见附录中 5% 显著水平上、下限的 DW 表。如图 5.2 所示，形象地说明了如何利用 DW 表中给出的临界值进行假设检验。

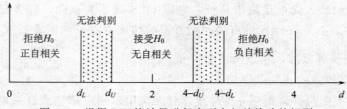

图 5.2　根据 DW 统计量进行序列自相关检验的规则

我们总结 DW 检验的步骤如下：

(1) 进行 OLS 回归并获得残差 e_i。

(2) 根据式(5.5)计算 DW 值（当然，大多数计算软件可以给出 DW 值）。

(3) 根据回归模型的样本容量及解释变量个数，从 DW 表中查到临界的 d_L 和 d_U。

(4) 按图 5.2 中的规则进行判定。

尽管 DW 检验的运用广泛，然而它的一个缺陷是：如果计算得到 DW 值落入非决策区域，我们就无法得到是否存在自相关的结论。为了解决这一问题，一些学者提出了对 DW 检验的修正方案，但是相当复杂，已超出了本书的范围。

三、布劳殊–戈弗雷（Breusch-Godfrey）检验（BG 检验）

由前面的分析可知，DW 检验存在许多不足，对于高阶自相关或解释变量中包含因变量滞后项等情况，DW 检验是无法进行检测的。为此，布劳殊–戈弗雷提出高阶自相关的检验方法。

假设随机误差项 u_t 是由如下的 p 阶自回归模式产生的：

$$u_t = \rho_1 u_{t-1} + \rho_2 u_{t-2} + \cdots + \rho_p u_{t-p} + v_t \tag{5.8}$$

式中，v_t 是符合经典假设的随机误差项。

我们检验假设是 $H_0: \rho_1 = \rho_2 = \cdots = \rho_p = 0$，即所有自回归系数都同时为零，也就是说，模型不存在任何的自相关。为了方便，假定原回归模型为一元线性回归模型，即为 $Y_t = \beta_0 + \beta_1 X_t + u_t$，则 BG 检验的步骤如下：

（1）利用 OLS 对原模型进行估计并得到残差 e_t。

（2）通过残差序列 e_t 构造如下辅助回归模型，并利用 OLS 进行回归得到辅助回归模型的判定系数 R^2。

$$e_t = \beta_0 + \beta_1 X_t + \rho_1 e_{t-1} + \rho_2 e_{t-2} + \cdots + \rho_p e_{t-p} + v_t \tag{5.9}$$

（3）原假设 H_0 为真时，大样本情况下可以得到：

$$LM = (n-p)R^2 \sim \chi^2(p) \tag{5.10}$$

也就是说，渐近意义上（即大样本情况下），辅助回归的 R^2 的 $(n-p)$ 倍遵从 p 个自由度的卡方分布。

（4）给定显著性水平 α，查临界值 $\chi^2_\alpha(p)$，与 LM 值比较。如果 LM 值超过临界值 $\chi^2_\alpha(p)$，就可以拒绝原假设而认为至少有一个自相关系数 ρ 显著地不等于零，否则认为不存在自相关。

实际检验中，可从 1 阶、2 阶逐次向更高阶检验。

第五节　序列自相关的补救措施

由于序列相关可能导致非常严重的后果，当我们发现存在自相关问题时，必须采取一些补救措施。我们采取什么样的补救措施取决于我们对随机干扰项 u_t 相互依赖的性质的了解。

一、广义差分法

我们以一元回归模型为例：

$$Y_t = \beta_0 + \beta_1 X_t + u_t \tag{5.11}$$

假设随机干扰项存在一阶自相关，则 u_t 可以写成：

$$u_t = \rho u_{t-1} + v_t \qquad -1 \leqslant \rho \leqslant 1 \tag{5.12}$$

其中，$v_t \sim N(0, \sigma^2)$，$\mathrm{Cov}(v_i, v_j) = 0$，$i \neq j$，记作 u_t 服从 AR(1)。假定 ρ 已知，我们将方程(5.11)中各变量取滞后一期，写为

$$Y_{t-1} = \beta_0 + \beta_1 X_{t-1} + u_{t-1} \tag{5.13}$$

方程(5.13)两边同时乘以 ρ 得到

$$\rho Y_{t-1} = \rho\beta_0 + \rho\beta_1 X_{t-1} + \rho u_{t-1} \tag{5.14}$$

将方程(5.11)与方程(5.14)相减并利用方程(5.12)，得

$$Y_t - \rho Y_{t-1} = \beta_0(1-\rho) + \beta_1(X_t - \rho X_{t-1}) + v_t \tag{5.15}$$

由于方程(5.15)的随机干扰项 v_t 满足经典 OLS 假定，方程(5.15)就是一种变换形式，使得变换后的模型无序列自相关。我们可以将方程(5.15)写成

$$Y_t^* = \beta_0^* + \beta_1 X_t^* + v_t \tag{5.16}$$

其中，

$$Y_t^* = Y_t - \rho Y_{t-1}$$

$$X_t^* = X_t - \rho X_{t-1}$$

$$\beta_0^* = \beta_0(1-\rho)$$

对变换后的模型(5.16)使用 OLS 法，获得的估计量具有最优线性无偏性质。对变换后的模型(5.16)使用 OLS 得到的估计量称为广义最小二乘估计量（GLS）。在第四章处理异方差问题时，我们也使用了广义最小二乘法，只不过在那里，我们称之为 WLS（加权最小二乘法），加权最小二乘法是广义最小二乘法的特例。

我们将方程(5.15)或方程(5.16)称为广义差分方程。广义差分方程中是用 Y^* 对 X^* 的回归，不是用 Y 和 X 原来的形式，而是以差分形式。差分形式是通过将变量的当期值减去前期值的一个比例（$=\rho$）而得到的。在差分过程中，由于第一个观察值没有前期而丢失了一个观察值，为了避免丢失这个观察值，可以对 Y 和 X 的第一个观察值作如下变换：

$$Y_1^* = Y_1\sqrt{1-\rho^2}$$

$$X_1^* = X_1\sqrt{1-\rho^2} \tag{5.17}$$

这一变换称为 Prais-Winster 变换。但是，在实践中，如果样本容量很大，则不必进行这个变换，可以直接用方程(5.15)，虽然此时只有 $n-1$ 个观察值。

在广义差分方程(5.15)中，我们只考虑了一元回归方程，这种广义差分变换可以推广到多个解释变量的情形。此外，目前，我们仅假设了 AR(1) 情形，如方程(5.12)。我们很容易将差分变换推广到高阶，如 AR(2)、AR(3) 等，只是计算复杂了一些。

到目前为止，自相关的问题似乎圆满解决了，但由于我们无法得到随机干扰项 u_i，逻辑上当然也无法得到 u_i 之间真实的相关函数 ρ，而广义差分法的前提是 ρ 已知。下一步，我们需要具体估计 ρ。

二、如何估计 ρ

ρ 的估计方法不是唯一的，下面我们介绍其中的几种。

（一）$\rho=1$：一阶差分法

ρ 介于 -1 到 $+1$ 之间，所以在广义差分方程(5.15)中，ρ 可以取 -1 到 $+1$ 之间的

任何值，即 ρ 有成千上万种选择。在应用计量经济学中，广泛采用 $\rho=1$，即假定随机干扰项之间完全正相关，这种假定对一些经济时间序列来说可能是正确的。这时方程 (5.15) 变为

$$Y_t - Y_{t-1} = \beta_1(X_t - X_{t-1}) + v_t$$

或记作

$$\Delta Y_t = \beta_1 \Delta X_t + v_t \tag{5.18}$$

Δ 是一阶差分算子。注意到一阶差分方程 (5.18) 中模型没有截距，为了估计方程 (5.18) 需要估计通过原点模型。这时，我们无法直接估计出截距项。

一阶差分方程 (5.18) 是在 $\rho=1$ 的假定下得到的，如果 $\rho=1$ 这一假定不成立，则使用一阶差分方程就是不合适的。

（二）从 DW 统计量中估计 ρ

由式 (5.6) 有

$$DW \approx 2(1-\hat{\rho})$$

则

$$\hat{\rho} = 1 - \frac{DW}{2} \tag{5.19}$$

大多数回归软件都可以自动计算出 DW 统计量的值，那么我们就可以得到 ρ 的近似值。这种方法很容易使用，但只有在样本量很大时才能得到较理想的 ρ 值。

（三）从 OLS 残差 e_t 中估计 ρ

回忆随机干扰项的一阶自回归形式：

$$u_t = \rho u_{t-1} + v_t$$

由于 u_t 无法通过直接观察得到，我们可以使用相对应的回归残差 e_t 代替，并进行如下回归：

$$e_t = \rho e_{t-1} + v_t \tag{5.20}$$

统计理论表明，对小样本而言，ρ 的估计量 $\hat{\rho}$ 是真实 ρ 的有偏估计量，但是随着样本容量的增加，这种偏差会逐渐减少。因此，只要样本容量足够大，就可以利用方程 (5.20) 得到合适的估计值，并用它对数据进行变换。

三、科克伦-奥科特迭代法（Cochrance-Orcutt 迭代法）

运用广义差分法，必须已知随机干扰项之间相关系数 ρ，实际上，人们并不知道它们具体的数值，所以必须首先对它们进行估计，于是发展了许多估计方法，但基本思路大都采用普通最小二乘法估计原模型，得到随机干扰项的近似估计值，然后基于该近似估计值求得随机干扰项相关系数的估计量，而不同的方法旨在使这些估计量更加逼近实际。下面介绍也是经常使用的科克伦-奥科特迭代法（Cochrance-Orcutt）。

首先，采用 OLS 法估计原模型 (5.11)，得到随机干扰项的近似估计值，将其作为

方程 $e_t = \rho e_{t-1} + v_t$ 中的残差样本观测值，采用 OLS 法估计该方程，得到 $\hat{\rho}$ 作为随机干扰项相关系数的第一次估计值。然后，将上述 $\hat{\rho}$ 代入广义差分模型 $Y_t - \rho Y_{t-1} = \beta_0(1-\rho) + \beta_1(X_t - \rho X_{t-1}) + v_t$ 当中，并对其进行 OLS 法估计，得到 $\hat{\beta}_0$、$\hat{\beta}_1$，将 $\hat{\beta}_0$、$\hat{\beta}_1$ 代入原模型 $Y_t = \beta_0 + \beta_1 X_t + u_t$，求出原模型随机干扰项的新的近似估计值，并以其作为 $e_t = \rho e_{t-1} + v_t$ 的样本观测值，采用 OLS 法估计该方程，得到 $\hat{\rho}^1$ 作为随机干扰项相关系数 $\hat{\rho}$ 的第二次估计值，重复以上过程，可得到 ρ 的多次迭代值。

关于迭代的次数，可根据具体问题来确定，一般是事先给定一个精度 ε，当相邻两次 ρ 的迭代值很接近时，即满足 $|\hat{\rho}^k - \hat{\rho}^{k+1}| < \varepsilon$，迭代终止。一般来说，实践中，只需要迭代两次就可以得到较满意的结果，两次迭代过程也称为科克伦-奥科特两步法。

■ 第六节　实验：序列自相关的诊断和补救

本节我们利用 1985~2012 年的我国国内生产总值与进口总额数据（表 5.2），通过建立回归方程，实际演练如何进行自相关的诊断和补救。

表 5.2　我国国内生产总值与进口总额

年份	国内生产总值（GDP）	进口总额（IM）	年份	国内生产总值（GDP）	进口总额（IM）
1985	9 076.7	1 257.8	1999	91 125.0	13 736.4
1986	10 508.5	1 498.3	2000	98 749.0	18 638.8
1987	12 277.4	1 614.2	2001	108 972.4	20 159.2
1988	15 388.6	2 055.1	2002	120 350.3	24 430.3
1989	17 311.3	2 199.9	2003	136 398.8	34 195.6
1990	19 347.8	2 574.3	2004	160 280.4	46 435.8
1991	22 577.4	3 398.7	2005	188 692.1	54 273.7
1992	27 565.2	4 443.3	2006	221 651.3	63 376.9
1993	36 938.1	5 986.2	2007	263 093.8	73 284.6
1994	50 217.4	9 960.1	2008	306 859.8	79 526.5
1995	63 216.9	11 048.1	2009	340 320.3	68 618.4
1996	74 163.6	11 557.4	2010	399 759.5	94 699.3
1997	81 658.5	11 806.5	2011	468 562.4	113 161.4
1998	86 531.6	11 626.1	2012	516 810.1	114 801.0

资料来源：中国统计年鉴. 北京：中国统计出版社

一、序列自相关的诊断

1. 利用图示法诊断序列自相关

我们要分析我国进口商品的需求受哪些因素的影响。收入是影响需求的重要因素，也是主要因素，为此，我们把影响进口商品需求的其他因素纳入随机扰动项之中。

　　表 5.2 给出了我国国内生产总值与进口总额的数据，此处把 GDP 作为收入的测度，把进口总额作为对进口商品需求的测度。我们利用表 5.2 中的数据，按照前面介绍的软件操作步骤，作进口需求（取对数）对 GDP（取对数）的 OLS 回归，模型设定如图 5.3 所示，得到如表 5.3 所示的回归结果。

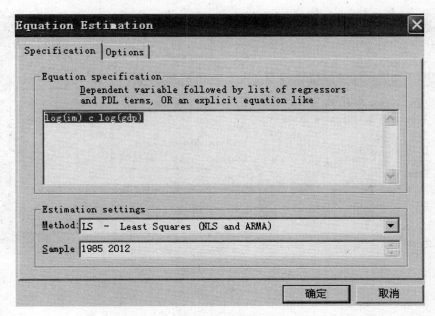

图 5.3　模型设定和估计方法选择

表 5.3　回归结果

Dependent Variable：LOG(IM)

Method：Least Squares

Date：04/11/14 Time：22：56

Sample：1985 2012

Included observations：28

Variable	Coefficient	Std. Error	t-Statistic	Prob.
C	−3.760 302	0.295 778	−12.713 26	0.000 0
LOG(GDP)	1.184 052	0.026 139	45.297 77	0.000 0
R-squared	0.987 487	Mean dependent var		9.562 076
Adjusted R-squared	0.987 006	S. D. dependent var		1.457 542
S. E. of regression	0.166 147	Akaike info criterion		−0.683 142
Sum squared resid	0.717 723	Schwarz criterion		−0.587 984
Log likelihood	11.563 98	F-statistic		2 051.888
Durbin-Watson stat	0.480 041	Prob(F-statistic)		0.000 000

　　因此，有如式(5.21)所示的样本回归方程，并双击"Workfile"窗口中的"RESID"，如图 5.4 所示的操作，得出如图 5.5 所示的回归残差时间序列图。

$$\ln IM_t = -3.76 + 1.18\ln GDP_t \qquad (5.21)$$
$$t = \quad (-12.71) \quad (45.30)$$
$$R^2 = 0.987 \qquad DW = 0.480 \qquad F = 2051.89$$

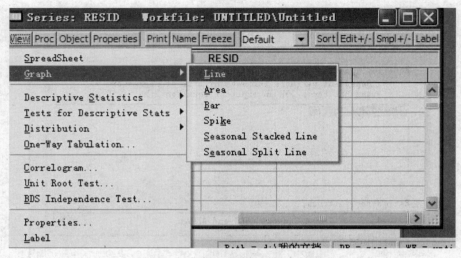

图 5.4　如何画出残差时间序列图

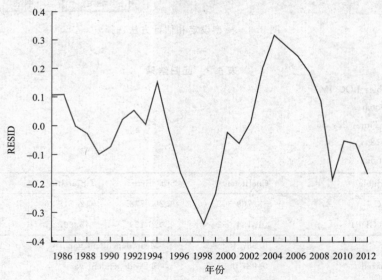

图 5.5　回归残差 e_t 的时间序列变化图

　　模型(5.21)说明随着收入的增加，我国对进口商品的需求也增加。而且我们从回归模型(5.21)的残差时间序列图(图 5.5)可以看出，残差呈现出图 5.1 中第一个图所示的变化情况(有点像正弦函数曲线)。这初步表明残差项之间表现出正相关特征。

2. 利用 DW 法诊断自相关

回归方程(5.21)的 DW 值为 0.480，查表 $n=28$，$k=1$，在 5% 的显著水平下，$d_L=1.33, d_U=1.48$。因 DW $=0.480 < d_L=1.33$，可以判断回归模型(5.21)的残差项存在正自相关，这与我们图示法判断的结果一致。

综上所述，我们可以判断出回归方程(5.21)残差项具有正的相关性，从而总体回归模型的随机干扰项不满足无序列自相关的经典假设。

二、序列自相关的补救

1. 利用广义差分法补救自相关

根据本章理论知识，我们可以运用广义差分法对存在序列自相关的模型进行变换，从而补救序列自相关。在实际研究工作中，我们运用广义差分法的步骤如下：

（1）估计 ρ 值；

（2）利用原始数据，根据回归模型(5.11)中得到的 DW 检验值，求出 ρ 的近似值 $\hat{\rho}$，或用其他方法估计 ρ 值；

（3）运用 OLS 的方法估计出差分变换模型(5.16)的参数 β_0^*、β_1；

（4）根据模型(5.16)中的 DW 统计量检测残差序列的序列自相关性；

（5）计算原模型(5.11)的截距项 $\beta_0=\beta_0^*/(1-\rho)$。

下面，我们可以利用广义差分法对模型(5.21)进行修正。

（1）首先估计 ρ 的估计值 $\hat{\rho}$，$\hat{\rho}=1-\text{DW}/2=1-0.480/2=0.76$；

（2）如图 5.6 所示，设定广义差分变换方程，估计差分变换后的方程，得到表 5.4 所示的结果。

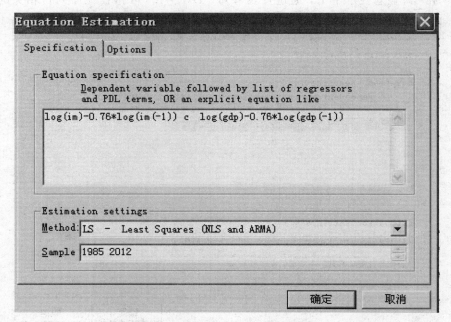

图 5.6 广义差分变换方程的设定

表 5.4 广义差分法估计结果

Dependent Variable：LOG(IM)－0.76・LOG(IM(－1))

Method：Least Squares

Date：04/12/14 Time：09：14

Sample（adjusted）：1986 2012

Included observations：27 after adjustments

Variable	Coefficient	Std. Error	t-Statistic	Prob.
C	－0.907 866	0.224 466	－4.044 562	0.000 4
LOG(GDP)－0.76・LOG(GDP(－1))	1.182 918	0.078 874	14.997 50	0.000 0
R-squared	0.899 970	Mean dependent var		2.443 510
Adjusted R-squared	0.895 969	S. D. dependent var		0.341 581
S. E. of regression	0.110 173	Akaike info criterion		－1.502 342
Sum squared resid	0.303 452	Schwarz criterion		－1.406 354
Log likelihood	22.281 62	F-statistic		224.925 1
Durbin-Watson stat	1.497 825	Prob(F-statistic)		0.000 000

估计结果可整理如下：

$$\ln IM_t - 0.76\ln IM_{t-1} = -0.908 + 1.183[\ln GDP_t - 0.76\ln GDP_{t-1}] \quad (5.22)$$
$$t = \quad (-4.045) \quad (14.998)$$
$$DW = 1.498$$

（3）在 5% 显著性水平下，通过查表可知，DW＝1.498 落在无序列自相关的区域，

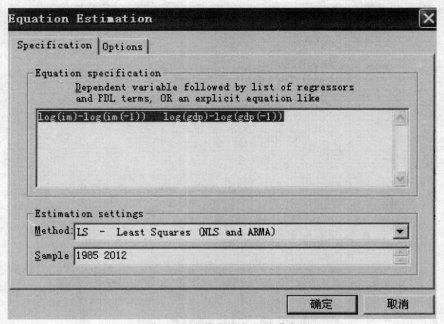

图 5.7　差分变换方程的设定

说明通过广义差分法自相关问题得到了缓解，或者说自相关问题的严重程度降低了（注意可能还存在高阶自相关）。

（4）比较模型（5.21）和模型（5.22）可以看出，原模型严重低估了斜率估计系数的标准差。计量经济理论认为，如果原模型随机干扰项存在序列自相关，则利用广义差分变换模型得到的回归系数估计量的统计特性要优于随机干扰项存在序列自相关的原模型。因此，模型（5.22）的回归系数更可信。

2. 利用差分法补救序列自相关

当原模型随机干扰项存在自相关，可转为研究差分变量之间的回归关系，根据模型（5.18），如图 5.7 所示，设定差分变换模型，得到如表 5.5 回归结果。

表 5.5 差分法估计结果

Dependent Variable：LOG(IM)−LOG(IM(−1))

Method：Least Squares

Date：04/12/14 Time：09：29

Sample（adjusted）：1986 2012

Included observations：27 after adjustments

Variable	Coefficient	Std. Error	t-Statistic	Prob.
LOG(GDP)-LOG(GDP(−1))	1.127 501	0.136 636	8.251 883	0.000 0
R-squared	0.292 941	Mean dependent var		0.167 179
Adjusted R-squared	0.292 941	S. D. dependent var		0.136 451
S. E. of regression	0.114 737	Akaike info criterion		−1.456 008
Sum squared resid	0.342 281	Schwarz criterion		−1.408 014
Log likelihood	20.656 10	Durbin-Watson stat		1.683 371

估计结果可整理如下：

$$\ln IM_t - \ln IM_{t-1} = 1.128[\ln GDP_t - \ln GDP_{t-1}] \qquad (5.23)$$

$$t = \quad (8.252)$$

$$DW = 1.68$$

从模型（5.23）看，在 5% 显著性水平下，DW＝1.45 落在了接受无序列自相关的区域，说明通过差分方法自相关问题也得到了较好的解决。

3. 科克伦-奥克特迭代法

作为另外一种解决序列自相关问题的方法，我们进行科克伦-奥克特迭代法。由 OLS 法估计原模型（5.11）可得残差序列 e_t，在 EViews 中，每次回归的残差存放在 resid 序列中，为了对残差进行回归分析，需生成命名为 e 的残差序列。点击工作文件窗口工具栏中的 Genr，在弹出的对话框中输入 e＝resid，如图 5.8 所示，点击 OK 得到残差序列 e。

使用残差序列进行滞后一期的自回归，在 EViews 命令栏中输入 ls e e（−1），得出：

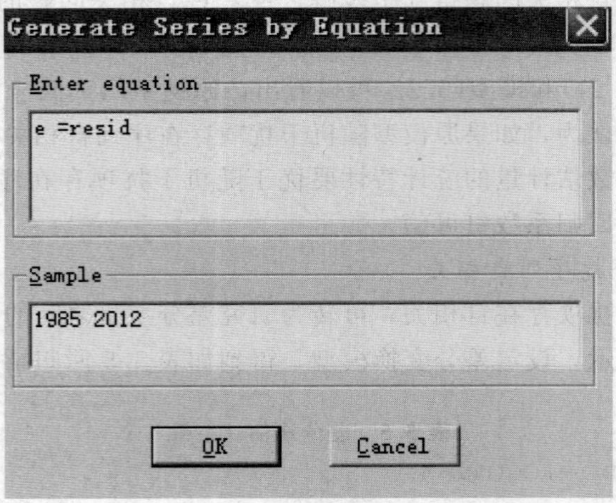

图 5.8   为残差序列命名

$$e_t = 0.76e_{t-1} \qquad (5.24)$$

由式(5.24)可得出 $\hat{\rho}=0.76$，对原模型进行广义差分，得到广义差分方程

$$\ln(\mathrm{im}_t) - 0.76\ln(\mathrm{im}_{t-1}) = \beta_0(1-0.76) + \beta_1(\ln(\mathrm{gdp}) - 0.76\ln(\mathrm{gdp}_{t-1})) + v_t$$

$$(5.25)$$

按照前面介绍的实验步骤，可以得出如表 5.6 所示的回归结果。

表 5.6   广义差分法估计结果

Dependent Variable：LOG(IM)－0.76 · LOG(IM(－1))

Method：Least Squares

Date：04/12/14 Time：10：03

Sample (adjusted)：1986 2012

Included observations：27 after adjustments

Variable	Coefficient	Std. Error	t-Statistic	Prob.
C	−0.907 866	0.224 466	−4.044 562	0.000 4
LOG(GDP)−0.76 · LOG(GDP(−1))	1.182 918	0.078 874	14.997 50	0.000 0
R-squared	0.899 970	Mean dependent var		2.443 510
Adjusted R-squared	0.895 969	S. D. dependent var		0.341 581
S. E. of regression	0.110 173	Akaike info criterion		−1.502 342
Sum squared resid	0.303 452	Schwarz criterion		−1.406 354
Log likelihood	22.281 62	F-statistic		224.925 1
Durbin-Watson stat	1.497 825	Prob(F-statistic)		0.000 000

由于使用了广义差分数据，样本容量减少了 1 个，为 27 个。查 5% 显著水平的 DW 统计表可知 $d_L=1.32$，$d_U=1.47$，模型中 DW=1.498 大于 d_U，说明广义差分模型中

已无自相关，不必再进行迭代。同时可见，可决系数 R^2、t、F 统计量也均达到理想水平。

思考与练习题

1. 什么是序列相关性？举例说明经济现象中序列相关性的存在。误差序列相关对线性回归分析有什么影响？

2. 发现和检验误差序列相关有哪些方法？熟悉 DW 统计量的计算方法和查表判断。

3. 为什么回归残差序列可以作为检验线性回归模型误差项的各种问题的基础？

4. 克服误差序列相关性有哪些方法？

5. 举例说明自相关的经济意义，对于线性回归模型，随机项 u 自相关的普遍来源有哪些？

6. 假定下述模型：$S_t = \beta_1 + \beta_2 P_t + u_t$。描述某一企业的产量决策。其中，$S_t$ 表示产量，P_t 表示价格，u_t 表示随机项。每当由于某种原因促使企业在 $t-1$ 期生产过剩，决策者就要削减 t 期的产量。根据上述信息，如果用 OLS 估计 β_1 和 β_2，其结果如何？

7. 对于线性回归模型：

$$Y_t = \beta_1 + \beta_2 X_t + \mu_t$$

已知 u 为一阶自回归形式

$$u_t = \rho u_{t-1} + \varepsilon_t$$

证明：ρ 的估计量

$$\hat{\rho} \approx \frac{\sum_{t=2}^{n} e_t e_{t-1}}{\sum_{t=2}^{n} e_{t-1}^2}$$

8. 对于随机项具有一阶自回归形式的模型。试分析利用 DW 统计量作为自相关检验的道理，叙述 DW 检验程序。

9. 若一个含有三个解释变量的多元线性回归模型，用容量为 100 的样本数据回归得到的 DW 值为 1.05，应得出什么结论？若 DW 值等于 2.35 呢？

10. 一个两变量线性回归模型的残差序列如下表所示：

n	残差	n	残差	n	残差
1	0.013	8	-0.082	15	0.198
2	0.054	9	-0.053	16	0.103
3	-0.014	10	0.041	17	0.000
4	-0.042	11	-0.151	18	-0.063
5	-0.078	12	-0.054	19	-0.058
6	-0.056	13	0.042		
7	0.083	14	0.117		

请分析一下模型的误差项存在什么问题？并说明有哪些处理方法可以考虑。

11. 设两变量线性回归模型为

$$Y = \alpha + \beta X + \varepsilon$$

且已知其中的误差项 ε 有一阶自回归性，即

$$\varepsilon_i = 0.6\varepsilon_{i-1} + \varepsilon'_i$$

其中，ε'_i 是均值为 0 的独立同分布随机因素。再设两个变量的观测值如下表所示：

n	Y	X	n	Y	X
1	12	6.5	4	25	12
2	16	8	5	22	10
3	19	10	6	28	15

请用适当的方式估计模型的参数。

12. 根据下表中的数据，估计模型 $Y = \alpha + \beta X + \varepsilon$ 中的参数，判断模型是否存在误差序列相关问题；如有，则采用可能的方法进行处理。

Y	X	Y	X	Y	X
114	1162	178	1931	228	2472
130	1330	189	2020	242	2618
153	1579	201	2152	253	2722
169	1802	214	2312	270	2892

13. 对于模型：$Y_t = \beta_1 + \beta_2 X_t + \mu_t$

要求：

(1) 如果用变量的一次差分估计该模型，采用何种自相关形式？

(2) 用差分估计时，并不删除截距，其含义是什么？

(3) 假设模型存在一阶自相关，如果用 OLS 法估计，试证明其估计式：

$$\hat{\beta}_t = \frac{\sum x_t y_t}{\sum x_t^2}$$

仍然是无偏的。式中，x_t、y_t 为离差形式。

(4) 试证明：$\mathrm{Var}(\hat{\beta}_2)$ 不是有效的。

第六章

多重共线性

在讨论了回归模型随机扰动项违背同方差性和无自相关性假设问题后，本章讨论多元回归模型中解释变量违背无多重共线性假设的问题。本章主要讨论以下问题：①什么是多重共线性？②多重共线性导致的理论与实际结果是什么？③如何检验多重共线性？④多重共线性问题如何处理？

■ 第一节 什么是多重共线性

一、多重共线性的含义

经典多元线性回归模型有一个基本假设，就是在回归模型中解释变量之间无多重共线性，即对于模型：

$$Y_i = \beta_0 + \beta_1 X_{1i} + \beta_2 X_{2i} + \cdots + \beta_k X_{ki} + \mu_i \quad (i=1, 2, \cdots, n) \tag{6.1}$$

如果存在不全为 0 的常数 w_0，w_1，$\cdots$，w_k，使得

$$w_0 + w_1 X_{1i} + \cdots + w_k X_{ki} = 0 \quad (i=1, 2, \cdots, n) \tag{6.2}$$

则称解释变量 X_1，X_2，$\cdots$，X_k 之间存在完全多重共线性(perfect multicollinearity)。

显然，在式(6.2)中，若 X_j 的系数 w_j 不为 0，则可将 X_j 表示为

$$X_j = -\frac{w_0}{w_j} - \cdots - \frac{w_{j-1}}{w_j} X_{1(j-1)} - \frac{w_{j+1}}{w_j} X_{1(j+1)} - \cdots - \frac{w_k}{w_j} X_{ki} \quad (i=1, 2, \cdots, n)$$

$$\tag{6.3}$$

这表明，解释变量之间的完全共线性也就意味着某个或某些解释变量可以表示为其他解释变量的精确的线性组合，即精确的线性关系。

在实际经济问题中完全多重共线性是极少见的，常见的是式(6.2)近似成立的情况；即存在不全为 0 的常数 w_0，w_1，$\cdots$，w_k，使得

$$w_0 + w_1 X_{1i} + \cdots + w_k X_{ki} + v_i = 0 \quad (i=1, 2, \cdots, n) \tag{6.4}$$

式中，v_i 为随机误差项。

解释变量之间存在式(6.4)的关系时，称解释变量 X_1，X_2，…，X_k 之间存在近似多重共线性(approximate multicollinearity)。同样，解释变量之间的近似共线性也意味着某个或某些解释变量可以表示为其他解释变量的近似线性组合，即近似的线性关系。

在矩阵表示的线性回归模型中：

$$Y = X\beta + \mu$$

完全多重共线性是指：秩$(X) < k+1$，即矩阵：

$$X = \begin{pmatrix} 1 & X_{11} & X_{21} & \cdots & X_{k1} \\ 1 & X_{12} & X_{22} & \cdots & X_{k2} \\ \vdots & \vdots & \vdots & & \vdots \\ 1 & X_{1n} & X_{2n} & \cdots & X_{kn} \end{pmatrix}$$

其中，至少有一个列向量可以由其他列向量线性表示。

当解释变量之间存在完全或高度共线性时，在 EViews 中将不能给出回归模型参数的估计结果，在"Equation Estimation"窗口中会显示错误提示信息"nearly singular matrix"。

对于二元线性回归模型：

$$Y_i = \beta_0 + \beta_1 X_{1i} + \beta_2 X_{2i} + \mu_i$$

解释变量 X_1、X_2 之间的关系可能表现为以下三种情形：

(1) $|r_{x_1x_2}| = 1$，解释变量 X_1、X_2 之间存在完全共线性；此时，模型的参数无法估计，即不能区分每个解释变量对被解释变量的影响程度。

(2) $|r_{x_1x_2}| = 0$，解释变量 X_1、X_2 之间不存在线性相关；此时，模型的参数可以由被解释变量对每个解释变量分别做一元线性回归估计得到。

(3) $0 < |r_{x_1x_2}| < 1$，解释变量 X_1、X_2 之间存在一定程度的线性相关，这是实际经济问题中经常遇到的近似共线性情形；此时，随着共线性程度的增加，模型参数估计值的准确性、稳定性会变得越来越差。

二、多重共线性产生的原因

在研究经济问题时，对回归模型进行估计所采用的样本数据并不是在科学设计的受控试验中采集的，它们往往是在经济现象的发展变化过程中观测记录的；因此，如果模型涉及的解释变量较多，解释变量之间完全不相关的情形是非常少见的。一般来说，某一经济现象涉及多个解释变量，而这些解释变量又都对被解释变量有显著的影响，这些解释变量之间大都存在一定程度的相关性，即解释变量之间存在多重共线性。

产生多重共线性的原因主要有以下三个方面。

1. 经济变量具有共同的变化趋势

当所研究的经济问题涉及时间序列资料时，经济变量随时间的发展往往表现出共同的变化趋势，使得经济变量之间存在较强相关性，若同时将这些变量作为解释变量引入模型中就容易出现多重共线性问题。例如，经济繁荣时期，经济增长对各种经济变量

（收入、消费、投资、价格）都产生影响，使得各种经济变量都趋于增长；经济衰退时期，受经济衰退的影响，这些经济变量又同时趋于下降。

利用横截面数据建立回归模型时，由于经济变量与经济发展的规模相关，经济变量也会出现共同的变化趋势。例如，以企业的截面数据估计生产函数时，由于资本投入、劳动力投入、技术投入、能源消耗等与企业的生产规模有关，这些变量之间往往出现较高的相关性；如果以这些变量作为解释变量建立简单的线性回归模型，多重共线性问题是难以避免的。

2. 模型中滞后变量的引入

在经济计量模型中，往往需要引入滞后的经济变量来反映真实的经济关系。例如，以时间序列资料研究消费函数时，消费水平不仅受当期收入的影响，还同以前的收入水平有关，因此，需要引入滞后的收入变量作为解释变量；显然，由于模型中引入的当期收入与前期收入之间常常呈现较高的相关性，容易导致多重共线性问题的出现。

3. 样本资料的限制

研究经济问题时，完全符合理论模型所要求的样本数据较难收集，所采用的样本观测数据对于所要估计的回归模型来说，可能不能提供充足的信息，如变量观测值的变化范围太小、样本数据太少等；在建立回归模型时，很可能出现某种程度的多重共线性问题。

一般而言，利用时间序列数据样本建立简单线性回归模型，往往存在多重共线性；利用截面数据样本建立回归模型，多重共线性问题往往不那么严重，但仍然是存在的。

第二节　多重共线性带来的后果

一、多重共线性下参数估计量的统计性质

（一）完全多重共线性下参数 OLS 估计量不存在

矩阵表示的线性回归模型：

$$Y = X\beta + \mu$$

参数的 OLS 估计量为

$$\hat{\beta} = (X'X)^{-1}X'Y \tag{6.5}$$

由于解释变量之间存在完全多重共线性，秩$(X) < k+1$，即矩阵 X 不是列满秩的；此时，方阵 $X'X$ 是不满秩的，行列式 $|X'X| = 0$，$(X'X)^{-1}$ 不存在，无法得到参数的估计量。

对于二元线性回归模型：

$$Y_i = \beta_0 + \beta_1 X_{1i} + \beta_2 X_{2i} + \mu_i \tag{6.6}$$

如果解释变量 X_1、X_2 之间完全相关，假设 $X_2 = \lambda X_1$，则该二元线性模型退化为一元线性回归模型：

$$Y_i = \beta_0 + (\beta_1 + \lambda\beta_2)X_{1i} + \mu_i$$
$$= \beta_0 + \alpha X_{1i} + \mu_i \tag{6.7}$$

其中，$\alpha = \beta_1 + \lambda\beta_2$

对模型（6.7）应用 OLS 估计可得

$$\hat{\alpha} = \hat{\beta}_1 + \lambda\hat{\beta}_2 = \frac{\sum x_{1i}y_i}{\sum x_{1i}^2}$$

因此，虽然可以唯一地估计出 β_1、β_2 的线性组合 $(\beta_1 + \lambda\beta_2)$，但无法唯一地估计出 β_1、β_2，即不能区分解释变量 X_1、X_2 对被解释变量的影响程度。

（二）近似多重共线性下参数 OLS 估计量存在但方差变大

完全多重共线性一般是非常少见的，常见的是解释变量之间存在近似多重共线性。在近似多重共线性情形下，矩阵 X 是列满秩的；此时，方阵 $X'X$ 也是满秩的，行列式 $|X'X| \neq 0$，$(X'X)^{-1}$ 存在，由式（6.5）可以得到参数 OLS 估计量，并且在模型满足经典假设的情况下此估计量仍然是 BLUE 估计量，但估计量的方差会随着解释变量之间近似多重共线性程度的增加而变大。

由第三章可知，式（6.5）参数估计量方差-协方差的表达式为

$$\text{Var} - \text{Cov}(\hat{\beta}) = \sigma^2 (X'X)^{-1}$$
$$\text{Var}(\hat{\beta}_j) = \sigma^2 c_{jj}$$

式中，c_{jj} 为矩阵 $(X'X)^{-1}$ 中主对角线第 j 行第 j 列上的元素。

由于 $|X'X| \neq 0$，但随着解释变量之间近似多重共线性程度的增加，$|X'X| \approx 0$，引起矩阵 $(X'X)^{-1}$ 中主对角线元素较大，使参数估计量的方差增大。

在 EViews 的"Equation"对象中，点"View/Covariance Matrix"可以得到参数估计量方差-协方差矩阵。

仍以二元线性回归模型（6.6）为例，β_1、β_2 估计量的方差为

$$\text{Var}(\hat{\beta}_1) = \sigma^2 c_{11} = \frac{\sigma^2 \sum x_{2i}^2}{\sum x_{1i}^2 \sum x_{2i}^2 - \left(\sum x_{1i}x_{2i}\right)^2} = \frac{\sigma^2}{\sum x_{1i}^2} \cdot \frac{1}{1 - r_{x_1 x_2}^2}$$

$$\text{Var}(\hat{\beta}_2) = \sigma^2 c_{22} = \frac{\sigma^2 \sum x_{1i}^2}{\sum x_{1i}^2 \sum x_{2i}^2 - \left(\sum x_{1i}x_{2i}\right)^2} = \frac{\sigma^2}{\sum x_{2i}^2} \cdot \frac{1}{1 - r_{x_1 x_2}^2}$$

其中，$r_{x_1 x_2}^2 = \dfrac{\left(\sum x_{1i}x_{2i}\right)^2}{\sum x_{1i}^2 \sum x_{2i}^2}$，为解释变量 X_1、X_2 之间相关系数的平方；显然，解释变量 X_1、X_2 之间共线性程度越高，参数估计量的方差越大。

当解释变量 X_1、X_2 之间不存在线性相关时：

$$r_{x_1 x_2}^2 = 0, \quad \text{Var}(\hat{\beta}_j) = \frac{\sigma^2}{\sum x_{ji}^2} \quad (j = 1, 2)$$

当解释变量 X_1、X_2 之间近似共线时：

$$0 < r_{x_1 x_2}^2 < 1, \ \mathrm{Var}(\hat{\beta}_j) = \frac{\sigma^2}{\sum x_{ji}^2} \frac{1}{1 - r_{x_1 x_2}^2} > \frac{\sigma^2}{\sum x_{ji}^2} \quad (j = 1, \ 2)$$

当解释变量 X_1、X_2 之间完全共线时：

$$r_{x_1 x_2}^2 = 1, \ \mathrm{Var}(\hat{\beta}_j) = \infty \quad (j = 1, \ 2)$$

由此可见，多重共线性使参数估计量的方差增大，方差增大的速度取决于方差膨胀因子(variance inflation factor，VIF)：

$$\mathrm{VIF} = \frac{1}{1 - r_{x_1 x_2}^2}$$

计算的方差膨胀因子如表 6.1 所示。

表 6.1　方差膨胀因子表

项目	相关系数平方									
	0	0.5	0.8	0.9	0.95	0.96	0.97	0.98	0.99	0.999
方差膨胀因子	1	2	5	10	20	25	33	50	100	1000

二、多重共线性的实际后果

研究实际经济问题时，解释变量之间近似的或严重的多重共线性可能会导致如下后果：

（1）尽管模型整体显著性检验如 F 检验值和判定系数 R^2 很高，但参数估计量的方差和协方差很大，导致总体参数的置信区间变大，难以对参数作出精确估计。

（2）由于参数估计量的方差很大，导致回归系数的显著性 t 检验值很低，通不过显著性检验，发生取伪错误，容易淘汰一些不应淘汰的解释变量，变量的显著性检验失去意义。

（3）由于多重共线性的原因，不同的解释变量对被解释变量的影响会发生互相代替的情况，如果多重共线性程度较严重，甚至会发生参数估计量经济含义不合理的现象，即解释变量与被解释变量之间本来应该是正相关的，参数估计值却是负的，从而造成错误的模型关系。

（4）参数估计量变大的方差和协方差容易使对被解释变量的点预测的方差变大，区间预测的"区间"变宽，导致预测的精确性降低，模型的预测功能失效。但是，如果研究的目的仅在于预测，这时虽然无法精确估计单个回归系数的值，却可以估计这些系数的某些线性组合，由于回归系数线性组合的方差变小，从而使预测精度提高。

（5）参数估计量的取值及方差对样本数据的变化很敏感，即删除或增加少量的样本观测值及删除一个不显著的解释变量会使参数估计值及参数估计量的方差发生很大变化。

■ 第三节　多重共线性的检验

通过对多重共线性性质与后果的分析可知：多重共线性本质上是一种样本现象。在研究实际经济问题时，由于对回归模型进行估计所采用的是非实验性质的样本数据，解释变量之间往往具有一定程度的线性相关关系。因此，多重共线性问题不是一个有无的问题而是一个程度问题，多重共线性检验的意义不在于区分是否存在多重共线性，而在于诊断多重共线性的程度。

一、直观判断法

多重共线性检验的直接判断法是根据对多重共线性的实际后果的分析进行判断的经验法则，通常出现以下情况时回归模型中的解释变量之间可能存在较为严重的多重共线性。

（1）从定性的角度分析，如果出现参数估计值经济含义不合理的现象，即解释变量与被解释变量之间本来应该是正相关的，参数估计值却是负的，可以初步判断解释变量之间存在严重的多重共线性。

（2）一些重要的解释变量的参数估计量的方差很大，回归系数的显著性 t 检验值很低，通不过显著性检验，解释变量之间很可能存在严重的多重共线性。

（3）删除或增加少量的样本观测值及删除一个不显著的解释变量会使参数估计值及参数估计量的方差发生很大变化，解释变量之间可能存在严重的多重共线性。

二、简单相关系数判断法

对于只有两个解释变量的模型，可以直接使用简单相关系数来判断模型（6.1）的解释变量之间多重共线性程度；简单相关系数 r 的绝对值越接近 1，则两个解释变量之间共线性程度越高。一般而言，$|r|>0.8$，两个解释变量高度相关，解释变量之间存在严重的共线性。

对于多于两个解释变量的回归模型，也可以利用简单相关系数判断多重共线性的严重程度，即若存在某两个解释变量的简单相关系数 $|r|>0.8$，则可以认为解释变量之间存在严重的共线性；但是，对于多于两个解释变量的回归模型，简单相关系数法存在一定的局限性，即所有的两个解释变量之间简单相关系数较低也可能存在较为严重的多重共线性。

在 EViews 中，选择解释变量建立组，点"View/Covariance Analysis"进行"Covariance Analysis"对话框，选择"Correlation"执行后可以得到解释变量之间的相关系数矩阵。

三、辅助回归检验法

由式（6.2）和式（6.3）可知，多重共线性意味着解释变量之一可以表示为其余解释变量的精确的或近似的线性组合；因此，可以使模型中每一个解释变量为因变量、分别以其余解释变量为自变量进行辅助回归，并根据回归方程的拟合优度来测度模型（6.1）的解释变量之间多重共线性的严重程度。

解释变量 X_j 对其余解释变量的辅助回归模型为

$$X_{ji}=\alpha_0+\alpha_1 X_{1i}+\cdots+\alpha_{j-1}X_{(j-1)i}+\alpha_{j+1}X_{(j+1)i}+\cdots+\alpha_k X_{ki}+\mu_i \qquad (6.8)$$

如果模型(6.8)的判定系数 R_j^2 较高，说明解释变量 X_j 与其余解释变量之间存在严重的多重共线性，并可构造 F 统计量进行显著性检验(本书略)；一般地，如果 R_j^2 超过了模型(6.1)的判定系数 R^2，则模型(6.1)的解释变量之间的多重共线性将是有害的。

利用辅助回归的判定系数可以构造测度多重共线性的方差膨胀因子指标：

$$VIF_j = \frac{1}{1-R_j^2} \quad (j=1, 2, \cdots, n)$$

方差膨胀因子 VIF_j 是模型(6.1)参数估计量 $\hat{\beta}_j$ 在解释变量 X_j 与其余解释变量之间存在多重共线性时与无多重共线性时的方差之比。辅助回归的判定系数 R_j^2 越接近 1，VIF_j 越大，模型(6.1)的解释变量之间多重共线性程度越严重；反之，辅助回归的判定系数 R_j^2 越接近 0，VIF_j 越小，模型(6.1)的解释变量之间多重共线性程度越弱。经验表明，$VIF_j \geqslant 10$ 时，解释变量之间存在严重的多重共线性。

在 EViews 中，不能直接计算解释变量的方差膨胀因子，需要根据 VIF 的定义计算得到。若解释变量 X_j 对其余解释变量的辅助回归模型命名为"eqj"，通过在命令窗口输入"scalar vifj＝1/(1-eqj.@r2)"，执行后可以得到方差膨胀因子 VIF_j。该命令意为建立一个取值为"1/(1-eqj.@r2)"的标量"vifj"；双击此标量，主窗口左下角的状态栏上会出现它的值。

四、特征根判定法[①]

根据矩阵代数的知识，矩阵的行列式等于其特征根的连乘积。因此，当行列式 $|X'X| \approx 0$ 时，矩阵 $X'X$ 至少存在一个近似为零的特征根；反之，当矩阵 $X'X$ 至少存在一个近似为零的特征根时，行列式 $|X'X| \approx 0$ 时，即矩阵 X 的列向量存在近似多重共线性。

利用特征根可以构造测度多重共线性的病态指数：

$$CI_i = \sqrt{\frac{\lambda_{max}}{\lambda_i}} \quad (i=1, 2, \cdots, n)$$

式中，λ_i 为矩阵 $X'X$ 的特征根；λ_{max} 为矩阵 $X'X$ 的最大特征根。

病态指数度量了矩阵 $X'X$ 特征根的散布程度，可以用它来判断多重共线性的严重程度。经验表明，当 $0 < CI < 10$ 时，矩阵 X 的列向量多重共线性程度较弱；当 $10 \leqslant CI < 100$ 时，矩阵 X 的列向量存在较强的多重共线性；当 $CI \geqslant 100$ 时，矩阵 X 的列向量存在严重的多重共线性。

第四节　多重共线性问题的处理

对于已设定的线性回归模型，如果解释变量之间存在较为严重的多重共线性，就需要采用某种方法加以处理，尽可能降低多重共线性对模型估计的影响，保证估计的有效性。由于多重共线性本质上是一种样本现象，因此处理多重共线性问题基本上是一些经

---

① 这部分内容供本科教学选择使用

验方法，常用的处理多重共线性的方法有剔除引起多重共线性的解释变量、追加样本信息、使用非样本先验信息、模型或变量变换及使用有偏估计等。

一、剔除引起多重共线性的解释变量

显然，处理多重共线性问题最简单的方法就是从模型中剔除被怀疑会引起多重共线性的解释变量。一般而言，在选择回归模型时，可以将回归系数的显著性检验、方差膨胀因子的多重共线性检验和经济意义检验结合起来考虑，以剔除引起严重多重共线性的解释变量。

1. 利用方差膨胀因子剔除引起严重多重共线性的解释变量

首先，根据辅助回归计算各解释变量的方差膨胀因子；其次，将方差膨胀因子最大者所对应的解释变量剔除出去，重新建立模型；如果新的模型仍然存在严重的多重共线性，则利用方差膨胀因子继续剔除引起多重共线性的解释变量，直到不再存在严重的多重共线性问题为止。

值得注意的是，剔除引起多重共线性的解释变量可能会导致模型的设定误差，因为剩余解释变量参数的经济含义和估计值都发生了变化(参数估计量有偏的)。

2. 逐步回归法

逐步回归的基本方法是：将由经济理论确定的解释变量逐个引入模型，先引入经济意义明显、统计上最显著的解释变量，然后逐步引入其他解释变量。

在逐步回归过程中，如果新引入的解释变量使原有解释变量的估计值发生明显变化，甚至改变其符号，或者使原有解释变量的 t 统计量明显变小，则表明新引入的解释变量与原有解释变量之间存在严重的多重共线性；经过对各个引入新变量的模型多方面的综合比较，保留使 $\bar{R}^2$ 改进最大且不影响原有变量统计显著性的模型，从而剔除由经济理论确定的、但在统计上不显著的解释变量，使最后保留在模型中的解释变量既是重要的，又不存在严重的多重共线性。

应该指出的是，逐步回归法同样会导致模型的设定误差。

二、追加样本信息

1. 增大样本容量

由于多重共线性本质上是一种样本现象，因而可能在关于同样变量的另一样本中多重共线性没有原来样本那么严重。另外，在建立实际经济问题的回归模型时，如果所搜集的样本数据太少，也容易产生多重共线性。以二元线性回归模型(6.6)为例，β_j 估计量的方差为

$$\mathrm{Var}(\hat{\beta}_j) = \frac{\sigma^2}{\sum x_{ji}^2 (1 - r_{x_1 x_2}^2)} \qquad (j = 1, 2)$$

随着样本容量的增大，$\sum x_{ji}^2$ 一般也会增大，$\hat{\beta}_j$ 的方差将减小，从而减轻多重共线性对模型估计的影响。因此，增大样本容量也是消除多重共线性的一个有效途径。

在实践中，当所选的解释变量的个数接近样本容量时，解释变量之间就容易产生多

重共线性，所以在运用回归分析研究经济问题时，要尽可能使样本容量远大于解释变量的个数。

2.横截面与时间序列数据并用

对于时间序列样本数据，如果能取得此期间某些截面数据，将这两类数据结合起来对模型进行估计，可以避开时间序列中多重共线性的影响，提高估计的精度。其基本做法是：首先利用横截面数据估计出部分参数，再利用时间序列数据估计出其余的参数，得到整个模型的估计。

例如，根据时间序列数据研究某种商品需求 Q_t 对该商品价格 P_t 和居民收入 I_t 的回归模型：

$$\ln Q_t = \beta_0 + \beta_1 \ln P_t + \beta_2 \ln I_t + \mu_t \qquad (6.9)$$

由于商品价格和居民收入随时间的发展往往表现出共同的变化趋势，这两个解释变量之间可能存在严重的多重共线性。但是，如果能取得此期间某个时期的家庭调查资料，则由于同一时期商品的价格不会有大的变化，就可以相当可靠地估计收入弹性 β_2。利用收入弹性的估计值，可以将模型(6.9)写为

$$Q_t^* = \beta_0 + \beta_1 \ln P_t + \mu_t \qquad (6.10)$$

式中，$Q_t^* = \ln Q_t - \hat{\beta}_2 \ln I_t$，就可以估计出商品价格弹性 β_1 和 β_0，从而估计出整个模型。

值得注意的是：这里包含着收入弹性的横截面估计和纯粹从时间序列样本数据估计的结果是一样的假定，当横截面估计在不同的时间截面之间没有大的变化时，数据并用技术是一个值得考虑的方法。

三、使用非样本先验信息

非样本先验信息主要来自经济理论分析，如果通过经济理论分析能够得到模型中某些参数间具有某种线性关系，则可以将这种关系作为约束条件和样本信息结合起来进行约束最小二乘估计，从而避开多重共线性的影响。

例如，对于二元线性回归模型：

$$Y_i = \beta_0 + \beta_1 X_{1i} + \beta_2 X_{2i} + \mu_i$$

如果根据经济理论分析或经验分析认为 $\beta_2 = 0.5\beta_1$，则模型可以写为

$$Y_i = \beta_0 + \beta_1 X_i + \mu_i$$

式中，$X_i = X_{1i} + 0.5X_{2i}$，估计出 β_1，也就可以估计出 β_2，从而避开解释变量共线性的影响，估计出整个模型。

再如，根据劳动力投入 L_t、资本投入 K_t 和总产值 Y_t 的时间序列数据研究某个经济系统的生产函数模型：

$$\ln Y_t = \ln A + \alpha \ln K_t + \beta \ln L_t + \mu_t$$

由于劳动力投入 L_t 和资本投入 K_t 通常表现出较高的相关性，模型解释变量之间可能存在严重的多重共线性。如果根据经济理论分析或经验分析认为该系统存在规模收益不变的特征，即 $\alpha + \beta = 1$，则模型可以写为

$$\ln \frac{Y_t}{L_t} = \ln A + \alpha \ln \frac{K_t}{L_t} + \mu_t$$

显然，变换后的模型为一元双对数线性模型，避免了多重共线性的影响；利用 OLS 方法可以估计出资本产出弹性 α，从而劳动产出弹性的估计值 $\hat{\beta} = 1 - \hat{\alpha}$。

四、模型或变量变换

将设定的模型或选择的变量作适当的变换，可能消除或减弱模型中解释变量之间的多重共线性。

1. 模型变换

对于以时间序列数据为样本的线性回归模型：

$$Y_t = \beta_0 + \beta_1 X_{1t} + \beta_2 X_{2t} + \cdots + \beta_k X_{kt} + \mu_t \quad (t = 1, 2, \cdots, n)$$

变换为一阶差分模型：

$$\Delta Y_t = \beta_1 \Delta X_{1t} + \beta_2 \Delta X_{2t} + \cdots + \beta_k \Delta X_{kt} + v_t \quad (t = 2, 3, \cdots, n)$$

式中，$\Delta Y_t = Y_t - Y_{t-1}$，$\Delta X_t = X_t - X_{t-1}$，$v_t = \mu_t - \mu_{t-1}$。

一般而言，增量之间的线性关系比总量之间的线性关系要弱得多，因此对模型的差分变换可以有效地消除或降低多重共线性的影响。但是差分变换也会导致其他问题的出现，如一阶差分模型损失了一个自由度、随机扰动项存在序列相关、不能估计出原模型的截距项等；另外，差分变换不能适用于横截面数据。因此，在具体运用差分变换模型时要慎重。

2. 变量变换

多重共线性是由解释变量之间的相关性造成的，因此有时通过对模型中的变量进行变换也能达到消除或降低多重共线性的目的。常用的变量变换方法如下：

（1）将总量指标变换成相对指标或平均指标。根据总量指标可以计算出相应的平均指标或相对指标，一般来说平均指标或相对指标的共线性程度要低于总量指标。

（2）将名义数据变换成实际数据。将名义数据剔除价格影响后得到的实际数据由于不包含价格的变动影响，其共线性要低，更有助于描述经济变量真实的数量关系。

（3）将小类指标合并成大类指标。将小类指标合并成大类指标可以减少模型中变量的数目，从而消除或减弱解释变量之间的多重共线性的影响。

需要指出的是，变换后的变量可能仍然存在较为严重的多重共线性。

五、使用有偏估计[①]

解决多重共线性问题的最好方法是追加样本信息或使用非样本先验信息，但这在实践中却经常难以做到。为了克服多重共线性的影响，统计学家致力于改进普通最小二乘估计方法，提出以采用有偏估计为代价、提高估计的精度和稳定性的方法，如岭回归法、主成分法、偏最小二乘估计等。这些方法已有不少应用效果很好的经济实例，下面主要介绍岭回归法。

---

① 这部分内容供本科教学选择使用

岭回归法是 20 世纪 60 年代赫尔(A. Hoerl)和肯纳德(R. Kennard)提出来的。岭回归估计就是以引入偏误为代价减小参数估计量方差的一种改进的估计量:

$$\tilde{\beta}(k) = (X'X + kI)^{-1}X'Y \tag{6.11}$$

式中，$k > 0$ 为一个常数，称为偏倚参数。显然 $k = 0$ 时，岭回归估计就退化为普通最小二乘估计。

可以证明:岭回归估计量 $\tilde{\beta}(k)$ 是有偏的，但其方差却比普通最小二乘估计量的方差要小。

实际上岭回归估计量 $\tilde{\beta}(k)$ 的方差和偏倚取决于岭回归的偏倚参数 k；偏倚参数 k 越大，岭回归估计量 $\tilde{\beta}(k)$ 的偏倚越大、方差越小。因此，偏倚参数 k 的选择要对岭回归估计量 $\tilde{\beta}(k)$ 的偏倚和方差进行权衡考虑；为此可以用兼顾偏倚和方差的最小均方误差(MSE)原则来确定偏倚参数 k。

$$MSE[\tilde{\beta}(k)] = E[\tilde{\beta}(k) - \beta]^2 \tag{6.12}$$

在实际应用中，由于 MSE 依赖于未知参数 β 和 σ^2，因此必须使用逐步搜索的方法通过样本来确定偏倚参数 k，即开始给定较小的 k 值，然后逐渐增加 k 的取值，直至岭回归估计量 $\tilde{\beta}(k)$ 的值趋于稳定。

目前尚未找到一个公认的最优的搜索确定偏倚参数 k 的方法，常用的搜索方法有岭迹法、方差膨胀因子法、残差平方和法。这些方法都有一定的应用价值，但带有一定的主观性，仍缺乏令人信服的理论依据。

■ 第五节　实验:多重共线性的检验与模型估计

一、研究问题——中国民航客运量影响分析

根据理论和经验分析，影响中国民航客运量(Y)的主要因素有:国民总收入(X_1)、定期航班航线里程(X_2)、铁路营业里程(X_3)、入境旅游人数(X_4)。表 6.2 给出了 1990~2012 年中国民航客运量及相关影响因素数据。

为分析各种因素对民航客运量的影响，建立如下回归模型:

$$Y_t = \beta_0 + \beta_1 X_{1t} + \beta_2 X_{2t} + \beta_3 X_{3t} + \beta_4 X_{4t} + \mu_t \tag{6.13}$$

表 6.2　1990~2012 年中国民航客运量及相关影响因素数据

年份	中国民航客运量 (Y)/万人	国民总收入 (X_1)/亿元	定期航班 航线里程 (X_2)/万公里	铁路营业里程 (X_3)/万公里	入境旅游人数 (X_4)/万人次
1990	1 659.6	10 297.69	50.676 20	5.79	2 746.18
1991	2 178.0	11 234.51	55.912 70	5.78	3 335.65

续表

年份	中国民航客运量 (Y)/万人	国民总收入 (X_1)/亿元	定期航班 航线里程 (X_2)/万公里	铁路营业里程 (X_3)/万公里	入境旅游人数 (X_4)/万人次
1992	2 886.0	12 812.88	83.664 20	5.81	3 311.50
1993	3 383.0	14 566.22	96.077 90	5.86	4 152.70
1994	4 039.0	16 476.30	104.559 2	5.90	4 368.45
1995	5 117.0	18 014.58	112.896 1	6.24	4 638.65
1996	5 555.0	19 848.11	116.652 1	6.49	5 112.75
1997	5 630.0	21 758.20	142.495 1	6.60	5 758.79
1998	5 755.0	23 351.15	150.581 1	6.64	6 347.84
1999	6 094.0	25 206.56	152.222 1	6.74	7 279.56
2000	6 721.7	27 360.87	150.288 7	6.87	8 344.39
2001	7 524.0	29 566.22	155.359 6	7.01	8 901.29
2002	8 594.0	32 387.60	163.770 8	7.19	9 790.83
2003	8 759.0	35 781.28	174.954 5	7.30	9 166.21
2004	12 123.0	39 532.19	204.939 4	7.44	10 903.82
2005	13 827.0	43 804.37	199.850 1	7.54	12 029.23
2006	15 967.8	49 618.46	211.350 5	7.71	12 494.21
2007	18 576.2	56 883.35	234.296 1	7.80	13 187.33
2008	19 251.1	62 617.25	246.184 0	7.97	13 002.74
2009	23 051.6	67 840.82	234.508 5	8.55	12 647.59
2010	26 769.1	74 726.60	276.514 7	9.12	13 376.22
2011	29 316.7	81 247.86	349.057 1	9.32	13 542.35
2012	31 936.1	87 860.26	328.011 4	9.76	13 240.53

注：为了剔除价格的影响，国民总收入以 1978 年不变价格计算

资料来源：中国统计年鉴 2013. 北京：中国统计出版社，2013

二、用 OLS 法估计模型

利用 EViews6.0 软件，采用表 6.2 中的数据对模型(6.13)进行 OLS 估计的结果如表 6.3 所示。

估计结果显示，R^2 和 $\bar{R}^2$ 较大，$F = 855.59 > F_{0.05}(4, 18) = 2.93$，故认为中国民航客运量与国民总收入($X_1$)、定期航班航线里程($X_2$)、铁路营业里程($X_3$)和入境旅游人数($X_4$)四个解释变量之间的总体线性关系显著成立。但 $\alpha = 0.05$ 时，$t_{\alpha/2}(18) = 2.101$，X_2、X_3 前的参数未通过 t 检验，且 X_3、X_4 前的参数估计值的符号与理论不一致，由此判断解释变量间可能存在较为严重的多重共线性。

表 6.3　模型(6.13)OLS 估计结果

Dependent Variable：Y

Method：Least Squares

Date：03/13/14 Time：16：39

Sample：1990 2012

Included observations：23

	Coefficient	Std. Error	t-Statistic	Prob.
C	$-2\,160.489$	4 686.848	$-0.460\,968$	0.650 3
X_1	0.439 864	0.041 500	10.599 12	0.000 0
X_2	1.188 516	9.927 786	0.119 716	0.906 0
X_3	99.992 33	906.601 3	0.110 294	0.913 4
X_4	$-0.437\,055$	0.110 798	$-3.944\,603$	0.001 0
R-squared	0.994 768	Mean dependent var		11 509.30
Adjusted R-squared	0.993 605	S. D. dependent var		9 156.284
S. E. of regression	732.199 4	Akaike info criterion		16.219 64
Sum squared resid	9 650 089	Schwarz criterion		16.466 49
Log likelihood	$-181.525\,9$	Hannan-Quinn criter.		16.281 72
F-statistic	855.587 0	Durbin-Watson stat		1.689 165
Prob(F-statistic)	0.000 000			

三、多重共线性的诊断

1. 检验简单相关系数

计算解释变量之间的相关系数，选择 X_1、X_2、X_3、X_4 建立组，在"Group"对象中点"View/Covariance Analysis"弹出窗口"Covariance Analysis"，选择"Correlation"，如图 6.1 所示。执行后得到相关系数矩阵如表 6.4 所示。

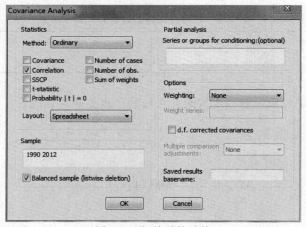

图 6.1　相关系数计算

表 6.4　解释变量之间相关系数矩阵

	X_1	X_2	X_3	X_4
X_1	1.000 000	0.972 427	0.986 199	0.921 237
X_2	0.972 427	1.000 000	0.976 350	0.927 926
X_3	0.986 199	0.976 350	1.000 000	0.920 124
X_4	0.921 237	0.927 926	0.920 124	1.000 000

由相关系数矩阵可知，各解释变量之间相关系数都较高，说明解释变量间确实存在较为严重的多重共线性。

2. 辅助回归检验法

EViews 可以调用已建立方程的回归系数和统计量。分别以每个解释变量为被解释变量对其他解释变量作辅助回归，若解释变量 X_j 对其余解释变量的辅助回归模型命名为"eqj"，通过在命令窗口输入"scalar vifj=1/(1-eqj.@r2)"，如图 6.2 所示；执行后可以得到方差膨胀因子 VIF_j。其中 $r2$ 为回归方程的判定系数。

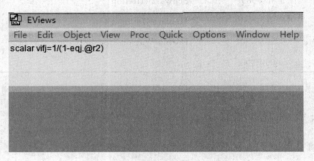

图 6.2　计算方差膨胀因子

利用辅助回归的判定系数得到的方差膨胀因子如表 6.5 所示。

表 6.5　各解释变量的方差膨胀因子

	X_1	X_2	X_3	X_4
VIF	39.98	25.49	45.73	7.56

由方差膨胀因子可知，解释变量间存在较为严重的多重共线性。

四、多重共线性的修正

1. 找出最简单的回归形式

分别作 Y 对 X_1、X_2、X_3、X_4 的一元回归：

$$\hat{Y}_t = -2057.34 + 0.383X_{1t}$$

(1)　　t　（-7.614）　（45.047）

　　　$R^2 = 0.9898$　$F = 2029.198$　DW$= 0.6882$

$$\hat{Y}_t = -7767.13 + 110.983X_{2t}$$

(2)　　t　（-5.963）　（16.209）

　　　$R^2 = 0.9260$　$F = 262.733$　DW$= 0.7684$

$$\hat{Y}_t = -43\,889.78 + 7702.223X_{3t}$$

(3)　　t　（-17.444）　（22.292）

　　　$R^2 = 0.9595$　$F = 496.951$　DW$= 0.2709$

$$\hat{Y}_t = -6552.248 + 2.1015X_{4t}$$

(4)　　t　（-2.953）　（8.897）

　　　$R^2 = 0.7903$　$F = 79.159$　DW$= 0.154$

其中，引入 X_1 的判定系数最大，解释变量前的参数估计值的符号与理论相符，应选第 1 个式子为初始的回归模型。

2. 逐步回归

将其他解释变量分别导入上述初始回归模型，根据模型调整的拟合优度、参数的符号及 t 检验寻找最佳回归方程，如表 6.6 所示。

表 6.6　逐步回归

	C	X_1	X_2	X_3	X_4	$\bar{R}^2$	DW
$Y = f(X_1)$	-2057.34	0.383				0.9893	0.6882
t	-7.614	45.047					
$Y = f(X_1, X_2)$	-2289.94	0.418	-10.926			0.9893	0.7787
t	-3.367	11.478	-1.000				
$Y = f(X_1, X_3)$	-360.15	0.405		-464.03		0.9888	0.7551
t	-0.062	7.740		-0.434			
$Y = f(X_1, X_4)$	-1582.83	0.447			-0.430	0.9942	1.7027
t	-3.945	21.919			-4.365		

由表 6.6 可知，在初始模型中引入 X_2 或 X_3，t 检验都没有通过，模型的拟合优度都没显著提高，且 X_2 前的参数估计值的符号不合理；在初始模型中引入 X_4 后，t 检验显著，模型的拟合优度有所改进，但 X_4 前的参数估计值的符号不合理。因此，X_2、X_3 或 X_4 都不应该加入到回归模型中去，逐步回归模型以 $Y = f(X_1)$ 为最优：

$$\hat{Y}_t = -2057.34 + 0.383X_{1t}$$

$$t \quad (-7.614) \quad (45.047)$$

$$R^2 = 0.9898 \quad F = 2029.198 \quad DW = 0.6882$$

思考与练习题

1. 什么是多重共线性? 多重共线性的实质是什么?

2. 多重共线性的后果是什么?

3. 多重共线性的检验方法有哪些?

4. 针对多重共线性的不同情形, 能采取的补救措施有哪些?

5. 具有多重共线性的回归方程能否用来进行预测?

6. 考虑模型

$$Y_i = \beta_0 + \beta_1 X_i + \beta_2 X_i^2 + \beta_3 X_i^3 + \mu_i$$

其中, Y＝生产的总成本, X＝产出。"既然 X^2 和 X^3 是 X 的函数, 则该模型中存在着共线性。"你认为对吗? 为什么?

7. 在决定一个回归模型的"最优"解释变量集时人们常用逐步回归的方法。在逐步回归中既可采取每次引进一个解释变量的程序(逐步向前回归), 也可以先把所有可能的解释变量都放在一个多元回归中, 然后逐一地将它们剔除(逐步向后回归)。加进或剔除一个变量, 通常是根据 F 检验看其对 ESS 的贡献而作出决定的。根据你现在对多重共线性的认识, 你赞成任何一种逐步回归的程序吗? 为什么?

8. 考虑如下数据集:

Y	-10	-8	-6	-4	-2	0	2	4	6	8	10
X_2	1	2	3	4	5	6	7	8	9	10	11
X_3	1	3	5	7	9	11	13	15	17	19	21

假设你想作 Y 对 X_2 和 X_3 的多元回归, (1)你能估计模型的参数吗? 为什么? (2)如果不能, 你能够估计哪个参数或者参数的组合?

9. 假设要求你建立一个计量经济模型来说明在学校跑道上慢跑一公里或一公里以上的人数, 以便决定是否修建第二条跑道以满足所有的锻炼者。你通过整个学年收集数据, 得到两个可能的解释性方程:

方程 A: $\hat{Y} = 125.0 - 15.0X_1 - 1.0X_2 + 1.5X_3$ $\bar{R}^2 = 0.75$

方程 B: $\hat{Y} = 123.0 - 14.0X_1 + 5.5X_2 - 3.7X_4$ $\bar{R}^2 = 0.73$

式中, Y 为某天慢跑者的人数; X_1 为该天降雨的厘米数; X_2 为该天日照的小时数; X_3 为该天的最高温度(按华氏温度); X_4 为第二天需交学期论文的班级数。

请回答下列问题:

(1) 这两个方程你认为哪个更合理些, 为什么?

(2) 为什么用相同的数据去估计相同变量的系数得到不同的符号?

10. 个人消费支出 Y 不仅取决于可支配收入 X_1, 还取决于个人财富 X_2, 根据下表的回归结果, 说明估计的模型是否可靠, 原因是什么, 给出你的分析。

Dependent Variable：Y
Method：Least Squares
Date：03/23/14 Time：16：39
Included observations：10

	Coefficient	Std. Error	t-Statistic	Prob.
X_1	0.568 425	0.716 098	0.793 781	0.453 4
X_2	−0.005 833	0.070 294	−0.082 975	0.936 2
C	245.515 8	69.523 48	3.531 408	0.009 6
R-squared	0.962 099	Mean dependent var		1 110.000
Adjusted R-squared	0.951 270	S. D. dependent var		314.289 3
S. E. of regression	69.379 01	Akaike info criterion		11.560 37
Sum squared resid	33 694.13	Schwarz criterion		11.651 15
Log likelihood	−54.801 85	F-statistic		88.845 45
Durbin-Watson stat	2.708 154	Prob(F-statistic)		0.000 011

11. R. Leighton Thomas 在研究英国 1961～1981 年砖、瓷、玻璃和水泥工业的生产函数时，得到如下结果：

(1) $\ln\hat{Q} = -5.04 + 0.887\ln K + 0.893\ln H$

se＝(1.40)　(0.087)　(0.137)

$R^2 = 0.878$

(2) $\ln\hat{Q} = -8.57 + 0.0272t + 0.460\ln K + 1.285\ln H$

se＝(2.99)　(0.0204)　(0.333)　(0.324)

$R^2 = 0.889$

式中，Q 为固定成本的生产指数；K 为 1975 年重置成本的总资本存量；H 为工作的小时数；t 为时间趋势，作为技术的一种测度方法。

括号中的数字是估计的标准差。

(1) 解释这两个回归方程。

(2) 在回归方程 1 中验证在 5% 的显著水平下，部分斜率系数是统计显著的。

(3) 在回归方程 2 中验证在 5% 的显著水平下，t 和 $\log K$ 的系数各自均是统计不显著的。

(4) 如何解释模型 2 中变量 $\log K$ 的不显著性？

(5) 如果得知 t 和 K 之间的相关系数为 0.980，则你能够得出什么结论？

(6) 在模型 2 中即使 t 和 K 各自都是不显著的，你是接受还是拒绝假设：模型 2 中所有的部分斜率系数同时为零？你使用何种检验？

(7) 在模型 1 中，规模收益是什么？

12. 假设在模型 $Y_i = \beta_0 + \beta_1 X_{1i} + \beta_2 X_{2i} + u_i$ 中，X_1 与 X_2 之间的相关系数为零，于是有人建议你进行如下回归：

$$Y_i = \alpha_0 + \alpha_1 X_{1i} + u_{1i}$$
$$Y_i = \gamma_0 + \gamma_2 X_{2i} + u_{2i}$$

(1) 是否存在 $\hat{\alpha}_1 = \hat{\beta}_1$，且 $\hat{\gamma}_2 = \hat{\beta}_2$？为什么？

(2) $\hat{\beta}_0$ 会等于 $\hat{\alpha}_0$ 或 $\hat{\gamma}_0$ 或某两个的某个线性组合吗？

(3) 是否有 $\text{Var}(\hat{\beta}_1)=\text{Var}(\hat{\alpha}_1)$ 且 $\text{Var}(\hat{\beta}_2)=\text{Var}(\hat{\gamma}_2)$？

13. 克莱因与戈德伯格曾用 1921～1950 年(1942～1944 年战争期间略去)美国国内消费 Y 和工资收入 X_1、非工资-非农业收入 X_2、农业收入 X_3 的时间序列资料，利用 OLSE 估计得出了下列回归方程：

$$\hat{Y} = 8.133 + 1.059X_1 + 0.452X_2 + 0.121X_3$$
$$(8.92) \qquad (0.17) \qquad (0.66) \qquad (1.09)$$
$$R^2 = 0.95 \qquad\qquad F = 107.37$$

括号中的数据为相应参数估计量的标准差。试对上述模型进行评析($F_{0.05}(3,23)=3.028$，$t_{0.025}(23)=2.0687$)，指出其中存在的问题。

14. 将下列函数以适当的方法消除多重共线性。

(1) 消费函数为：$C=\beta_0+\beta_1W+\beta_2P+u$，式中，$C$、$W$、$P$ 分别表示消费、工资收入和非工资收入，W 与 P 可能高度相关，但研究表明 $\beta_2=\beta_1/2$。

(2) 需求函数为：$Q=\beta_0+\beta_1Y+\beta_2P+\beta_3P_s+u$，式中，$Q$、$Y$、$P$、$P_s$ 分别表示需求量、收入水平、该商品价格及其替代品价格水平，P、P_s 可能高度相关。

第七章

滞后变量模型

前面各章讨论了被解释变量仅仅受解释变量当前影响的静态回归模型，本章讨论受时滞因素影响的经济变量的动态回归模型的建立与估计问题。本章主要讨论以下问题：①什么是滞后变量模型？②分布滞后模型估计的困难与方法？③自回归模型的构造、估计自回归模型存在的问题与解释方法？④如何利用滞后变量模型进行格兰杰因果关系检验？

■ 第一节 滞后变量模型的概念

一、滞后效应产生的原因

在经济运行过程中，解释变量对被解释变量的影响很少是即时的，一般认为这种影响的出现需要一定的时间，并且会在一定时期内持续；另外，被解释变量也可能受到自身的过去值的影响。通常把过去某些时期的各种因素甚至自身的过去值对被解释变量的影响称为滞后效应；把反映这种过去时期的滞后作用的经济变量叫做滞后变量（lagged variable）。

例如，在研究消费函数时，通常认为，本期的消费水平除了受本期的收入水平影响之外，还受前一期收入水平及前一期消费水平的影响：

$$C_t = \alpha + \beta_0 Y_t + \beta_1 Y_{t-1} + \beta_2 C_{t-1} + \mu_t \quad (t = 1, 2, \cdots, n)$$

式中，Y_{t-1}、C_{t-1} 为滞后变量。

再如，研究通货膨胀与货币供应量的变化之间的关系时，通常认为货币供应量的变化对通货膨胀的影响并不是即时的，存在一定的时滞，即可建立以下含有滞后变量的模型：

$$P_t = \alpha + \beta_0 M_t + \beta_1 M_{t-1} + \cdots + \beta_s M_{t-s} + \mu_t \quad (t = 1, 2, \cdots, n)$$

式中，P_t、M_t 分别为第 t 时期的物价指数和广义货币增长量，$M_{t-i}(i = 1, 2, \cdots, s)$ 为滞后变量。

现实经济生活中，产生滞后效应的原因有很多，大致可以归结为以下三个方面。

1. 心理因素

人们的观念和习惯是长期形成的，其行为方式会受到心理定势的影响，即适应新的经济环境往往需要一段时间、经济行为会滞后于经济形势的变化；另外，经济主体的很多行为都会受到预期心理的影响，即根据过去的经验决定当前的行为。例如，按照相对收入假定，当收入水平下降时，人们为了维持已习惯的生活水平不会立即随之相应地减少消费；再如，人们对某种商品的消费量不仅受商品当前价格的影响，而且还受预期价格的影响，这种预期因素就转化为滞后效应。

2. 技术因素

在现实经济运行中，从生产到流通再到使用，每一个环节都需要一段时间，从而形成时滞。例如，工业生产中，产出与投入之间往往不是同步的，当年的产出在某种程度上依赖于过去若干期内投资形成的固定资产；再如，研究成果的完成到发表存在一定的时间间隔。

3. 制度因素

契约、管理制度等因素也会造成经济行为的滞后。例如，定期存款到期才能提取，造成了它对社会购买力的影响具有滞后性；再如，企业往往受到过去签订的合同的制约，不能根据市场变化立即调整生产、改变产品价格。一般来说，管理层次越多，时滞效应越明显。

二、滞后变量模型

含有滞后变量作为解释变量的模型称为滞后变量模型，又称动态模型（dynamical model）。滞后变量模型考虑了时间因素的作用，使静态分析的问题有可能成为动态分析。

滞后变量模型的一般形式为

$$Y_t = \beta_0 + \beta_1 Y_{t-1} + \cdots + \beta_q Y_{t-q} + \alpha_0 X_t + \alpha_1 X_{t-1} + \cdots + \alpha_s X_{t-s} + \mu_t \tag{7.1}$$

式中，q、s 为滞后时期长度。

由于式（7.1）的滞后变量模型既含有被解释变量 Y 对自身滞后变量的回归，还包括对解释变量 X 分布在不同时期的滞后变量的回归，因此滞后变量模型式（7.1）也称为自回归分布滞后模型（autoregressive distributed lag model，ADL）。若滞后期长度有限，称模型为有限自回归分布滞后模型；若滞后期无限，称模型为无限自回归分布滞后模型。

1. 分布滞后模型（distributed-lag model）

如果滞后变量模型中没有滞后被解释变量，仅有解释变量 X 的当期值及其若干期的滞后值，则称为分布滞后模型，其一般形式为

$$Y_t = \alpha + \beta_0 X_t + \beta_1 X_{t-1} + \cdots + \beta_s X_{t-s} + \mu_t \tag{7.2}$$

分成滞后模型中的解释变量 X_t 的系数 β_0 称为短期（short-run）影响效应或即期乘数（impact multiplier），表示本期 X 变化一单位对 Y 平均值的影响程度；滞后变量 X_{t-i}

的系数 $\beta_i (i=1, 2, \cdots, s)$ 称为动态乘数或延迟系数，表示各滞后期 X 的变动对 Y 平均值影响的大小；$\sum_{i=0}^{s} \beta_i$ 称为长期（long-run）影响效应或均衡乘数（total distributed-lag multiplier），表示 X 变动一个单位，由于滞后效应而形成的对 Y 平均值总影响的大小。

如果各期的 X 值保持不变，则 X 与 Y 间的长期或均衡关系即为

$$E(Y) = \alpha + \left(\sum_{i=0}^{s} \beta_i\right) X \qquad (7.3)$$

2. 自回归模型（autoregressive model）

如果滞后变量模型中的解释变量仅包含 X 的当期值与被解释变量 Y 的一个或多个滞后值，则称为自回归模型，其一般形式为

$$Y_t = \beta_0 + \beta_1 Y_{t-1} + \cdots + \beta_q Y_{t-q} + \alpha_0 X_t + \mu_t \qquad (7.4)$$

式中，滞后时期长度 q 也称为自回归模型的阶数，而

$$Y_t = \beta_0 + \beta_1 Y_{t-1} + \alpha_0 X_t + \mu_t \qquad (7.5)$$

称为一阶自回归模型（first-order autoregressive model）。

对于一阶自回归模型的解释变量 X_t 的系数 α_0 称为短期（short-run）影响效应或即期乘数（impact multiplier），表示本期 X 变化一单位对 Y 平均值的影响程度；$\dfrac{\alpha_0}{1-\beta_1}$ 称为长期（long-run）影响效应或均衡乘数（total distributed-lag multiplier），表示 X 变动一个单位，由于滞后效应而形成的对 Y 平均值总影响的大小。

如果各期的 X 值保持不变，由一阶自回归模型决定的 X 与 Y 间的长期或均衡关系即为

$$E(Y) = \frac{\beta_0}{1-\beta_1} + \frac{\alpha_0}{1-\beta_1} X \qquad (7.6)$$

第二节　分布滞后模型的估计

一、分布滞后模型估计的困难

直接使用普通最小二乘法估计分布滞后模型会遇到很多困难。对于无限分布滞后模型，由于包含无限多个参数，所以无法直接对其进行估计；对于有限分布滞后模型，如果模型满足经典假设，可以考虑使用普通最小二乘法对模型进行估计，并且估计量具有总体参数的 BLUE 估计量。但是在实践中，对于有限分布滞后模型，用 OLS 方法估计模型会遇到如下问题。

1. 滞后期长度难以确定

在实际经济分析中，有限分布滞后模型的最大滞后长度是未知的，没有充分的先验信息可供使用。估计滞后长度的方法很多，阿尔特、丁伯根建议递推地估计模型，即先作 Y_t 对 X_t 的回归，再作 Y_t 对 X_t 和 X_{t-1} 的回归，依次添加滞后的解释变量，直到滞后变量的回归系数开始变成统计上不显著或至少有一个变量的系数改变符号为止。

...

2. 缺乏足够的自由度

如果滞后期较长而样本数据太少，将缺乏足够的自由度进行估计和检验。因为每增加一个滞后变量就会增加一个参数，同时有效的样本数据就会减少一个；由于自由度的过度损失，会导致模型参数的 OLS 估计量的方差增大，估计值的稳定性变差、精确性降低，甚至无法估计出参数。

3. 多重共线性问题

由于经济活动的继起性，同名经济变量滞后值之间可能存在高度线性相关（即序列相关）；在分布滞后模型中，这种序列相关性就转化为解释变量之间的多重共线性。因此，对于分布滞后模型如果直接使用 OLS 进行估计，则可能导致参数估计值的较大偏差，甚至导致一些重要的滞后变量不显著。

二、分布滞后模型的修正估计方法

针对分布滞后模型直接使用 OLS 估计存在的问题，人们提出了一系列的修正估计方法。各种方法的基本思想大致相同，一般是对分布滞后模型施加某种约束条件，设法减少需要直接估计的参数个数，以缓解自由度不足和多重共线性等问题。对于有限分布滞后模型常用的估计方法有经验加权法和阿尔蒙（Almon）多项式变换法；对于无限分布滞后模型常用的估计方法有科伊克（Koyck）变换法。

1. 经验加权法

经验加权法就是根据实际问题的特点和经验分析，给各滞后变量指定反映滞后效应的权数，滞后变量按权数线性组合、构成新的变量，以减少模型变量的数目、缓解多重共线性、保证自由度，然后利用 OLS 估计模型。常见的权数类型如下。

1）递减型

这种类型的权数反映的滞后效应是递减的，即认为滞后变量对被解释变量的影响随着时间的推移而减弱、X 的近期滞后值对 Y 的影响较远期滞后值大。这种滞后效应在现实经济活动中较为常见；如消费函数中，收入的近期值对消费的影响作用显然大于远期值的影响。

如滞后期为 3 的一组权数可取值如下：

$$1/2, \quad 1/4, \quad 1/6, \quad 1/8$$

则新的线性组合变量为

$$W_{1t} = \frac{1}{2}X_t + \frac{1}{4}X_{t-1} + \frac{1}{6}X_{t-2} + \frac{1}{8}X_{t-3}$$

2）不变型

这种类型的权数反映的滞后效应是不变的，即认为滞后变量对被解释变量的影响不随着时间的推移而变化、X 的各滞后值对 Y 的影响相同。

如滞后期为 3，指定相等权数为 $1/4$，则新的线性组合变量为

$$W_{2t} = \frac{1}{4}X_t + \frac{1}{4}X_{t-1} + \frac{1}{4}X_{t-2} + \frac{1}{4}X_{t-3}$$

3) 倒 V 形

这种类型的权数反映的滞后效应呈倒 V 形，即认为滞后变量对被解释变量的影响随着时间的推移先增强后减弱，X 的中间滞后值对 Y 的影响最大。如在一个较长建设周期的投资中，历年投资 X 对产出 Y 的影响，往往在周期期中投资对本期产出贡献最大。

如滞后期为 4，权数可取为

$$1/6，\quad 1/4，\quad 1/2，\quad 1/3，\quad 1/5$$

则新变量为

$$W_{3t} = \frac{1}{6}X_t + \frac{1}{4}X_{t-1} + \frac{1}{2}X_{t-2} + \frac{1}{3}X_{t-3} + \frac{1}{5}X_{t-4}$$

经验加权法的优点是简单易行，缺点是设置权数的主观随意性较大。通常的做法是：首先，根据实际问题的特点和先验信息确定权数类型；其次，多选几组权数分别估计出多个模型；最后，根据常用的统计检验（R^2 检验、F 检验、t 检验、DW 检验）从中选择最佳估计模型。

例如，对一个滞后期为 3 的分布滞后模型：

$$Y_t = \alpha + \beta_0 X_t + \beta_1 X_{t-1} + \beta_2 X_{t-2} + \beta_3 X_{t-3} + \mu_t$$

给定递减权数：$1/2, 1/4, 1/6, 1/8$，构成新的线性组合变量：

$$W_t = \frac{1}{2}X_t + \frac{1}{4}X_{t-1} + \frac{1}{6}X_{t-2} + \frac{1}{8}X_{t-3}$$

则原模型变为

$$Y_t = \alpha + \beta W_t + \mu_t$$

若该模型满足经典线性回归模型的基本假设，可用 OLS 估计出参数 $\hat{\alpha}$、$\hat{\beta}$，则得到原模型的估计结果为

$$\hat{Y}_t = \hat{\alpha} + \frac{1}{2}X_t + \frac{1}{4}X_{t-1} + \frac{1}{6}X_{t-2} + \frac{1}{8}X_{t-3}$$

2. 阿尔蒙（Almon）多项式变换法

针对有限分布滞后模型，阿尔蒙于 1965 年提出利用多项式来逼近滞后效应的变化结构。通过阿尔蒙多项式变换，定义新变量，成为多项式分布滞后模型（polynomial distributed lag model，PDL），可以减少解释变量个数，然后用 OLS 法估计参数。其基本思想是：根据实际问题的特点和先验信息，用一个关于 i 的低阶多项式近似表示有限分布滞后模型中的参数 β_i。

对于有限分布滞后模型：

$$Y_t = \alpha + \beta_0 X_t + \beta_1 X_{t-1} + \cdots + \beta_s X_{t-s} + \mu_t \tag{7.7}$$

假定其回归系数 β_i 可用一个关于滞后期 i 的适当阶数的多项式来表示，即阿尔蒙多项式变换：

$$\beta_i = \alpha_0 + \alpha_1 i + \alpha_2 i^2 + \cdots + \alpha_m i^m \quad (i = 0, 1, \cdots, s) \tag{7.8}$$

其中，$m<s$。将式(7.8)关于回归系数 β_i 的表达式代入回归模型(7.7)中，整理可得

$$Y_t = \alpha + \alpha_0 Z_{0t} + \alpha_1 Z_{1t} + \cdots + \alpha_m Z_{mt} + \mu_t \tag{7.9}$$

其中，

$$Z_{0t} = X_t + X_{t-1} + \cdots + X_{t-s}$$

$$Z_{1t} = X_{t-1} + 2X_{t-2} + \cdots + sX_{t-s}$$

$$\cdots$$

$$Z_{mt} = X_{t-1} + 2^m X_{t-2} + \cdots + s^m X_{t-s}$$

若 $m<s$，模型(7.9)相对于模型(7.7)存在的自由度不足和多重共线性问题已得到改善；若 μ_t 满足经典假设，则可利用 OLS 估计变换后的模型式(7.9)，将得到的参数估计值代入式(7.8)中，就可求出原分布滞后模型(7.7)的参数估计值。

在实际应用中，阿尔蒙变换要求先验地确定多项式(7.8)的适当阶数 m，一般取 1、2，很少超过 4；否则达不到减少解释变量个数的目的，不能有效解决有限分布滞后模型估计的困难。

在 EViews 中，提供了多项式分布滞后指令"PDL"估计分布滞后模型。对于有限分布滞后模型(7.7)，进入"Equation Estimation"对话框，在"Equation Specification"窗口输入"Y C PDL(X，s，m)"；执行后即可得到模型的估计结果。其中，s 为 X 的分布滞后长度，m 为多项式的阶数。一般经过试算选择估计结果比较合理且 AIC 较小的分布滞后长度 s。

需要指出的是，用"PDL"估计分布滞后模型时，EViews 所采用的滞后系数多项式变换不是形如式(7.8)的阿尔蒙多项式，而是其派生形式。因此，输出结果不是阿尔蒙多项式的系数。但是，最终的分布滞后模型的系数估计结果是一致的。

3. 科伊克(Koyck)变换法

针对无限分布滞后模型，科伊克(Koyck)曾经提出利用几何分布滞后模型来逼近滞后效应的变化结构。通过科伊克变换，可以将无限分布滞后模型转换为自回归模型，然后进行估计。其基本假定是：随着滞后期的增加滞后效应会越来越小，可以用几何阶数衰减近似表示无限分布滞后模型中的参数 β_i。

对于无限分布滞后模型：

$$Y_t = \alpha + \sum_{i=0}^{\infty} \beta_i X_{t-i} + \mu_t \tag{7.10}$$

科伊克变换假设 β_i 随滞后期 i 按几何级数衰减：

$$\beta_i = \beta_0 \lambda^i \quad (i = 0, 1, \cdots, \infty) \tag{7.11}$$

式中，$0 < \lambda < 1$，为待估参数，称为分布滞后衰减率；$1 - \lambda$ 称为调整速率(speed of adjustment)。

将式(7.11)关于回归系数 β_i 的表达式代入回归模型(7.10)中，可得

$$Y_t = \alpha + \beta_0 \sum_{i=0}^{\infty} \lambda^i X_{t-i} + \mu_t \tag{7.12}$$

将式(7.12)滞后一期，并两边同乘以 λ，整理可得

$$\lambda Y_{t-1} = \lambda \alpha + \beta_0 \sum_{i=1}^{\infty} \lambda^i X_{t-i} + \lambda \mu_{t-1} \tag{7.13}$$

将式(7.12)减去式(7.13)，整理可得科伊克变换模型：

$$Y_t = (1-\lambda)\alpha + \beta_0 X_t + \lambda Y_{t-1} + (\mu_t - \lambda \mu_{t-1}) \tag{7.14}$$

令 $\alpha^* = (1-\lambda)\alpha$，$\nu_t = \mu_t - \lambda \mu_{t-1}$，则科伊克模型为

$$Y_t = \alpha^* + \beta_0 X_t + \lambda Y_{t-1} + \nu_t \tag{7.15}$$

这是一个一阶自回归模型。

科伊克变换将一个无限分布滞后模型转化为一个一阶自回归模型，具有以下两个特点：

(1) 以一个滞后因变量 Y_{t-1} 代替了大量的滞后解释变量 X_{t-i}，使得模型结构得到极大的简化，最大限度地保证了自由度，解决了滞后期长度 s 难以确定的问题。

(2) 由于滞后一期的因变量 Y_{t-1} 与 X_t 的线性相关程度可以肯定小于 X 的各期滞后值之间的相关程度，从而缓解了多重共线性。

但科伊克变换要求无限分布滞后模型的参数呈几何阶数衰减，不能适用于所有的滞后效应结构，同时科伊克变换也产生了以下两个新问题：

(1) 滞后的随机被解释变量 Y_{t-1} 作为解释变量引入模型，与随机扰动项 ν_t 不独立；

(2) 即使原模型的随机扰动项 μ_t 满足经典回归模型的基本假设，科伊克模型的随机扰动项 ν_t 也存在一阶自相关；并且由于随机被解释变量 Y_{t-1} 作为解释变量引入模型，DW 检验不再适用。

这些新问题需要进一步解决。

第三节 自回归模型的构造

一个无限期分布滞后模型可以通过科伊克变换转化为自回归模型；但这是纯粹的数学变换，缺乏经济理论依据。事实上，许多具有经济理论支持的滞后变量模型都可以转化为自回归模型，自回归模型是经济生活中常见的模型。本节以自适应预期模型及局部调整模型为例进行说明。

一、自适应预期(adaptive expectation)模型

自适应预期模型是建立在如下经济理论基础上的：被解释变量当前值不取决于解释变量的当前实际值，而是由解释变量的未来"预期值"或"长期均衡水平"所决定。在实际经济活动中这种现象是很常见的。例如，居民的消费水平，在一定程度上取决于预期的收入水平；又如市场上对住房、汽车等商品需求量，往往取决于对这些商品未来价格的预期值；再如，企业一般会根据产品未来价格的走势，决定生产计划。

自适应预期模型的最初形式为

$$Y_t = \beta_0 + \beta_1 X_t^e + \mu_t \tag{7.16}$$

式中，Y_t 为被解释变量的实际值；X_t^e 为解释变量的"预期值"；μ_t 为随机扰动项。

由于预期变量是不可实际观测的，往往作如下自适应预期假定：

$$X_t^e - X_{t-1}^e = \gamma(X_t - X_{t-1}^e) \tag{7.17}$$

式中，$0 \leqslant \gamma \leqslant 1$ 为预期系数；$(X_t - X_{t-1}^e)$ 为实际值与预期值之差或称为预期误差。

自适应预期假定认为："经济行为者将根据过去的经验修改他们的预期"，即预期值的形成是一个根据预期误差不断调整的过程，本期预期值的增量是本期实际值与前一期预期值之差的一部分，其比例为 γ。这一调整过程称为自适应过程；显然，γ 的值越大，预期值的调整幅度也越大；$\gamma = 1$ 时，本期预期值完全取决于本期实际值；$\gamma = 0$ 时，意味着预期一旦形成就不改变。一般来说，$0 < \gamma < 1$。

假定式(7.17)还可写成：

$$X_t^e = \gamma X_t + (1 - \gamma) X_{t-1}^e \tag{7.18}$$

即本期预期值是本期实际值与上期预期值的加权平均。

将式(7.18)代入式(7.16)，可得

$$Y_t = \beta_0 + \beta_1 [\gamma X_t + (1 - \gamma) X_{t-1}^e] + \mu_t \tag{7.19}$$

将式(7.16)滞后一期，并两边同乘以 $1 - \gamma$，可得

$$(1 - \gamma) Y_{t-1} = (1 - \gamma)\beta_0 + (1 - \gamma)\beta_1 X_{t-1}^e + (1 - \gamma)\mu_{t-1} \tag{7.20}$$

将式(7.19)减去式(7.20)，整理可得

$$Y_t = \gamma\beta_0 + \gamma\beta_1 X_t + (1 - \gamma) Y_{t-1} + [\mu_t - (1 - \gamma)\mu_{t-1}] \tag{7.21}$$

令 $\beta_0^* = \gamma\beta_0$，$\beta_1^* = \gamma\beta_1$，$\gamma^* = 1 - \gamma$，$\nu_t = \mu_t - (1 - \gamma)\mu_{t-1}$，则可得

$$Y_t = \beta_0^* + \beta_1^* X_t + \gamma^* Y_{t-1} + \nu_t \tag{7.22}$$

即可将自适应预期模型转化为一阶自回归模型。如果能估计出变换后的模型(7.22)的参数，就可求出自适应预期模型(7.16)的参数及预期系数的估计值。

二、局部调整(partial adjustment)模型

局部调整模型是建立在如下经济理论基础上的：为了适应解释变量的变化，被解释变量有一个预期的最佳值与其对应，即被解释变量的"预期值"或"长期均衡水平"由实际的解释变量所决定。局部调整模型主要是用来研究物资储备问题的。例如，企业为了保证生产和销售，必须保持一定的原材料或商品储备；对应于一定的产量或销售量，存在着预期的最佳库存。

局部调整模型的最初形式为

$$Y_t^e = \beta_0 + \beta_1 X_t + \mu_t \tag{7.23}$$

式中，Y_t^e 为被解释变量的"预期值"；X_t 为解释变量的实际值；μ_t 为随机扰动项。

由于技术水平、制度因素、市场环境和管理水平等方面的变动，被解释变量的最佳预期值在短期内难以达到，并且是不可观测的。局部调整假定认为，被解释变量的实际变化量只是预期变化的一部分：

$$Y_t - Y_{t-1} = \delta(Y_t^e - Y_{t-1}) \tag{7.24}$$

式中，$0 \leqslant \delta \leqslant 1$ 为调整系数；$(Y_t^e - Y_{t-1})$ 为被解释变量的预期最优变动。

局部调整假定认为：要使被解释变量达到最佳水平需要进行调整，而调整需要付出成本；因此，最佳预期值的形成是一个根据预期最优变动不断调整的过程，本期实际值的增量是预期最优变动的一部分，其比例为 δ。显然，δ 的值越大，实际值的调整幅度也越大；$\delta=1$ 时，本期实际变动就是最优变动；$\delta=0$ 时，意味着实际值完全没有调整。一般来说，$0<\delta<1$。

假定式(7.24)还可写成：

$$Y_t = \delta Y_t^e + (1-\delta)Y_{t-1} \tag{7.25}$$

即本期实际值是本期预期最佳值与上期实际值的加权平均。

将式(7.23)代入式(7.25)，整理可得

$$Y_t = \delta\beta_0 + \delta\beta_1 X_t + (1-\delta)Y_{t-1} + \delta\mu_t \tag{7.26}$$

令 $\beta_0^* = \delta\beta_0$，$\beta_1^* = \delta\beta_1$，$\delta^* = 1-\delta$，$\nu_t = \delta\mu_t$，则可得

$$Y_t = \beta_0^* + \beta_1^* X_t + \delta^* Y_{t-1} + \nu_t \tag{7.27}$$

即可将局部调整预期模型转化为一阶自回归模型。如果能估计出变换后的模型(7.27)的参数，就可求出局部调整模型(7.23)的参数及调整系数的估计值。

自适应预期模型和局部调整模型是建立在一定的经济理论假定基础上的，它们的最终形式都是一阶自回归模型。有时需要将自适应预期假定和局部调整假定结合起来研究某一经济问题。例如，理想的资本存量与预期的产出水平之间的关系；再如，弗里德曼的永久收入假说，即"永久"或长期消费由"永久"或长期收入决定。研究这类经济问题，可以建立局部调整-自适应预期模型：

$$Y_t^e = \beta_0 + \beta_1 X_t^e + \mu_t \tag{7.28}$$

式中，Y_t^e 为被解释变量的"预期值"；X_t^e 为解释变量的预期值；μ_t 为随机扰动项。

被解释变量和解释变量的预期值都是不可观测的，对 Y_t^e 作局部调整假定，对 X_t^e 作自适应预期假定，则局部调整-自适应预期模型可转化为一个二阶自回归模型。

第四节 自回归模型的估计

经典线性回归模型假设解释变量是非随机变量，如果是随机变量必须与随机扰动项不相关。显然，自回归模型中引入滞后的随机被解释变量 Y_{t-1} 作为解释变量，很可能违背这一假设。另外，自回归模型的随机扰动项也很可能存在一阶自相关，并且由于随机被解释变量 Y_{t-1} 作为解释变量引入模型，DW 检验不再适用。

一、自回归模型估计的困难

1. 随机解释变量的后果

在单方程线性回归模型中，外生变量都被认为是确定性的，随机解释变量问题主要出现在滞后被解释变量作为解释变量的自回归模型中。如果回归模型出现随机解释变量，仍然用 OLS 估计模型参数，不同性质的随机解释变量会产生不同的后果(证明略)。

(1) 随机解释变量与随机扰动项相互独立。得到的参数估计量仍然是无偏一致估

计量。

（2）随机解释变量与随机扰动项同期不相关、异期相关。得到的参数估计量有偏，但是一致的。

（3）随机解释变量与随机扰动项同期相关。得到的参数估计量有偏，并且是不一致的。

2. 自回归模型估计的困难

科伊克模型、自适应预期模型和局部调整模型最终都可以转化为一阶自回归模型，对这三个模型的估计也就转化为对一阶自回归模型的估计；为此，必须考察所得到的一阶自回归模型的随机解释变量的性质和随机扰动项的特征。

如果原模型的随机扰动项满足经典假设，则可以证明（略）。

（1）对于式（7.15）的科伊克模型，随机解释变量 Y_{t-1} 与随机扰动项 v_t 同期相关，随机扰动项 v_t 也存在一阶自相关。

（2）对于式（7.22）的自适应预期模型，同样，随机解释变量 Y_{t-1} 与随机扰动项 v_t 同期相关，随机扰动项 v_t 也存在一阶自相关。

（3）对于式（7.27）的局部调整模型，随机解释变量 Y_{t-1} 与随机扰动项 v_t 异期相关，随机扰动项 v_t 不存在自相关。

一般来说，对于自回归模型

$$Y_t = \beta_0 + \beta_1 Y_{t-1} + \cdots + \beta_q Y_{t-q} + \alpha_0 X_t + \mu_t \tag{7.29}$$

估计时的主要问题是：滞后被解释变量的存在导致它与随机扰动项相关，以及随机扰动项出现序列相关性。如果滞后被解释变量与随机扰动项同期相关，OLS 估计量有偏、并且是不一致的；即使同期无关，滞后被解释变量与随机扰动项也是异期相关的，此时，OLS 估计量有偏、但是一致的。

因此，对自回归模型的估计主要视滞后被解释变量与随机扰动项的不同关系采用适当的方法进行估计。如果滞后被解释变量与随机扰动项异期相关（如局部调整模型），则可以直接利用 OLS 估计得到一致估计量；如果滞后被解释变量与随机扰动项同期相关（如科伊克模型和自适应预期模型），则可以采用工具变量法得到一致估计量。

在 EViews 中，估计自回归模型（7.29），只需进入"Equation Estimation"对话框，在"Equation Specification"窗口输入"Y C Y(−1) Y(−2) ⋯ Y(−q) X"，执行后即可得到模型的估计结果。其中，q 为自回归模型的阶数。

二、工具变量法

为了解决随机解释变量与随机扰动项相关的问题，常用的方法就是工具变量法，即在模型参数估计过程中选择适当的工具变量代替在模型中同随机扰动项相关的随机解释变量。

工具变量的选择应满足以下条件：

（1）工具变量与所替代的随机解释变量高度相关；

（2）工具变量与模型中的随机扰动项不相关；

（3）工具变量与模型中其他解释变量之间不存在严重的多重共线性。

在实际应用中，找到一个好的工具变量不是一件容易的事，工具变量有多种选择方式。例如，对于一阶自回归模型：

$$Y_t = \beta_0 + \beta_1 Y_{t-1} + \alpha_0 X_t + \mu_t \tag{7.30}$$

若 Y_{t-1} 与 μ_t 同期相关，则 OLS 估计量是有偏的，并且是不一致的。

因此，对上述模型通常采用工具变量法；在实际估计中，一般用 X 的若干滞后的线性组合 $\hat{Y}_{t-1}$ 作为 Y_{t-1} 的工具变量，$\hat{Y}_{t-1}$ 可由以下回归方程得到：

$$\hat{Y}_{t-1} = \hat{\beta}_0 + \hat{\beta}_1 X_{t-1} + \cdots + \hat{\beta}_s X_{t-s} \tag{7.31}$$

滞后期 s 适当选取，一般取 2 或 3。

工具变量 $\hat{Y}_{t-1}$ 代替 Y_{t-1}，原模型变为

$$Y_t = \beta_0^* + \beta_1^* \hat{Y}_{t-1} + \alpha_0^* X_t + \mu_t^* \tag{7.32}$$

如果该模型随机扰动项 μ_t^* 与解释变量 X_t 及其滞后项不存在相关性，则工具变量 $\hat{Y}_{t-1}$ 与 μ_t^* 不再线性相关，模型(7.32)可以直接利用 OLS 进行估计。

一个更简单的情形是直接用 X_{t-1} 作为 Y_{t-1} 的工具变量。

值得注意的是，工具变量法并没有改变原模型，只是在原模型的参数估计过程中用工具变量"替代"随机解释变量；或者说，工具变量法实际上作了两步回归。以一元线性回归为例：

$$Y_i = \beta_0 + \beta_1 X_i + \mu_i \tag{7.33}$$

若 Z 为 X 的工具变量，则利用工具变量法进行参数估计的步骤如下：

(1) 用 OLS 进行 X 关于工具变量 Z 的回归，得到 X 的估计值：

$$\hat{X}_i = \hat{\alpha}_0 + \hat{\alpha}_1 Z_i \tag{7.34}$$

(2) 以 $\hat{X}$ 为解释变量，进行如下 OLS 估计：

$$\hat{Y}_i = \hat{\beta}_0 + \hat{\beta}_1 \hat{X}_i \tag{7.35}$$

由此得到(证明从略)：

$$\begin{cases} \hat{\beta}_0 = \bar{Y} - \hat{\beta}_1 \bar{X} \\ \hat{\beta}_1 = \dfrac{\sum (Z_i - \bar{Z})(Y_i - \bar{Y})}{\sum (Z_i - \bar{Z})(X_i - \bar{X})} \end{cases} \tag{7.36}$$

写为矩阵形式为

$$\hat{\beta} = (Z'X)^{-1} Z'Y \tag{7.37}$$

式中，Z、X 为含有常数项虚变量的样本数据矩阵。

可以证明工具变量法得到的参数估计量是有偏的，但是一致的。

在 EViews 中，利用工具变量法估计模型(7.33)，只需进入"Equation Estimation"对话框，在"method"对话框中选择"TSLS"，然后在"Equation Specification"窗口输入"Y C X"，在"Instrument List"窗口输入"C Z"；执行后即可得到模型的估计结果。

三、自回归模型中自相关的检验

自回归模型的随机扰动项很可能存在一阶自相关，并且由于随机被解释变量 Y_{t-1} 作为解释变量引入模型，在第五章提出的一阶自相关 DW 检验的 d 统计量值通常有偏向 2 的内在偏误。因此，DW 检验不再适用。

1. 德宾 h 检验

针对自回归模型随机扰动项的一阶自相关问题，德宾提出了一个大样本检验，即 h 统计量检验。

h 统计量检验的定义为

$$h = \hat{\rho} \sqrt{\frac{n}{1 - n[\mathrm{Var}(\hat{\beta}_1)]}} \tag{7.38}$$

式中，$\hat{\rho}$ 为模型（7.30）随机扰动项一阶自相关系数 ρ 的估计值，n 为有效样本容量，$\mathrm{Var}(\hat{\beta}_1)$ 为模型（7.30）滞后被解释变量 Y_{t-1} 的回归系数 β_1 的估计方差。

德宾证明，对于大样本容量，在 $\rho = 0$ 的假定下，h 统计量的分布近似标准正态分布。

应用 h 统计量检验检验自回归模型随机扰动项是否存在一阶自相关的步骤如下：

（1）对于一阶自回归模型：

$$Y_t = \beta_0 + \beta_1 Y_{t-1} + \alpha_0 X_t + \mu_t \tag{7.39}$$

直接利用 OLS 进行估计，得到 $\mathrm{Var}(\hat{\beta}_1)$ 和 d 统计量的值，则

$$\hat{\rho} \approx 1 - \frac{d}{2} \tag{7.40}$$

（2）将 $\mathrm{Var}(\hat{\beta}_1)$、$n$ 和 $\hat{\rho}$ 代入式（7.38），计算 h 统计量的值。

（3）给定显著性水平 α，查正态分布表得到临界值 $Z_{\alpha/2}$，与 h 统计量的值进行比较，作出判断。若 $|h| > Z_{\alpha/2}$，则拒绝原假设，说明模型（7.39）随机扰动项存在一阶自相关；若 $|h| \leqslant Z_{\alpha/2}$，则不能拒绝原假设，即不能认为模型（7.39）随机扰动项存在一阶自相关。

值得注意的是：德宾 h 检验可适用于任意阶的自回归模型，对应 h 统计量的式（7.38）仍然成立，即只需用到 Y_{t-1} 的回归系数 β_1 的估计方差；另外，$n[\mathrm{Var}(\hat{\beta}_1)] > 1$ 时不能直接使用此方法。

2. 拉格朗日乘数（Lagrange multiplier）检验

拉格朗日乘数检验是由布劳殊（Breusch）与戈弗雷（Godfrey）于 1978 年提出的，也被称为 BG 检验。

对于模型：

$$Y_t = \beta_0 + \beta_1 X_{1i} + \beta_2 X_{2i} + \cdots + \beta_k X_{ki} + \mu_t \tag{7.41}$$

如果怀疑随机扰动项存在 p 阶序列相关：

$$\mu_t = \rho_1 \mu_{t-1} + \rho_2 Y_{t-2} + \cdots + \rho_p Y_{t-p} + \varepsilon_t \tag{7.42}$$

BG 检验可用来检验如下受约束回归方程：

$$Y_t = \beta_0 + \beta_1 X_{1i} + \cdots + \beta_k X_{ki} + \rho_1 \mu_{t-1} \cdots + \rho_p \mu_{t-p} + \varepsilon_t \tag{7.43}$$

约束条件为

$$H_0: \quad \rho_1 = \rho_2 = \cdots = \rho_p = 0$$

当约束条件 H_0 为真时，对于大样本容量，下面的 LM 统计量渐近服从自由度为 p 的 χ^2 分布：

$$LM = (n - p) R^2 \tag{7.44}$$

式中，n 为样本容量；R^2 为如下辅助回归的判定系数：

$$e_t = \beta_0 + \beta_1 X_{1i} + \cdots + \beta_k X_{ki} + \rho_1 e_{t-1} \cdots + \rho_p e_{t-p} + \varepsilon_t \tag{7.45}$$

式中，e_t 为模型(7.41)OLS 估计的残差项。

给定显著性水平 α，查出自由度为 p 的 χ^2 分布的临界值 $\chi_\alpha^2(p)$，若计算出的 LM 统计量的值大于该临界值，则表明随机扰动项可能存在直到 p 阶的自相关。实际检验中，可从 1 阶、2 阶……逐次向更高阶检验。

拉格朗日乘数检验克服了 DW 检验和德宾 h 检验的缺陷，适合于高阶自相关及模型中存在滞后被解释变量的情形。

在 EViews 的"Equation"对象中，点"View/Residual Tests/Serial Correlation LM Test"弹出对话框"Lag Specification"，在"Lags to Include"窗口输入滞后长度 p，执行后即可得到 BG 检验的结果。

值得注意的是，工具变量法只解决了解释变量与 μ_t 相关对参数估计所造成的影响，但没有解决 μ_t 的自相关问题。事实上，对于自回归模型，μ_t 项的自相关问题始终存在，对于此问题，至今没有完全有效的解决方法。唯一可做的，就是尽可能地建立"正确"的模型，以使随机扰动项自相关程度减轻。

第五节　格兰杰因果关系检验

滞后变量模型反映的是某变量的变化受其自身及其他变量过去行为的影响。然而，许多经济变量有着相互的影响关系。例如，GNP 与货币供给 M 互有滞后影响，GDP 与消费也存在双向因果关系。现在的问题是：当两个变量在时间上有先导-滞后关系时，能否从统计上考察这种关系是单向的还是双向的？对此，格兰杰(Granger)提出了一个简单的检验方法，称为格兰杰因果关系检验(Granger test of causality)。

一、格兰杰因果关系检验

对两变量 Y 与 X，格兰杰因果关系检验假定对每一变量的预测信息全部包含在这些变量的时间序列中，即如果变量 X 是变量 Y 的原因，则 X 的变化应先于 Y 的变化。因此，在作 Y 对其他变量(包括自身的滞后值)的回归时，如果把 X 的滞后值包括进来能显著地改进对 Y 的预测，就说 X 是 Y 的格兰杰原因。

格兰杰因果关系检验要求估计以下回归：

$$Y_t = \sum_{i=1}^{m} \alpha_i X_{t-i} + \sum_{i=1}^{m} \beta_i Y_{t-i} + \mu_{1t} \qquad (7.46)$$

$$X_t = \sum_{i=1}^{m} \alpha_i Y_{t-i} + \sum_{i=1}^{m} \beta_i X_{t-i} + \mu_{2t} \qquad (7.47)$$

其中，假定随机干扰项 μ_{1t} 和 μ_{2t} 不相关。

可能存在四种检验结果：

（1）X 对 Y 有单向因果关系，表现为模型（7.46）中 X 各滞后项前的参数整体不为零，而模型（7.47）中 Y 各滞后项前的参数整体为零；

（2）Y 对 X 有单向因果关系，表现为模型（7.46）中 X 各滞后项前的参数整体为零，而模型（7.47）中 Y 各滞后项前的参数整体不为零；

（3）Y 与 X 有双向因果关系，表现为模型（7.46）中 X 各滞后项前的参数整体不为零，且模型（7.47）中 Y 各滞后项前的参数整体不为零；

（4）Y 与 X 相互不影响，表现为模型（7.46）中 X 各滞后项前的参数整体为零，而模型（7.47）中 Y 各滞后项前的参数整体为零。

格兰杰因果关系检验是通过受约束的 F 检验完成的。例如，为检验模型（7.46）中 X 滞后项前的参数整体为零的假设（X 不是 Y 的格兰杰原因）；先分别作包含（无约束）与不包含（受约束）X 滞后项的回归，记前者与后者的残差平方和分别为 RSS_U、RSS_R，再计算 F 统计量：

$$F = \frac{(RSS_R - RSS_U)/m}{RSS_U/(n-k)} \qquad (7.48)$$

式中，m 为 X 的滞后项的个数；n 为样本容量；k 为无约束回归模型中待估参数的个数。

给定显著性水平 α，如果 $F > F_a(m, n-k)$，则拒绝原假设，认为 X 是 Y 的格兰杰原因。

值得注意的是：格兰杰因果关系检验对于滞后期长度的选择有时很敏感，不同的滞后期可能会得到完全不同的检验结果。因此，一般而言，常进行不同滞后期长度的检验，以 AIC、SC 最小或检验模型中随机误差项不存在序列相关的滞后期长度来选取滞后期。

二、格兰杰因果关系检验实例

根据表 7.1 给出的中国 1978～2012 年国内生产总值（支出法）和居民消费数据，检验两者的因果关系。

在 EViews 中，选择变量 X 和 Y 建立组，在"Group"对象中点"View/Granger Causality"，如图 7.1 所示；弹出对话框"Lag Specification"，在"Lags to Include"窗口输入滞后长度 m；执行后即可得到格兰杰因果关系检验的结果。

表 7.1 1978～2012 年中国 GDP 及居民消费数据

年份	居民消费 (Y)/亿元	国内生产总值 (X)/亿元	年份	居民消费 (Y)/亿元	国内生产总值 (X)/亿元
1978	1 759.1	4 592.9	1996	33 955.9	74 163.6
1979	2 011.5	5 008.8	1997	36 921.5	81 658.5
1980	2 331.2	5 590.0	1998	39 229.3	86 531.6
1981	2 627.9	6 216.2	1999	41 920.4	91 125.0
1982	2 902.9	7 362.7	2000	45 854.6	98 749.0
1983	3 231.1	9 076.7	2001	49 435.86	109 027.99
1984	3 742.0	10 508.5	2002	53 056.57	120 475.62
1985	4 687.4	12 277.4	2003	57 649.81	136 613.43
1986	5 302.1	15 388.6	2004	65 218.48	160 956.59
1987	6 126.1	17 311.3	2005	72 958.71	187 423.42
1988	7 868.1	19 347.8	2006	82 575.45	22 2712.53
1989	8 812.6	22 577.4	2007	96 332.5	266 599.17
1990	9 450.9	27 565.2	2008	111 670.4	315 974.57
1991	10 730.6	36 938.1	2009	123 584.62	348 775.07
1992	13 000.1	50 217.4	2010	140 758.65	402 816.47
1993	16 412.1	63 216.9	2011	168 956.63	472 619.17
1994	21 844.2	4 592.9	2012	190 423.77	529 238.43
1995	28 369.7	5 008.8			

资料来源：中国统计年鉴 2013. 北京：中国统计出版社，2013

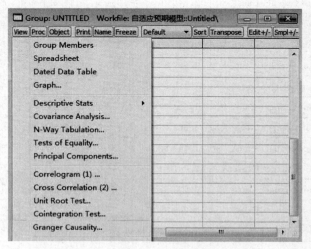

图 7.1 格兰杰因果关系检验

滞后 2 阶的格兰杰因果关系检验结果如表 7.2 所示。

表 7.2　国内生产总值和居民消费的格兰杰因果关系检验

Pairwise Granger Causality Tests

Date：03/15/14 Time：15：43

Sample：1978 2012

Lags：2

Null Hypothesis：	Obs	F-Statistic	Prob.
Y does not Granger Cause X	33	2.037 60	0.149 2
X does not Granger Cause Y		4.827 53	0.015 8

给定显著性水平 $\alpha=5\%$，由相伴概率可知：拒绝"X 不是 Y 的格兰杰原因"，不拒绝"Y 不是 X 的格兰杰原因"的原假设。因此，从 2 阶滞后的情况看，国内生产总值是居民消费的格兰杰原因。但在 2 阶滞后时，检验的模型的随机干扰项在 $\alpha=5\%$ 的显著性水平下存在 1 阶自相关性。

表 7.3 给出了取 1～7 阶滞后的检验结果。如果同时考虑检验模型中随机干扰项的相关性及赤池信息准则，对于"Y does not Granger Cause X"的原假设，发现滞后 6 阶或 7 阶的检验模型的随机干扰项在 $\alpha=5\%$ 的显著性水平下不具有 1 阶自相关性，而且也拥有较小的 AIC 值，给定显著性水平 $\alpha=10\%$ 拒绝原假设；对于"X does not Granger Cause Y"的原假设，发现滞后 1 阶的检验模型的随机干扰项在 $\alpha=5\%$ 的显著性水平下不具有 1 阶自相关性，而且也拥有较小的 AIC 值，给定显著性水平 $\alpha=5\%$ 拒绝原假

表 7.3　国内生产总值和居民消费的格兰杰因果关系检验

滞后长度	原假设	F-Statistic	Prob.	AIC	LM(1)的 p 值	结论(10%)
1	Y does not Granger Cause X	1.346 40	0.254 8	18.394 89	0.298 8	不拒绝
	X does not Granger Cause Y	9.659 21	0.004 0	22.256 78	0.831 5	拒绝
2	Y does not Granger Cause X	2.037 60	0.149 2	18.406 55	0.082 4	不拒绝
	X does not Granger Cause Y	4.827 53	0.015 8	22.390 20	0.047 6	拒绝
3	Y does not Granger Cause X	2.589 60	0.075 3	18.419 50	1.000 0	拒绝
	X does not Granger Cause Y	1.624 93	0.208 8	22.294 01	1.000 0	不拒绝
4	Y does not Granger Cause X	4.083 08	0.012 7	17.930 32	0.002 6	拒绝
	X does not Granger Cause Y	1.347 82	0.284 0	22.425 48	1.000 0	不拒绝
5	Y does not Granger Cause X	2.487 03	0.068 0	17.691 61	0.015 9	拒绝
	X does not Granger Cause Y	0.653 57	0.662 5	22.494 41	1.000 0	不拒绝
6	Y does not Granger Cause X	3.265 89	0.027 2	17.608 72	0.068 7	拒绝
	X does not Granger Cause Y	1.110 71	0.398 8	22.484 41	0.010 5	不拒绝
7	Y does not Granger Cause X	2.525 70	0.070 8	17.641 70	0.517 2	拒绝
	X does not Granger Cause Y	1.159 26	0.387 5	22.406 55	0.414 2	不拒绝

设。因此，判断结果是国内生产总值和居民消费具有双向的格兰杰因果关系，即相互影响。

第六节　实验：滞后变量模型的估计

一、研究问题——中国城镇居民消费模型的建立

根据理论和经验分析，影响中国城镇居民消费水平(Y)的主要因素有：城镇居民可支配收入(X)。表7.4给出了1993～2012年中国城镇居民家庭人均可支配收入及人均消费支出数据。

表 7.4　中国 1993～2012 年城镇居民家庭人均可支配收入及人均消费支出数据

年份	城镇居民家庭人均消费支出(Y)/元	城镇居民家庭人均可支配收入(X)/元	年份	城镇居民家庭人均消费支出(Y)/元	城镇居民家庭人均可支配收入(X)/元
1993	2 110.8	2 577.4	2003	6 510.9	8 472.2
1994	2 851.3	3 496.2	2004	7 182.1	9 421.6
1995	3 537.6	4 283.0	2005	7 942.9	10 493.0
1996	3 919.5	4 838.9	2006	8 696.6	11 759.5
1997	4 185.6	5 160.3	2007	9 997.5	13 785.8
1998	4 331.6	5 425.1	2008	11 242.9	15 780.8
1999	4 615.9	5 854.0	2009	12 264.6	17 174.7
2000	4 998.0	6 280.0	2010	13 471.5	19 109.4
2001	5 309.0	6 859.6	2011	15 160.9	21 809.8
2002	6 029.9	7 702.8	2012	16 674.3	24 564.7

资料来源：中国统计年鉴 2013. 北京：中国统计出版社，2013

为分析中国城镇居民人均可支配收入(X)对城镇居民人均消费支出(Y)的影响，分别建立自适应预期模型和分布滞后模型。

二、自适应预期模型

分析中国城镇居民人均可支配收入(X)对城镇居民人均消费支出(Y)的影响，建立自适应预期模型的最初形式为

$$Y_t = \beta_0 + \beta_1 X_t^e + \mu_t$$

由于预期变量是不可实际观测的，往往作如下自适应预期假定：

$$X_t^e - X_{t-1}^e = \gamma(X_t - X_{t-1}^e)$$

式中，$0 \leqslant \gamma \leqslant 1$ 为预期系数，$(X_t - X_{t-1}^e)$ 为实际值与预期值之差或称为预期误差。

经过变换可得

$$Y_t = \beta_0^* + \beta_1^* X_t + \gamma^* Y_{t-1} + \nu_t \tag{7.49}$$

式中，$\beta_0^* = \gamma\beta_0$，$\beta_1^* = \gamma\beta_1$，$\gamma^* = 1-\gamma$，$\nu_t = \mu_t - (1-\gamma)\mu_{t-1}$。

在 EViews 中，利用工具变量法［用 $X(-1)$ 作为 $Y(-1)$ 的工具变量］估计模型 (7.49)，只需进入"Equation Estimation"对话框，在"method"对话框中选择"TSLS"，然后在"Equation Specification"窗口输入：Y C X Y(-1)，在"Instrument List"窗口输入：C X X(-1)，如图 7.2 所示，执行后即可得到如表 7.5 所示的模型的估计结果。

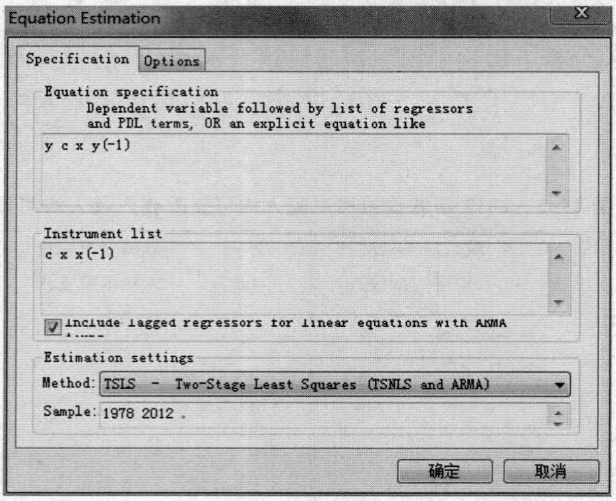

图 7.2　工具变量法

表 7.5　工具变量法回归结果

Dependent Variable：Y

Method：Two-Stage Least Squares

Date：03/16/14 Time：09：57

Sample（adjusted）：1994 2012

Included observations：19 after adjustments

Instrument list：C X X(-1)

	Coefficient	Std. Error	t-Statistic	Prob.
C	677. 370 2	104. 245 1	6. 497 858	0. 000 0
X	0. 539 522	0. 072 201	7. 472 495	0. 000 0
$Y(-1)$	0. 200 379	0. 120 954	1. 656 648	0. 117 1
R-squared	0. 999 249	Mean dependent var		7 838. 032
Adjusted R-squared	0. 999 155	S. D. dependent var		4 181. 276
S. E. of regression	121. 519 2	Sum squared resid		236 270. 8
F-statistic	10 644. 65	Durbin-Watson stat		0. 871 684
Prob(F-statistic)	0. 000 000	Second-Stage SSR		317 745. 3

应该指出的是，建立的自回归模型随机扰动项可能存在自相关。在建立的"Equation"对象中，点"View/Residual Tests/Serial Correlation LM Test"，如图 7.3 所

示；弹出对话框"Lag Specification"，在"Lags to Include"窗口输入滞后长度 1；执行后即可得到如表 7.6 所示的 LM 检验结果。

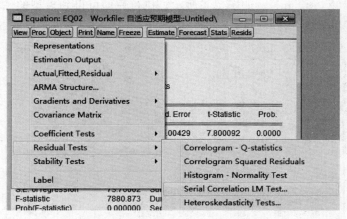

图 7.3　自相关 LM 检验

表 7.6　自相关 LM 检验结果

Breusch-Godfrey Serial Correlation LM Test：	
Obs·R-squared	Prob. Chi-Square(1)
4.828 382	0.028 0

BG 检验的结果显示，LM＝4.8284，由相伴概率为 0.0280，在显著性水平 α＝5%下，模型存在一阶自相关。自回归模型随机扰动项的自相关问题始终存在，解决方法是尽可能地建立"正确"的模型，以使随机扰动项自相关程度减轻。对于随机扰动项的自相关问题本例不作深入探讨。

根据表 7.5 的估计结果可得

$$\hat{\gamma}^* = 0.200\,379, \quad \hat{\beta}_0^* = 677.3702, \quad \hat{\beta}_1^* = 0.539\,522$$

由参数关系，可求出自适应预期模型(7.49)的参数及预期系数的估计值：

$$\hat{\gamma} = 1 - \hat{\gamma}^* = 0.7996, \quad \hat{\beta}_0 = \frac{\hat{\beta}_0^*}{\hat{\gamma}} = 872.6636, \quad \hat{\beta}_1 = \frac{\hat{\beta}_1^*}{\hat{\gamma}} = 0.6747$$

由此可得自适应预期模型(7.49)的估计式：

$$\hat{Y}_t = 872.6636 + 0.6747 X_t^e$$

估计结果表明，中国城镇居民短期边际消费倾向为 0.540，长期边际消费倾向为 0.6747，预期系数为 0.7996，预期收入调整的速度较快。

三、分布滞后模型

分析中国城镇居民人均可支配收入(X)对城镇居民人均消费支出(Y)的影响，建立多项式分布滞后模型，由于无法知道滞后期，需要对不同的滞后期试算。

$$Y_t = \alpha + \beta_0 X_t + \beta_1 X_{t-1} + \cdots + \beta_s X_{t-s} + \mu_t$$

在 EViews 中，提供了多项式分布滞后指令"PDL"估计分布滞后模型。对于有限分布滞后模型(7.7)，进入"Equation Estimation"对话框，在"Equation Specification"窗口输入：Y C PDL(X，s，m)，如图 7.4 所示；执行后即可得到模型的估计结果。其中，s 为 X 的分布滞后长度，m 为多项式的阶数。

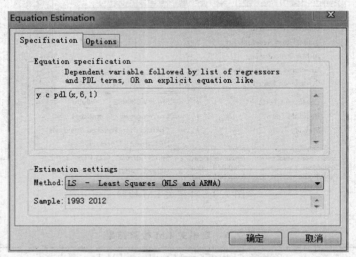

图 7.4　多项式分布滞后模型的估计

经过试算，发现 1 阶阿尔蒙多项式变换下，滞后期数为 1 的估计结果比较合理，且 AIC 较小，见表 7.7。

表 7.7　阿尔蒙多项式变换回归结果

Dependent Variable：Y
Method：Least Squares
Date：03/16/14　Time：11：52
Sample（adjusted）：1994 2012
Included observations：19 after adjustments

	Coefficient	Std. Error	t-Statistic	Prob.
C	814.198 2	64.776 57	12.569 33	0.000 0
PDL01	0.509 436	0.104 757	4.863 013	0.000 2
PDL02	−0.340 765	0.222 759	−1.529 751	0.145 6
R-squared	0.998 990	Mean dependent var		7 838.032
Adjusted R-squared	0.998 864	S. D. dependent var		4 181.276
S. E. of regression	140.922 2	Akaike info criterion		12.878 23
Sum squared resid	317 745.3	Schwarz criterion		13.027 35
Log likelihood	−119.343 2	Hannan-Quinn criter.		12.903 47
F-statistic	7 915.209	Durbin-Watson stat		0.693 204
Prob(F-statistic)	0.000 000			

Lag Distribution of X		i	Coefficient	Std. Error	t-Statistic
.	*	0	0.509 44	0.104 76	4.863 01
.	* |	1	0.168 67	0.118 07	1.428 55
	Sum of Lags		0.678 11	0.014 43	46.996 8

由此得到分布滞后模型的估计式：

$$\hat{Y}_t = 814.198 + 0.509X_t + 0.169X_{t-1}$$

估计结果表明，中国城镇居民人均可支配收入对人均可支配收入具有递减的滞后效应。

由于模型分布滞后长度 s 与阿尔蒙多项式的阶数 m 相等，对于一阶阿尔蒙多项式变换的分布滞后模型可以直接估计，得到同样的结果。

思考与练习题

1. 什么是滞后效应？产生滞后效应现象的原因是什么？

2. 对分布滞后模型进行估计存在哪些困难？实际应用中如何处理这些困难？

3. 什么是经验加权估计法？其优缺点是什么？

4. 什么是阿尔蒙多项式变换法？其基本原理是什么？

5. 阿尔蒙多项式变换法的阶数和滞后期长度如何确定？

6. 科伊克模型的特点是什么？缺陷是什么？

7. 科伊克模型、自适应预期模型和局部调整模型有何异同？模型估计会存在哪些困难？如何解决？

8. 检验自回归模型随机误差项是否存在自相关，为什么不用 DW 检验？

9. 考察以下分布滞后模型：

$$Y_t = \alpha + b_0X_t + b_1X_{t-1} + b_2X_{t-2} + b_3X_{t-3} + b_4X_{t-4} + b_5X_{t-5} + u_t$$

假如用二阶阿尔蒙多项式变换估计这个模型后得

$$Y_t = 0.85 + 0.50Z_{0t} + 0.45Z_{1t} - 0.10Z_{2t} + u_t$$

式中，$Z_{0t} = \sum_{i=0}^{5} X_{t-i}$；$Z_{1t} = \sum_{i=0}^{5} iX_{t-i}$；$Z_{2t} = \sum_{i=0}^{5} i^2 X_{t-i}$。

（1）求原模型中各参数的估计值；

（2）试估计 X 对 Y 的短期影响和长期影响。

10. 对于下列估计模型：

投资函数：$\hat{I}_t = 120 + 0.6Y_t + 0.8Y_{t-1} + 0.4Y_{t-2} + 0.2Y_{t-3t}$

消费函数：$\hat{C}_t = 280 + 0.58Y_t + 0.12C_{t-1}$

式中，I 为投资；Y 为收入；C 为消费。试分别计算收入对投资、消费的短期影响和长期影响，并解释其经济含义。

11. 下页表给出某地区 1991～2012 年固定资产投资 (Y) 与销售额 (X) 的资料（单位：亿元）。

试就下列模型，按照一定的处理方法估计模型参数，并解释模型的经济意义，检验模型随机误差项的一阶自相关性。

（1）设定模型：$Y_t^* = b_0 + b_1X_t + u_t$，运用局部调整假定。

（2）设定模型：$Y_t = b_0 + b_1X_t^* + u_t$，运用自适应预期假定。

（3）运用阿尔蒙多项式变换法，估计分布滞后模型：

$$Y_t = \alpha + b_0X_t + b_1X_{t-1} + b_2X_{t-2} + b_3X_{t-3} + b_4X_{t-4} + u_t$$

12. 假设某投资函数：

$$I_t = B_0 + B_1X_{t-1} + B_2X_{t-2} + B_3X_{t-3} + B_4X_{t-4} + B_5X_{t-5} + \mu_t$$

某地区 1991～2012 年固定资产投资(Y)与销售额(X)的资料

年份	Y	X	年份	Y	X
1991	36.99	52.805	2002	128.68	168.129
1992	33.60	55.906	2003	123.97	163.351
1993	35.42	63.027	2004	117.35	172.547
1994	42.35	72.931	2005	139.61	190.682
1995	52.48	84.790	2006	152.88	194.538
1996	53.66	86.589	2007	137.95	194.657
1997	58.53	98.797	2008	141.06	206.326
1998	67.48	113.201	2009	163.45	223.541
1999	78.13	126.905	2010	183.80	232.724
2000	95.13	143.936	2011	192.61	239.459
2001	112.60	154.391	2012	182.81	235.142

式中，I 为投资；X 为销售量。假定滞后形式为倒 V 形。

如何设计权数估计此模型？

13. 考虑如下回归模型：

$$\hat{y}_t = -3012 + 0.1408x_t + 0.2306x_{t-1}$$
$$t = (-6.27)\,(2.6)\,(4.26)$$
$$R^2 = 0.727$$

式中，y 为通货膨胀率；x 为生产设备使用率。

(1) 生产设备使用率对通货膨胀率的短期影响和长期影响分别是多大？

(2) 如果你手中无原始数据，根据下列回归模型 $y_t = \alpha + b_0 x_t + b_1 y_{t-1} + u_t$，你怎样估计生产设备使用率对通货膨胀率的短期影响和长期影响？

第八章

虚拟变量模型

前面各章所讨论的回归模型中的经济变量都是可以直接度量的，但是，经济现象中存在着许多不能直接用数量表示的定性因素，利用回归分析研究经济问题时有时必须考虑这些因素。通过在回归模型中引入虚拟变量可以反映定性因素的影响作用或变化规律，本章主要讨论虚拟解释变量引入回归模型的方法与估计问题。本章主要讨论以下问题：①什么是虚拟变量模型，其优缺点是什么？②如何设置变截距的虚拟解释变量模型？③如何设置变斜率的虚拟解释变量模型？

■ 第一节 虚拟变量模型的概念

一、虚拟变量模型概述

前面各章所讨论的经济变量都是可以直接度量的，如居民收入、消费支出、商品需求量、价格、产量、劳动力投入等。但在研究经济问题时，也经常会考虑一些不能直接用数量表示的定性因素，如职业、性别、文化程度、季节、所有制形式、是否发生战争或自然灾害等属性因素；再如是否购买某种商品、是否能按期偿还贷款、对住房的满意程度、对某一方案的支持或反对态度等定性决策或判断结果。

为了能利用回归模型分析定性因素对被解释变量的影响、提高模型的精度，或直接将定性因素作为被解释变量分析解释变量对其产生的影响，需要将定性因素"量化"。对定性因素的"量化"通常是通过在模型中引入"虚拟变量"来完成的，即根据定性因素的属性类型，构造只取"0"或"1"的人工变量，称为虚拟变量或哑变量（dummy variables），一般用字母 D 表示。

例如，反映性别属性的虚拟变量可设为

$$D = \begin{cases} 1, & 男 \\ 0, & 女 \end{cases} \tag{8.1}$$

一般地，包含虚拟变量的回归模型称为虚拟变量模型。根据虚拟变量在模型中的地位，虚拟变量模型可分为虚拟解释变量模型和虚拟被解释变量模型。

例如，引入性别为解释变量的企业职工薪金模型就是一个虚拟解释变量模型：

$$Y_i = \beta_0 + \beta_1 X_i + \beta_2 D_i + \mu_i \tag{8.2}$$

式中，Y_i 为职工薪金；X_i 为职工工龄；D_i 为职工性别虚拟变量，μ_i 为随机扰动项。

在回归模型中，虚拟解释变量的引入实际上使得模型的参数不再是固定常数。一般来说，计量经济模型首先关心的是模型的斜率是否相等，其次才关心模型截距项是否相等。因此，参数的变化可分为两种情况：①截距变动；②截距和斜率同时变动。在虚拟解释变量模型中，截距变动和斜率变动可以分别由加法方式和乘法方式引入虚拟解释变量来反映；如模型（8.2）就是用加法方式引入虚拟解释变量，反映性别因素对模型截距项的影响。

再如，假设客户是否购买商品房的决定主要依赖于其家庭收入水平，则可以建立如下虚拟被解释变量模型：

$$Y_i = \beta_0 + \beta_1 X_i + \mu_i \tag{8.3}$$

式中，Y_i 为虚拟变量；X_i 为家庭收入水平；μ_i 为随机扰动项。

$$Y = \begin{cases} 1, & \text{已购买商品房} \\ 0, & \text{未购买商品房} \end{cases} \tag{8.4}$$

虚拟被解释变量模型涉及一些比较复杂的问题，本书不作介绍。

二、虚拟解释变量的设置原则

虚拟变量只取"0"或"1"的数值，但这一数值没有任何数量大小的意义，它仅仅代表观察个体的某种类型或属性。一般地，在虚拟解释变量的设置中，虚拟变量 $D=0$，说明观察个体是基础类型，是对比的基础；虚拟变量 $D=1$，代表与基础类型相比较的类型；取"0"或"1"的数值可以根据分析经济问题的目的进行设定。

在回归模型中引入虚拟解释变量，可以兼顾定量因素和定性因素对被解释变量的影响和作用、提高模型的精度，但虚拟变量的设置必须遵循以下原则：如果回归模型有截距项，每一定性因素所需的虚拟变量个数要比该定性因素的类别数少1，即如果定性因素有 m 个类别或属性，只在模型中引入 $m-1$ 个虚拟变量；否则，会导致"虚拟变量陷阱"，产生完全多重共线性。若虚拟解释变量模型不设置截距项，则定性因素有 m 个类别或属性，要在模型中引入 m 个虚拟变量。

例如，已知冷饮的销售量 Y 除受 k 种定量变量 X_k 的影响外，还受春、夏、秋、冬四季变化的影响，要考察四季对该冷饮销售量的影响，只需引入三个虚拟变量即可：

$$D_1 = \begin{cases} 1, & \text{春季} \\ 0, & \text{其他} \end{cases} \quad D_2 = \begin{cases} 1, & \text{夏季} \\ 0, & \text{其他} \end{cases} \quad D_3 = \begin{cases} 1, & \text{秋季} \\ 0, & \text{其他} \end{cases}$$

则冷饮销售量模型为

$$Y_t = \beta_0 + \beta_1 X_t + \cdots + \beta_k X_{kt} + \alpha_1 D_{1t} + \alpha_2 D_{2t} + \alpha_3 D_{3t} + \mu_t \tag{8.5}$$

若在上述模型中，再引入第四个虚拟变量：

$$D_4 = \begin{cases} 1, & 冬季 \\ 0, & 其他 \end{cases}$$

则冷饮销售量模型为

$$Y_t = \beta_0 + \beta_1 X_t + \cdots + \beta_k X_{kt} + \alpha_1 D_{1t} + \alpha_2 D_{2t} + \alpha_3 D_{3t} + \alpha_4 D_{4t} + \mu_t \qquad (8.6)$$

其矩阵形式为

$$Y = (X, \ D) \begin{pmatrix} \beta \\ \alpha \end{pmatrix} + \mu \qquad (8.7)$$

显然，四个虚拟变量之间存在以下关系：

$$D_{1t} + D_{2t} + D_{3t} + D_{4t} = 1 \quad (t = 0, \ 1, \ \cdots, \ n) \qquad (8.8)$$

即截距项可以表示为四个虚拟变量的线性组合，模型(8.6)解释变量之间存在完全多重共线性，从而矩阵$(X, \ D)$不满秩，参数无法利用 OLS 估计出来。这就是所谓的"虚拟变量陷阱"，应该避免。

在 EViews 中，有专门定义季节虚拟变量的命令，只需在工作文件窗口点"Object/Generate Series"，如图 8.1 所示；弹出对话框"Generate Series by Equation"，在"Enter Equation"窗口输入"D1＝@seas(1)"，如图 8.2 所示；执行后即生成虚拟变量D_1（即第 1 季度取 1，其余季度取 0）；其他季节虚拟变量类似定义即可。

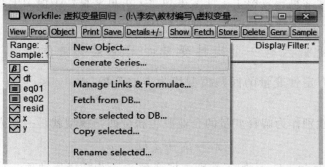

图 8.1　生成新的序列

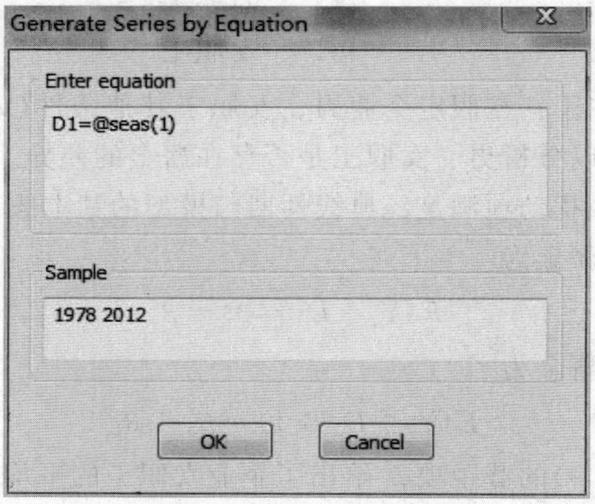

图 8.2　生成季节虚拟变量

三、虚拟变量模型的优缺点

虚拟变量的引入事实上使得作一次估计可以得到多个估计模型，并且可以直接进行模型之间的差异比较。因此，引入虚拟变量进行回归具有以下优点：

（1）用一个虚拟解释变量模型代替多个回归模型，简化了分析过程；

（2）虚拟解释变量模型可以方便地对模型结构差异进行假设检验；

（3）虚拟解释变量模型对不同类型进行合并回归，增加了自由度，提高了模型估计的精度。

但是，由于不同类型的经济行为可能存在差异，容易导致虚拟解释变量模型的随机扰动项出现异方差。

■ 第二节　变截距的虚拟解释变量模型

变截距的虚拟解释变量模型就是以加法方式引入虚拟解释变量的模型，在这种模型中虚拟解释变量与其他定量解释变量是相加关系。

本节讨论回归模型中以加法方式引入虚拟解释变量的四种情形：①模型中解释变量只有一个定性变量而无定量变量；②模型中解释变量包含一个定性变量和一个定量变量；③模型中解释变量包含两个定性变量和一个定量变量；④模型中解释变量包含两个定性变量和一个定量变量，且两个定性变量存在交互效应。

一、解释变量只有一个定性变量而无定量变量的回归

解释变量只有定性变量的回归模型称为方差分析（analysis-of-variance，ANOVA）模型。

例如，只有性别作为解释变量的企业职工薪金回归模型就是一个方差分析模型：

$$Y_i = \beta_0 + \beta_1 D_i + \mu_i \tag{8.9}$$

式中，Y_i 为职工薪金；D_i 为职工性别虚拟变量；μ_i 为随机扰动项。

$$D = \begin{cases} 1, & \text{男职工} \\ 0, & \text{女职工} \end{cases} \tag{8.10}$$

模型（8.9）的意义在于：在假定企业男、女职工其他条件（如文化程度、工龄等）都保持一样的情况下，可以分析男、女职工是否存在薪金的差异。

若模型（8.9）的随机扰动项满足经典线性回归模型的基本假设，则可以得到：

企业女职工的平均薪金为

$$E(Y_i \mid D_i = 0) = \beta_0 \tag{8.11}$$

企业男职工的平均薪金为

$$E(Y_i \mid D_i = 1) = \beta_0 + \beta_1 \tag{8.12}$$

由此可见，模型（8.9）的截距项 β_0 给出了企业女职工的平均薪金，而虚拟变量 D 的回归系数 β_1 则表明企业男职工与企业女职工平均薪金的差额。为了检验企业男职工与

企业女职工的平均薪金是否有显著差异，可以利用样本数据进行回归，然后对 β_1 估计值的统计显著性进行检验，得出统计上的结论。

再如，在横截面数据基础上，考虑个人保健支出对个人受教育水平的回归。若教育水平分高中以下、高中、大学及其以上三个层次，这时需要引入两个虚拟变量：

$$D_1 = \begin{cases} 1, & \text{高中} \\ 0, & \text{其他} \end{cases} \qquad D_2 = \begin{cases} 1, & \text{大学及以上} \\ 0, & \text{其他} \end{cases} \tag{8.13}$$

模型可设定如下：

$$Y_i = \beta_0 + \beta_1 D_{1i} + \beta_2 D_{2i} + \mu_i \tag{8.14}$$

式中，Y_i 为个人保健支出；D_{1i}、D_{2i} 为虚拟变量；μ_i 为随机扰动项。

模型（8.14）用两个虚拟变量表示一个定性变量，可以分析在其他条件都保持一样的情况下个人受教育水平对个人保健支出的影响。在经典线性回归模型的基本假设下，可以得到高中以下、高中、大学及以上等教育水平下个人保健支出的平均水平。

高中以下：

$$E(Y_i \mid D_{1i} = 0, \ D_{2i} = 0) = \beta_0 \tag{8.15}$$

高中：

$$E(Y_i \mid D_{1i} = 1, \ D_{2i} = 0) = \beta_0 + \beta_1 \tag{8.16}$$

大学及以上：

$$E(Y_i \mid D_{1i} = 0, \ D_{2i} = 1) = \beta_0 + \beta_2 \tag{8.17}$$

同样，模型（8.14）的截距项 β_0 给出了高中以下教育水平平均个人保健支出，而虚拟变量 D_1 的回归系数 β_1 则表明企业高中与高中以下教育水平平均个人保健支出的差额，虚拟变量 D_2 的回归系数 β_2 则表明大学及以上与高中以下教育水平平均个人保健支出的差额；利用 β_1 和 β_2 估计值的统计显著性检验，可以很容易地对上述差异的显著性作出判断。

二、解释变量包含一个定性变量和一个定量变量的回归

解释变量兼有定性变量和定量变量的回归模型称为协方差分析（analysis-of-covariance，ANCOVA）模型。

例如，在模型（8.9）中如果假定企业男、女职工除工龄外其他条件都保持一样，则可以得到如下协方差分析模型：

$$Y_i = \beta_0 + \beta_1 X_i + \beta_2 D_i + \mu_i \tag{8.18}$$

式中，Y_i 为职工薪金；X_i 为职工工龄；D_i 为职工性别虚拟变量；μ_i 为随机扰动项。

$$D = \begin{cases} 1, & \text{男职工} \\ 0, & \text{女职工} \end{cases} \tag{8.19}$$

模型（8.18）描述在其他条件保持不变的情况下职工性别和工龄对职工薪金的影响；若其随机扰动项满足经典线性回归模型的基本假设，则可以得到：

企业女职工的平均薪金为

$$E(Y_i \mid X_i, D_i = 0) = \beta_0 + \beta_1 X_i \qquad (8.20)$$

企业男职工的平均薪金为

$$E(Y_i \mid X_i, D_i = 0) = (\beta_0 + \beta_2) + \beta_1 X_i \qquad (8.21)$$

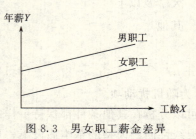

图 8.3　男女职工薪金差异

如图 8.3 所示，若 $\beta_2 \neq 0$，则两个函数有相同的斜率，但有不同的截距，即男女职工平均薪金对工龄的变化率是一样的，但两者的平均薪金水平相差 β_2。可以通过 β_2 的统计显著性检验，判断企业男女职工的相同工龄下平均薪金水平是否有显著差异。

再如，在模型（8.14）中再引入个人收入作为解释变量，模型可设定如下：

$$Y_i = \beta_0 + \beta_1 D_{1i} + \beta_2 D_{2i} + \beta_3 X_i + \mu_i \qquad (8.22)$$

式中，Y_i 为个人保健支出；D_{1i}、D_{2i} 为虚拟变量；X_i 为个人收入；μ_i 为随机扰动项。

$$D_1 = \begin{cases} 1, & \text{高中} \\ 0, & \text{其他} \end{cases} \qquad D_2 = \begin{cases} 1, & \text{大学及以上} \\ 0, & \text{其他} \end{cases} \qquad (8.23)$$

模型（8.22）可以分析在其他条件都保持一样的情况下个人收入水平和受教育水平对个人保健支出的影响。在经典线性回归模型的基本假设下，可以得到高中以下、高中、大学及以上等教育水平下个人保健支出的平均水平。

高中以下：

$$E(Y_i \mid X_i, D_{1i} = 0, D_{2i} = 0) = \beta_0 + \beta_3 X_i \qquad (8.24)$$

高中：

$$E(Y_i \mid X_i, D_{1i} = 1, D_{2i} = 0) = \beta_0 + \beta_1 + \beta_3 X_i \qquad (8.25)$$

大学及以上：

$$E(Y_i \mid X_i, D_{1i} = 0, D_{2i} = 1) = \beta_0 + \beta_2 + \beta_3 X_i \qquad (8.26)$$

如图 8.4 所示，若 $\beta_1 \neq 0$、$\beta_2 \neq 0$，则三个函数有相同的斜率，但有不同的截距，即个人保健支出对受教育水平的变化率是一样的，但不同的个人受教育水平的平均个人保健支出不同。可以通过 β_1、β_2 的统计显著性检验，可以判断高中、大学及其以上与高中以下受教育水平相比截距项是否存在显著差异；也可以通过方差分析或对模型（8.22）的 F 检验来判断这种差异。

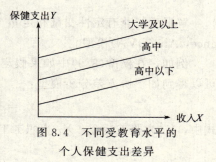

图 8.4　不同受教育水平的
个人保健支出差异

三、解释变量包含两个定性变量和一个定量变量的回归

虚拟解释变量模型很容易推广到多于一个定性变量的情形。

例如，在（8.18）协方差分析模型中如果再引入代表学历（只分本科及以上和本科以

下两种类型)的虚拟变量，则职工薪金回归模型可设计为

$$Y_i = \beta_0 + \beta_1 D_{1i} + \beta_2 D_{2i} + \beta_3 X_i + \mu_i \tag{8.27}$$

式中，Y_i 为职工薪金；X_i 为职工工龄；D_{1i}、D_{2i} 为虚拟变量；μ_i 为随机扰动项。

$$D_1 = \begin{cases} 1, & \text{男职工} \\ 0, & \text{女职工} \end{cases} \qquad D_2 = \begin{cases} 1, & \text{本科及以上} \\ 0, & \text{本科以下} \end{cases} \tag{8.28}$$

于是，若模型(8.27)随机扰动项满足经典线性回归模型的基本假设，不同性别、不同学历职工的平均薪金分别如下。

女职工本科以下学历的平均薪金：

$$E(Y_i \mid X_i,\ D_{1i}=0,\ D_{2i}=0) = \beta_0 + \beta_3 X_i \tag{8.29}$$

男职工本科以下学历的平均薪金：

$$E(Y_i \mid X_i,\ D_{1i}=1,\ D_{2i}=0) = (\beta_0 + \beta_1) + \beta_3 X_i \tag{8.30}$$

女职工本科及以上学历的平均薪金：

$$E(Y_i \mid X_i,\ D_{1i}=0,\ D_{2i}=1) = (\beta_0 + \beta_2) + \beta_3 X_i \tag{8.31}$$

男职工本科及以上学历的平均薪金：

$$E(Y_i \mid X_i,\ D_{1i}=1,\ D_{2i}=1) = (\beta_0 + \beta_1 + \beta_2) + \beta_3 X_i \tag{8.32}$$

显然，描述不同类型职工平均薪金与工龄之间关系的四个函数有相同的斜率，但有不同的截距，即不同类型职工的平均薪金对工龄的变化率是一样的，但平均薪金水平存在差异。可以通过 β_1、β_2 的统计显著性检验，判断不同类型职工的平均薪金水平差异是否显著；若 β_1 统计上显著，意味着职工性别对职工薪金有显著影响；若 β_2 统计上显著，则受教育程度也显著影响职工薪金水平。

因此，多个定性变量的引入可以使得作一次模型估计就能检验多个假设。

四、交互效应回归

考虑引入性别和学历两个定性变量的职工薪金回归模型：

$$Y_i = \beta_0 + \beta_1 D_{1i} + \beta_2 D_{2i} + \beta_3 X_i + \mu_i \tag{8.33}$$

式中，Y_i 为职工薪金；X_i 为职工工龄；D_{1i}、D_{2i} 为虚拟变量；μ_i 为随机扰动项。

$$D_1 = \begin{cases} 1, & \text{男职工} \\ 0, & \text{女职工} \end{cases} \qquad D_2 = \begin{cases} 1, & \text{本科及以上} \\ 0, & \text{本科以下} \end{cases} \tag{8.34}$$

此模型隐含着一个假定：在两种性别之间两种教育水平的级差效应 β_2 保持不变，并且在两种教育水平之间两种性别的级差效应 β_1 也保持不变，即两个定性变量独立地影响被解释变量。

在实际经济问题中，两个定性变量对被解释变量的影响可能存在一定的交互效应，即一个定性变量对被解释变量的影响可能还由另一个定性变量的属性所决定。在职工薪金回归模型中，为描述这种交互效应，可以把两个虚拟变量的乘积以加法形式引入模型：

$$Y_i = \beta_0 + \beta_1 D_{1i} + \beta_2 D_{2i} + \beta_3 (D_{1i} D_{2i}) + \beta_4 X_i + \mu_i \tag{8.35}$$

于是，若模型(8.35)随机扰动项满足经典线性回归模型的基本假设，不同性别、不同学历职工的平均薪金分别如下。

女职工本科以下学历的平均薪金：

$$E(Y_i \mid X_i, D_{1i}=0, D_{2i}=0)=\beta_0+\beta_4 X_i \tag{8.36}$$

男职工本科以下学历的平均薪金：

$$E(Y_i \mid X_i, D_{1i}=1, D_{2i}=0)=(\beta_0+\beta_1)+\beta_4 X_i \tag{8.37}$$

女职工本科及以上学历的平均薪金：

$$E(Y_i \mid X_i, D_{1i}=0, D_{2i}=1)=(\beta_0+\beta_2)+\beta_4 X_i \tag{8.38}$$

男职工本科及以上学历的平均薪金：

$$E(Y_i \mid X_i, D_{1i}=1, D_{2i}=1)=(\beta_0+\beta_1+\beta_2+\beta_3)+\beta_4 X_i \tag{8.39}$$

显然，β_1为在同样工龄下本科以下学历不同性别的平均薪金的差异，β_2为在同样工龄下女职工不同学历的平均薪金的差异，$\beta_1+\beta_3$为在同样工龄下本科及以上学历不同性别的平均薪金的差异，$\beta_2+\beta_3$为在同样工龄下男职工不同学历的平均薪金的差异，$\beta_1+\beta_2+\beta_3$为在同样工龄下男职工本科及以上学历与女职工本科以下学历的平均薪金的差异。

也就是说，学历和性别两个定性变量之间存在交互效应：在同样工龄下男职工不同学历的平均薪金的差异不同于女职工不同学历的平均薪金的差异，在同样工龄下本科及以上学历不同性别的平均薪金的差异不同于本科以下学历不同性别的平均薪金的差异。

交互效应在统计上是否显著，可以通过交互效应系数 β_3 的显著性检验加以判断。

■ 第三节　变斜率的虚拟解释变量模型

变斜率的虚拟解释变量模型就是以乘法方式引入虚拟解释变量的模型，在这种模型中虚拟解释变量与其他定量解释变量是相乘关系。

以乘法方式引入虚拟解释变量的主要作用在于：①提高回归模型的精度；②回归模型结构稳定性检验；③分段线性回归。

一、乘法方式引入虚拟解释变量的一般形式

在回归模型中，以加法方式引入虚拟解释变量可以考察截距是否不同。但是，许多情况下往往是斜率发生变化，或斜率、截距同时发生变化；此时，若仅以加法方法引入虚拟解释变量会导致模型的设定误差。斜率的变化可通过以乘法方式引入虚拟解释变量进行分析。

例如，以乘法方式引入职工性别虚拟变量的虚拟解释变量模型为

$$Y_i=\beta_0+\beta_1 X_i+\beta_2(D_i X_i)+\mu_i \tag{8.40}$$

式中，Y_i 为职工薪金；X_i 为职工工龄；D_i 为职工性别虚拟变量；μ_i 为随机扰动项。

$$D=\begin{cases}1, & 男职工 \\ 0, & 女职工\end{cases} \tag{8.41}$$

模型(8.40)描述在其他条件保持不变的情况下职工性别和工龄对职工薪金的影响；若其随机扰动项满足经典线性回归模型的基本假设，则

企业女职工的平均薪金为

$$E(Y_i \mid X_i，D_i = 0) = \beta_0 + \beta_1 X_i \qquad (8.42)$$

企业男职工的平均薪金为

$$E(Y_i \mid X_i，D_i = 0) = \beta_0 + (\beta_1 + \beta_2) X_i \qquad (8.43)$$

如图 8.5 所示，若 $\beta_2 \neq 0$，则两个函数有相同的截距，但有不同的斜率，即男女职工平均薪金对工龄的变化率相差 β_2。可以通过 β_2 的统计显著性检验，判断企业男女职工的相同工龄下平均薪金对工龄的变化率是否有显著差异。

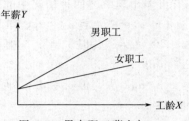

图 8.5　男女职工薪金与
工龄关系的差异

再如，根据消费理论，消费水平 C 主要取决于收入水平 Y；但在一个较长的时期，人们的消费倾向会发生变化，尤其是在自然灾害、战争等反常年份，消费倾向往往出现变化。这种消费倾向的变化可通过在收入的系数中引入虚拟变量来考察，建立如下消费模型：

$$C_t = \beta_0 + \beta_1 Y_t + \beta_2 (D_t Y_t) + \mu_t \qquad (8.44)$$

式中，Y_t 为收入水平；C_t 为消费水平；D_t 为虚拟变量；μ_t 为随机扰动项。

$$D = \begin{cases} 1，& \text{正常年份} \\ 0，& \text{反常年份} \end{cases} \qquad (8.45)$$

这里，虚拟变量 D 以与 Y 相乘的方式引入了模型中，从而可用来考察消费倾向的变化。

若模型(8.44)的随机扰动项满足经典线性回归模型的基本假设，则

反常年份：

$$E(C_t \mid Y_t，D_t = 0) = \beta_0 + \beta_1 Y_t \qquad (8.46)$$

正常年份：

$$E(C_t \mid Y_t，D_t = 1) = \beta_0 + (\beta_1 + \beta_2) Y_t \qquad (8.47)$$

式(8.46)和式(8.47)分别表示正常年份和反常年份的消费函数；反常年份的边际消费倾向是否发生显著变化，可以通过 β_2 的统计显著性检验进行判断。

二、回归模型结构稳定性检验

随着时间的推移，变量间的关系可能会发生变化，即不同时间段的回归模型可能存在差异。一般来说，两个或多个回归模型之间的差异可能存在于截距项，也可能存在于斜率项或者两者兼有，这需要同时对模型的截距与斜率是否发生了变化进行检验，即回归模型结构稳定性检验。

例如，考察改革开放前后中国城镇居民家庭人均收入和人均储蓄的关系是否发生了显著变化。以 Y 为人均储蓄，X 为人均收入，令

改革开放前：

$$Y_t = \alpha_0 + \alpha_1 X_{1t} + \mu_{1t} \quad (t = 1, 2, \cdots, n_1) \tag{8.48}$$

改革开放后：

$$Y_t = \beta_0 + \beta_1 X_{1t} + \mu_{2t} \quad (t = 1, 2, \cdots, n_2) \tag{8.49}$$

则有可能出现下述四种情况中的一种：

（1）$\alpha_0 = \beta_0$，且 $\alpha_1 = \beta_1$，即两个回归相同，称为重合回归(coincident regressions)；

（2）$\alpha_0 \neq \beta_0$，但 $\alpha_1 = \beta_1$，即两个回归的差异仅在截距，称为平行回归(parallel regressions)；

（3）$\alpha_0 = \beta_0$，但 $\alpha_1 \neq \beta_1$，即两个回归的差异仅在其斜率，称为汇合回归(concurrent regressions)；

（4）$\alpha_0 \neq \beta_0$，且 $\alpha_1 \neq \beta_1$，即两个回归完全不同，称为相异回归(dissimilar regressions)。

改革开放前后中国城镇居民家庭人均收入和人均储蓄的关系到底属于哪一种，可以运用邹氏(Chow)结构变化检验(本书不作理论介绍)，也可通过估计虚拟解释变量模型来解决。

在 EViews 中，对模型进行邹氏(Chow)结构变化检验，只需在建立的"Equation"对象中，点"View/Stability Tests/Chow Breakpoint test"弹出对话框"Chow Tests"；在"one or more dates for the breakpoint Test"窗口输入转折点的时间(可以有多个)，执行后即可得到检验的结果。

利用虚拟解释变量模型解决这一问题，需要在回归模型中同时引入加法与乘法形式的虚拟变量，即将 n_1 与 n_2 次观察值合并，并估计以下虚拟解释变量模型：

$$Y_t = \beta_0 + \beta_1 X_t + \beta_2 D_t + \beta_3 (D_t X_t) + \mu_t (t = 1, 2, \cdots, n) \tag{8.50}$$

$$D = \begin{cases} 1, & \text{改革开放后} \\ 0, & \text{改革开放前} \end{cases} \tag{8.51}$$

若模型(8.50)的随机扰动项满足经典线性回归模型的基本假设，则

改革开放前：

$$E(Y_t \mid X_t, D_t = 0) = \beta_0 + \beta_1 X_t. \tag{8.52}$$

改革开放后：

$$E(Y_t \mid X_t, D_t = 1) = (\beta_0 + \beta_2) + (\beta_1 + \beta_3) X_t \tag{8.53}$$

式(8.52)和式(8.53)分别表示改革开放前和改革开放后的储蓄函数；可以通过对 β_2 和 β_3 的统计显著性检验判断改革开放前和改革开放后中国城镇居民家庭储蓄函数的关系属于哪一种情形。

三、分段线性回归

在研究实际经济问题时，有些经济变量之间的因果关系会在解释变量达到某个临界

值时发生突变，为了区分这种变化，可以利用虚拟变量进行分段线性回归。

例如，根据消费理论，消费水平 C 主要取决于收入水平 Y；假设高收入与低收入人群的消费倾向存在差异，则这种消费倾向的差异可通过在收入的系数中引入虚拟变量来考察，建立如下消费模型：

$$C_i = \beta_0 + \beta_1 Y_i + \beta_2 (Y_i - Y^*) D_i + \mu_i \tag{8.54}$$

式中，Y_i 为收入水平；Y^* 为划分高收入与低收入的临界值；C_i 为消费水平；D_i 为虚拟变量；μ_i 为随机扰动项。

$$D = \begin{cases} 1, & Y \geqslant Y^* \\ 0, & Y < Y^* \end{cases} \tag{8.55}$$

若模型(8.54)的随机扰动项满足经典线性回归模型的基本假设，则
低收入人群：

$$E(C_i \mid Y_i, D_i = 0) = \beta_0 + \beta_1 Y_i \tag{8.56}$$

高收入人群：

$$E(C_i \mid Y_i, D_i = 1) = (\beta_0 - \beta_2 Y^*) + (\beta_1 + \beta_2) Y_i \tag{8.57}$$

式(8.56)和式(8.57)分别表示低收入人群和高收入人群的消费函数；不同收入人群的消费行为是否存在显著差异，可以通过 β_2 的统计显著性检验进行判断。

如图 8.6 所示，模型(8.54)实际上是将两段回归合并进行，这两段回归不仅截距不同，而且斜率也不同。分两段线性回归引入了一个虚拟变量；容易推广，分 k 段线性回归应引入 $k-1$ 个虚拟变量。

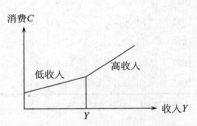

图 8.6　不同收入人群的消费差异

■第四节　实验：虚拟解释变量模型的估计

一、研究问题——中国国民总收入与居民消费的关系

根据理论和经验分析，国民总收入是影响居民消费水平的主要因素，它们之间具有比较稳定的关系；但是随着时间的推移，经济领域各种改革的实施，它们之间的关系也可能发生改变。

根据表 8.1 给出的中国 1978～2012 年国民总收入和居民消费数据，考察两者的关系是否发生了结构变化。

由中国 1978～2012 年国民总收入及居民消费的时间序列数据，可绘制出如图 8.7 所示的时间序列图；由图 8.7 可以看出，1997 年亚洲金融危机以后，居民消费与国民总收入的关系发生了改变。下面分别利用邹氏结构变化检验和虚拟解释变量模型来检验这种改变在统计上的显著性。

表 8.1 中国 1978～2012 年国民总收入及居民消费数据

年份	居民消费(Y)/亿元	国民总收入(X)/亿元	虚拟变量D1	年份	居民消费(C)/亿元	国民总收入(Y)/亿元	虚拟变量D1
1978	1 759.1	3 645.22	0	1996	33 955.9	70 142.49	0
1979	2 011.5	4 062.58	0	1997	36 921.5	78 060.85	1
1980	2 331.2	4 545.62	0	1998	39 229.3	83 024.28	1
1981	2 627.9	4 889.46	0	1999	41 920.4	88 479.15	1
1982	2 902.9	5 330.45	0	2000	45 854.6	98 000.45	1
1983	3 231.1	5 985.55	0	2001	49 435.86	108 068.22	1
1984	3 742.0	7 243.75	0	2002	53 056.57	119 095.69	1
1985	4 687.4	9 040.74	0	2003	57 649.81	134 976.97	1
1986	5 302.1	10 274.38	0	2004	65 218.48	159 453.6	1
1987	6 126.1	12 050.62	0	2005	72 958.71	183 617.37	1
1988	7 868.1	15 036.82	0	2006	82 575.45	215 904.41	1
1989	8 812.6	17 000.92	0	2007	96 332.5	266 422	1
1990	9 450.9	18 718.32	0	2008	111 670.4	316 030.34	1
1991	10 730.6	21 826.2	0	2009	123 584.62	340 319.95	1
1992	13 000.1	26 937.28	0	2010	140 758.65	399 759.54	1
1993	16 412.1	35 260.02	0	2011	168 956.63	468 562.38	1
1994	21 844.2	48 108.46	0	2012	190 423.77	516 810.05	1
1995	28 369.7	59 810.53					

资料来源：中国统计年鉴 2013. 北京：中国统计出版社，2013

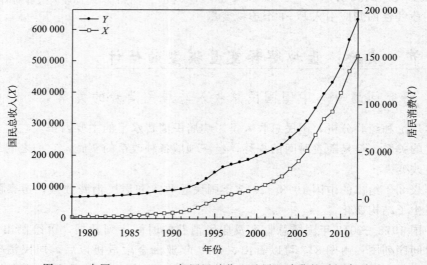

图 8.7 中国 1978～2012 年国民总收入及居民消费的时间序列图

二、邹氏结构变化检验

在 EViews 中，运用邹氏结构变化检验居民消费与国民总收入关系的改变在统计上的显著性，首先要利用 1978～2012 年的数据建立居民消费对国民总收入的回归模型，然后在建立的"Equation"对象中，点"View/Stability Tests/Chow Breakpoint Test"，如图 8.8 所示；弹出对话框"Chow Tests"，在"one or more dates for the breakpoint test"窗口输入：1997，如图 8.9 所示；执行后即可得到如表 8.2 所示的检验结果。

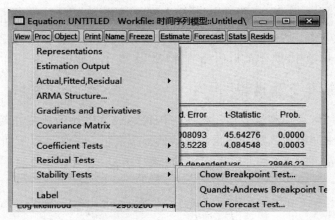

图 8.8　邹氏结构变化检验

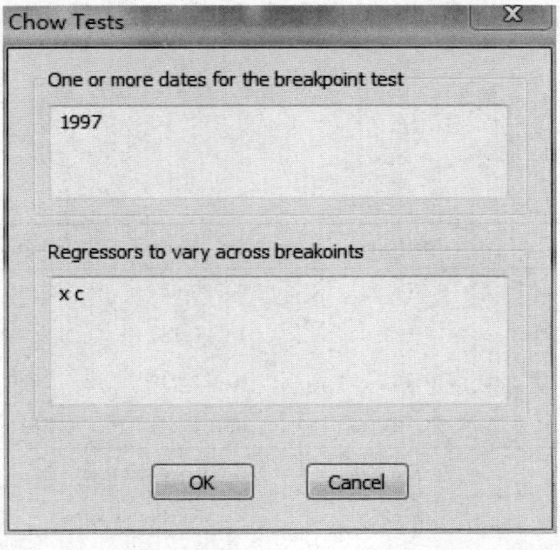

图 8.9　邹氏断点检验

表 8.2 邹氏结构变化的检验结果

Chow Breakpoint Test：1997
Null Hypothesis：No breaks at specified breakpoints
Varying regressors：All equation variables
Equation Sample：1978 2012

F-statistic	48.186 94	Prob. $F(2, 31)$	0.000 0
Log likelihood ratio	49.459 88	Prob. Chi-Square(2)	0.000 0
Wald Statistic	96.373 89	Prob. Chi-Square(2)	0.000 0

表 8.2 显示：邹氏结构变化检验统计量 $F=48.187$，相伴概率几乎为 0，在显著性水平 $\alpha=5\%$ 下，拒绝 1997 年前后居民消费行为无变化的假设。

三、虚拟解释变量模型

为了利用虚拟解释模型检验居民消费与国民总收入关系的改变在统计上的显著性，需要在回归模型中同时引入加法与乘法形式的虚拟变量，并估计以下回归模型：

$$Y_t = \beta_0 + \beta_1 X_t + \beta_2 D1_t + \beta_3 (D1_t X_t) + \mu_t \quad (t=1, 2, \cdots, n)$$

式中，

$$D1 = \begin{cases} 0, & t \leqslant 1996 \\ 1, & t > 1996 \end{cases}$$

利用 1978～2012 年居民消费和国民总收入数据建立的回归模型如表 8.3 所示。

表 8.3 虚拟变量回归结果

Dependent Variable：Y
Method：Least Squares
Date：03/20/14 Time：09：26
Sample：1978 2012
Included observations：35

	Coefficient	Std. Error	t-Statistic	Prob.
X	0.468 925	0.023 684	19.798 89	0.000 0
$D1$	11 198.00	1 144.161	9.787 077	0.000 0
$D1 \cdot X$	−0.135 794	0.023 949	−5.670 160	0.000 0
C	369.291 5	657.576 1	0.561 595	0.578 4

R-squared	0.998 592	Mean dependent var	44 620.36
Adjusted R-squared	0.998 456	S. D. dependent var	50 601.31
S. E. of regression	1 988.599	Akaike info criterion	18.135 46
Sum squared resid	1.23E+08	Schwarz criterion	18.313 21
Log likelihood	−313.370 5	Hannan-Quinn criter.	18.196 82
F-statistic	7 327.817	Durbin-Watson stat	0.796 477
Prob(F-statistic)	0.000 000		

表 8.3 的回归结果显示：β_2 与 β_3 的 t 值都较大，相伴概率几乎为 0，表明参数显著不为 0，说明 1997 年前后居民消费行为有明显改变。

由表 8.3 的回归结果可以得到 1997 年前后的消费函数估计模型分别为

$$1997\ 年前：\hat{Y}_t = 369.29 + 0.4689X_t$$

$$1997\ 年后：\hat{Y}_t = 11\ 567.29 + 0.3331X_t$$

由此可见，利用邹氏结构变化检验和虚拟解释变量模型来检验这种改变在统计上的显著性的结果是一致的；但是，虚拟解释变量模型可以检验结构变化是来自截距还是斜率，而邹氏结构变化检验却不能区分这一差异。

思考与练习题

1. 什么是虚拟变量？举例说明它在模型中有什么作用？

2. 虚拟变量为何只选 0、1，选择 2、3、4 行吗？

3. 什么是"虚拟变量陷阱"？

4. 引入虚拟解释变量的两种基本方式是什么？它们各适用于什么情况？

5. 根据季度数据估计制造业利润和销售额模型。假定利润不仅与销售额有关，而且与季节因素有关，要求对下列三种情况分别估计利润模型：

(1)如果认为季节影响使利润平均值发生变异，应如何引入虚拟变量？

(2)如果认为季节影响使利润对销售额的变化率发生变异，应如何引入虚拟变量？

(3)如果认为季节影响既使利润平均值发生变异，又使利润对销售额的变化率发生变异，应如何引入虚拟变量？

6. 试在消费函数 $Y = \alpha + \beta X + \varepsilon$ 中(以加法形式)引入虚拟变量，用以反映季节因素(淡、旺季)和收入层次差异(高、中、低)对消费需求的影响，并写出各类消费函数的具体形式。

7. 现有如下估计的利润函数：

$$\hat{Y}_t = 221.37 + 0.4537X_i + 78.63D_i + 0.0037XD_i$$
$$\phantom{\hat{Y}_t = 221.37 + } (35.78) \quad\ (8.86) \qquad (2.86)$$

式中，Y、X 分别为销售利润和销售收入；D 为虚拟变量，旺季时 $D = 1$，淡季时 $D = 0$；$XD = X \cdot D$。

试分析：(1)季节因素影响情况；(2)写出模型的等价形式。

8. 根据某种商品销售量和个人收入的季度数据建立如下模型：

$$Y = b_0 + b_1 D_1 + b_2 D_2 + b_3 D_3 + b_4 D_4 + b_4 X + u$$

其中，定义虚拟变量 D_i 为第 i 季度时其数值取 1，其余为 0。这时会发生什么问题，参数是否能够用最小二乘法进行估计？

9. 为研究体重与身高的关系，我们随机抽样调查了 51 名学生(其中，男生 36 名，女生 15 名)，并得到如下两种回归模型：

$$W = -232.07 + 5.57h$$
$$ (-5.21) \quad (8.63) \tag{a}$$

$$W = -122.96 + 28.82D + 3.74h$$
$$ (-2.59) \quad\ (4.02) \quad\ (5.16) \tag{b}$$

其中，W(weight)=体重(单位：公斤)；h(height)=身高 (单位：厘米)。

$$D = \begin{cases} 1 & 男生 \\ 0 & 女生 \end{cases}$$

请回答：(1)你将选择哪一个模型？为什么？(2)D的系数说明了什么？

10. 考虑如下回归模型：

$$Y = b_0 + b_1 D_1 + b_2 D_2 + b_3 D_1 D_2 + b_4 X + u$$

其中，Y＝大学教师的年收入；X＝教学年份。

$$D_1 = \begin{cases} 1 & 男性 \\ 0 & 女性 \end{cases}; \qquad D_2 = \begin{cases} 1 & 白人 \\ 0 & 其他 \end{cases}$$

请回答：(1)b_4的含义是什么？(2)求$E(Y/D_1=1, D_2=1, X)$。

11. 设某饮料的需求Y依赖于收入X的变化外，还有：(1)"地区"(农村、城市)因素影响其截距水平；(2)"季节"(春、夏、秋、冬)因素影响其截距和斜率。

试分析确定该种饮料需求的线性回归模型。

12. 一个容量为209的样本估计解释CEO薪水的模型为(括号内是t统计量值)：

$$\ln\hat{Y} = 4.59(15.3) + 0.257(8.03)\ln X_1 + 0.011(2.75)X_2$$
$$+ 0.158(1.775)D_1 + 0.181(2.130)D_2 - 0.283(-2.895)D_3$$

式中，Y为年薪水平；X_1为公司年收入；X_2为公司股票收益；D_1、D_2、D_3为虚拟变量，分别表示金融业、消费品工业和公用事业。对比产业为交通运输业。

(1)解释三个虚拟变量参数的经济含义；

(2)保持X_1和X_2不变，计算公用事业和交通运输业之间估计薪水的近似百分比差异；

(3)消费品工业和金融业之间估计薪水的近似百分比差异是多少？写出一个能直接检验这种差异是否统计显著的方程。

13. 需求Q与收入I和价格P是线性关系：$Q = b_0 + b_1 I + b_2 P + u$。

如果在$P \geqslant P_0$和$P \leqslant P_0$时，P对Q的影响有显著差异，并且这种影响是随时间而呈线性变化的，则如何修正以上模型。

14. 为了比较A、B和C三个经济结构相类似的城市由于不同程度地实施了某项经济改革政策后的绩效差异，从这三个城市总计$N_A + N_B + N_C$个企业中按一定规则随机抽取$n_A + n_B + n_C$个样本企业，得到这些企业的劳动生产率Y作为被解释变量，如果没有其他可获得的数据作为解释变量，并且A城市全面实施这项经济改革政策，B城市部分实施这项经济改革政策，C城市没有实施这项经济改革政策。如何建立计量经济模型检验A、B和C这三个城市之间由于不同程度实施某项经济改革政策后存在的绩效差异？

第九章

联立方程模型

迄今为止，我们讨论的都是单方程计量经济模型。但是，很多经济理论是建立在一组经济关系上的，需要利用联立方程模型进行计量分析。本章主要介绍联立方程模型的基本概念和形式、模型的识别问题和常用的估计方法。本章主要讨论以下问题：①联立方程模型可能存在的估计问题有哪些？②联立方程模型识别的类型、识别的条件和方法是什么？③如何估计联立方程模型？

■ 第一节　联立方程模型概述

一、联立方程模型的性质

单方程计量经济模型描述经济变量之间简单的经济关系，即一个经济变量作为被解释变量与影响其变化的作为解释变量的其他经济变量之间的单向因果关系。但是，现实的经济现象是错综复杂的，许多情况下经济变量之间不是简单的单向的因果关系，而是相互依存、互为因果的关系，这些经济变量之间相互影响、相互依存构成一个复杂的经济系统。在这种情况下，单方程模型已经不能正确描述经济系统中经济变量的复杂关系，需要用一组方程才能表现这种互为因果的关系，即建立多方程模型或联立方程模型（simultaneous equations model）。

所谓联立方程模型，就是用若干个相互联系的单一方程同时表示一个经济系统中经济变量之间相互依存、相互影响的复杂关系的模型。联立方程模型用于描述整个经济系统或其子系统，如市场均衡模型、商品需求模型和宏观经济模型等。

例如，研究商品需求与价格的关系。根据经济理论，商品的需求量 Q 受商品的价格 P 和居民收入 X 等因素的影响，可建立如下商品需求模型：

$$Q_t = \alpha_0 + \alpha_1 P_t + \alpha_1 X_t + \mu_t \tag{9.1}$$

同时，该商品的价格 P 也受商品需求量 Q 和其他相关商品价格 P^* 的影响，又可建立如下商品价格决定模型：

$$P_t = \alpha_0 + \alpha_1 Q_t + \alpha_1 P_t^* + \nu_t \tag{9.2}$$

由于商品的需求量 Q 和商品价格 P 之间存在双向的因果关系，需要把描述这两个经济变量变化的模型联立起来进行分析，建立如下的联立方程模型：

$$\begin{cases} Q_t = \alpha_0 + \alpha_1 P_t + \alpha_1 X_t + \mu_t \\ P_t = \alpha_0 + \alpha_1 Q_t + \alpha_1 P_t^* + \nu_t \end{cases} \tag{9.3}$$

再如，分析由国内生产总值 Y、居民消费总额 C、投资总额 I 和政府消费额 G 等变量构成的简单宏观经济系统；若假设政府消费额 G 由系统外部给定，居民消费总额 C、投资总额 I 和国内生产总值 Y 之间互为因果关系，则可建立如下联立方程模型：

$$\begin{cases} C_t = \alpha_0 + \alpha_1 Y_t + \mu_{1t} \\ I_t = \beta_0 + \beta_1 Y_t + \beta_2 Y_{t-1} + \mu_{2t} \\ Y_t = C_t + I_t + G_t \end{cases} \tag{9.4}$$

显然，在消费方程和投资方程中，国内生产总值决定居民消费总额和投资总额；在国内生产总值决定方程中，它又由居民消费总额和投资总额所决定。

与单方程模相比，联立方程模型有以下特点：

(1) 联立方程组模型是由若干个单一方程组成的，模型中不止一个被解释变量，通常有 M 个方程就有 M 个被解释变量；

(2) 联立方程组模型里既有非确定性方程（随机方程），又有确定性方程，但必须有随机方程；

(3) 被解释变量和解释变量之间不仅是单向的因果关系，可能互为因果关系；

(4) 有的变量在某个方程中为被解释变量，在另一个方程中可能为解释变量，因此解释变量可能与随机扰动项相关，违反 OLS 基本假定。

二、联立方程模型的估计问题

联立方程模型能很好地描述经济系统中经济变量之间相互依存的复杂关系；但是，在联立方程模型的情况下，无论人们仅仅关心系统的一个具体部分还是对整个系统感兴趣，模型中各变量之间的相互作用都将对模型各方程的说明和估计产生影响。

联立方程模型的估计问题主要表现在以下三个方面。

1. 随机解释变量问题

在联立方程模型中，一个方程式被解释变量可以是另一个方程的解释变量，因此会出现随机解释变量问题，即随机解释变量与随机扰动项存在相关性。为了说明这一点，让我们看一个简单的例子，假设我们要估计简单的凯恩斯收入决定模型：

$$\begin{cases} C_t = \alpha + \beta Y_t + \mu_t \\ Y_t = C_t + I_t \end{cases} \tag{9.5}$$

该模型假定经济系统是封闭型的，没有进、出口，并且没有政府的活动；其中，Y、C、I 分别表示总收入、总消费和总投资。

将模型中的第一个方程代入第二个方程，整理可得

$$Y_t = \frac{\alpha}{1-\beta} + \frac{I_t}{1-\beta} + \frac{\mu_t}{1-\beta} \tag{9.6}$$

式(9.6)中右端第一项和第二项表明总收入依赖于投资水平,若投资增加一个单位则收入将增加 $1/(1-\beta)$ 单位,$1/(1-\beta)$ 就是著名的乘数。右端第三项则表明收入还依赖于消费函数中扰动项 μ 的大小,即 Y 包含一个随机分量,因而 Y 是随机变量,它与消费方程中的随机扰动项同期相关。

由于随机变量 Y 是消费方程中的解释变量,它与随机扰动项 μ_t 同期相关,因而违背了经典线性回归模型的基本假设,从而若用 OLS 估计消费函数,得到的 OLS 估计量将不仅有偏,而且不一致,这被称为联立方程的偏倚性。联立方程的偏倚性是联立方程模型所固有的,所以一般情况下不适合应用 OLS 估计联立方程模型。

2. 损失变量信息问题

在联立方程模型所描述的经济系统中,经济变量之间或多或少地存在着某种联系。在估计某个随机方程的参数时,必须考虑没有包含在该方程中的其他变量的数据信息。例如,在模型式(9.4)中的消费方程仅包含总收入 Y,没有包含总投资 I;但是,在总收入决定方程中,总投资 I 对总收入 Y 产生影响。因此,在估计消费函数时,必须充分考虑总投资 I 的数据信息。若采用单方程模型的估计方法是无法实现这一点的。

3. 损失方程间相关信息问题

联立方程模型中随机方程之间往往存在某种相关性,这表现为不同方程的随机扰动项之间的相关性,尤其在时间序列数据作样本时,不同方程随机扰动项之间往往存在同期相关性。例如,式(9.4)的宏观经济系统模型,由于经济景气对消费与投资具有的影响,而这种影响分别包含在随机扰动项 μ_{1t} 和 μ_{2t} 中,导致 μ_{1t} 和 μ_{2t} 是同期相关的。如果采用单方程模型的估计每一个随机方程,是不可能考虑到这种相关性的,会造成信息的损失。

由此可见,由于联立方程模型中各变量的相互作用及方程间的相关性会带来估计方面的问题,因而需要研究如何解决联立方程模型的参数估计问题。在讨论联立方程模型的估计方法之前,首先介绍一些有关联立方程模型的概念和术语。

三、联立方程模型中变量的类型

在单方程模型中,被解释变量和解释变量的区分十分清晰。在联立方程模型中,对于每一个方程来说,其变量仍然可以按被解释变量与解释变量进行区分;但是对于整个模型而言,有的变量在某个方程中作为被解释变量,而在另一个方程中可能作为解释变量。因此,用被解释变量和解释变量来划分变量意义不大了。

在联立方程模型中,一般从变量的性质将变量划分为内生变量和外生变量,外生变量和滞后的内生变量又统称为先决变量。

1. 内生变量(endogenous variable)

内生变量是由模型体现的经济系统本身所决定的变量,其值是模型求解的结果;内生变量一般作为被解释变量由模型决定,也可以作解释变量由模型使用;内生变量是随机变量,受随机扰动项影响。例如,模型(9.3)中的商品的需求量 Q 和商品价格 P 及模型(9.4)中的国内生产总值 Y、居民消费总额 C 和投资总额 I 都是由模型决定的内生变量。

为了求解内生变量的值，建立联立方程模型时一般要求模型中方程的个数等于内生变量的个数；满足这一条件的联立方程模型被称为完备的联立方程模型。

2. 外生变量(exogenous variable)

外生变量是由系统外部因素所影响而不为所考虑的模型系统所决定的变量；外生变量一般是确定性变量，它由模型使用但不由模型决定它们的值；在求解模型内生变量的值之前，必须用其他方法给定外生变量的值(如政策变量的取值或经济变量的预测值)。例如，模型(9.3)中的居民收入 X 和其他相关商品价格 P^* 及模型(9.4)中的政府消费额 G 都是由模型之外决定的外生变量。

3. 先决变量(predetermined variable)

先决变量也称为前定变量，包括外生变量和滞后内生变量；在模型求解本期内生变量的值之前，本期外生变量和滞后外生变量的值是给定的，滞后内生变量的值在前面各期中已解出，因而也是已知的(前定的)，它们统称前定变量。例如，模型(9.4)中的国内生产总值 Y 是内生变量，其滞后值 Y_{t-1} 是滞后内生变量，它和政府消费额 G 一起构成前定变量。

区分内生变量和外生变量对于联立方程模型的估计和应用具有重要意义。值得注意的是，一个变量在模型中是内生变量还是外生变量，是由经济理论和模型的研究目的所决定的，而不是由其数学形式决定的。在单方程模型中，内生变量就是被解释变量，外生变量就是除滞后内生变量以外的解释变量。在联立方程模型中，由于内生变量是联立地被决定，因此，联立方程模型中有多少个内生变量就应该设定多少个方程。这个规则决定了联立方程模型中内生变量的个数；可是，确定哪个变量为内生变量、哪个变量为外生变量，要根据经济分析和模型的用途，通常将以下两类变量设定为外生变量：①政策变量，如货币供给、税率、利率、政府支出等；②短期内很大程度上是在经济系统之外决定或变化规律稳定的变量，如人口、劳动力供给、国外利率、世界贸易水平、国际原油价格等。

四、联立方程模型的种类

为了方便讨论联立方程模型的估计问题，按变量间的联系形式可以将联立方程模型分为结构式模型、简化式模型和递归式模型三种。

1. 结构式模型(structural form)

联立方程模型的结构式是依据经济理论直接设定的联立方程组模型。结构式模型中的方程称为结构方程，每一个结构方程都反映一个基本的经济关系，即对经济理论的一种阐述。在结构方程中，被解释变量不仅是内生变量，而且表示为其他内生变量、先决变量和随机扰动项的函数；结构方程的参数称为结构参数，反映解释变量对被解释变量的直接影响。

结构式模型的标准形式为

$$\begin{cases} \beta_{11}Y_{1t} + \cdots + \beta_{1M}Y_{Mt} + \gamma_{10} + \gamma_{11}X_{1t} + \cdots + \gamma_{1K}X_{Kt} = \mu_{1t} \\ \beta_{21}Y_{2t} + \cdots + \beta_{2M}Y_{Mt} + \gamma_{20} + \gamma_{21}X_{1t} + \cdots + \gamma_{2K}X_{Kt} = \mu_{2t} \\ \cdots \\ \beta_{M1}Y_{1t} + \cdots + \beta_{MM}Y_{Mt} + \gamma_{M0} + \gamma_{M1}X_{1t} + \cdots + \gamma_{MK}X_{Kt} = \mu_{Mt} \end{cases} \tag{9.7}$$

式中，$Y_i(i=1,\cdots,M)$ 为内生变量；$X_i(i=1,\cdots,K)$ 为先决变量；$\mu_i(i=1,\cdots,M)$ 为随机扰动项。

结构式模型的标准形式可以用矩阵表示为

$$BY + \Gamma X = \mu \tag{9.8}$$

或

$$(B \quad \Gamma)\begin{pmatrix} Y \\ X \end{pmatrix} = \mu \tag{9.9}$$

其中，

$$Y = \begin{pmatrix} Y_{1t} \\ Y_{2t} \\ \vdots \\ Y_{Mt} \end{pmatrix} \quad X = \begin{pmatrix} 1 \\ X_{1t} \\ \vdots \\ X_{Kt} \end{pmatrix} \quad \mu = \begin{pmatrix} \mu_{1t} \\ \mu_{2t} \\ \vdots \\ \mu_{Mt} \end{pmatrix}$$

$$B = \begin{pmatrix} \beta_{11} & \beta_{12} & \cdots & \beta_{1M} \\ \beta_{21} & \beta_{22} & \cdots & \beta_{2M} \\ \vdots & \vdots & & \vdots \\ \beta_{M1} & \beta_{M2} & \cdots & \beta_{MM} \end{pmatrix} \quad \Gamma = \begin{pmatrix} \gamma_{10} & \gamma_{11} & \cdots & \gamma_{1K} \\ \gamma_{20} & \gamma_{21} & \cdots & \gamma_{2K} \\ \vdots & \vdots & & \vdots \\ \gamma_{M0} & \gamma_{M1} & \cdots & \gamma_{MK} \end{pmatrix}$$

例如，简单的凯恩斯收入决定模型是一个结构式模型：

$$\begin{cases} C_t = \alpha + \beta Y_t + \mu_t \\ Y_t = C_t + I_t \end{cases} \tag{9.10}$$

式中，Y、C、I 分别表示总收入、总消费和总投资。

将其表示为标准形式：

$$\begin{cases} C_t - \beta Y_t - \alpha + 0I_t = \mu_t \\ -C_t + Y_t + 0 - I_t = 0 \end{cases} \tag{9.11}$$

记矩阵：

$$Y = \begin{pmatrix} C_t \\ Y_t \end{pmatrix} \quad X = \begin{pmatrix} 1 \\ I_t \end{pmatrix} \quad \mu = \begin{pmatrix} \mu_t \\ 0 \end{pmatrix}$$

$$B = \begin{pmatrix} 1 & -\beta \\ -1 & 1 \end{pmatrix} \quad \Gamma = \begin{pmatrix} -\alpha & 0 \\ 0 & -1 \end{pmatrix}$$

则标准形式的矩阵形式可记为

$$BY + \Gamma X = \mu \tag{9.12}$$

一般情况下，结构式模型会出现偏倚性问题，不能直接用 OLS 估计参数。

2. 简化式模型（reduced form）

联立方程模型的简化式是把结构式模型中的内生变量表示为先决变量和随机扰动项的函数所形成的模型；简化式模型中的方程称为简化式方程，其参数称为简化式参数，反映先决变量对内生变量的总的影响，亦称为影响乘数。

简化式模型的一般形式为

$$\begin{cases} Y_{1t} = \pi_{10} + \pi_{11}X_{1t} + \cdots + \pi_{1K}X_{Kt} + \nu_{1t} \\ Y_{2t} = \pi_{20} + \pi_{21}X_{1t} + \cdots + \pi_{2K}X_{Kt} + \nu_{2t} \\ \cdots \\ Y_{1t} = \pi_{M0} + \pi_{M1}X_{1t} + \cdots + \pi_{MK}X_{Kt} + \nu_{Mt} \end{cases} \tag{9.13}$$

式中，$Y_i (i=1, \cdots, M)$ 为内生变量；$X_i (i=1, \cdots, K)$ 为先决变量；$\nu_i (i=1, \cdots, M)$ 为随机扰动项。

简化式模型的一般形式可以用矩阵表示为

$$Y = \Pi X + \nu \tag{9.14}$$

其中，

$$\nu = \begin{pmatrix} \nu_{1t} \\ \nu_{2t} \\ \vdots \\ \nu_{Mt} \end{pmatrix} \quad \Pi = \begin{pmatrix} \pi_{10} & \pi_{11} & \cdots & \pi_{1K} \\ \pi_{20} & \pi_{21} & \cdots & \pi_{2K} \\ \vdots & \vdots & & \vdots \\ \pi_{M0} & \pi_{M1} & \cdots & \pi_{MK} \end{pmatrix}$$

简化式模型可以直接由结构式模型导出。若 B 可逆，模型（9.8）可以写为

$$Y = -B^{-1}\Gamma X + B^{-1}\mu \tag{9.15}$$

与式（9.14）比较，可得

$$\begin{cases} \Pi = -B^{-1}\Gamma \\ \nu = B^{-1}\mu \end{cases} \tag{9.16}$$

例如，对于简单的凯恩斯收入决定模型：

$$\begin{cases} C_t = \alpha + \beta Y_t + \mu_t \\ Y_t = C_t + I_t \end{cases} \tag{9.17}$$

若将模型中的内生变量 C_t 和 Y_t 用先决变量和扰动项来表示，则得到该模型的简化式如下：

$$\begin{cases} C_t = \dfrac{\alpha}{1-\beta} + \dfrac{\beta}{1-\beta}I_t + \dfrac{u_t}{1-\beta} \\ Y_t = \dfrac{\alpha}{1-\beta} + \dfrac{I_t}{1-\beta} + \dfrac{u_t}{1-\beta} \end{cases} \tag{9.18}$$

上述简化式方程可写成如下一般形式：

$$\begin{cases} C_t = \pi_1 + \pi_2 I_t + \nu_{1t} \\ Y_t = \pi_3 + \pi_4 I_t + \nu_{2t} \end{cases} \tag{9.19}$$

其中，

$$\pi_1 = \frac{\alpha}{1-\beta} \qquad \pi_2 = \frac{\beta}{1-\beta}$$

$$\pi_3 = \frac{\alpha}{1-\beta} \qquad \pi_4 = \frac{1}{1-\beta}$$

$$\nu_{1t} = \frac{\mu_t}{1-\beta} \qquad \nu_{2t} = \frac{\mu_t}{1-\beta}$$

显然，简化式参数 π 是结构参数的函数，简化式方程的扰动项 ν_{1t} 和 ν_{2t} 是结构式方程扰动项的函数。

值得注意的是，简化式模型并不直接反映经济系统中变量之间的直接关系，并不是经济系统的客观描述。但是，由于简化式模型中的解释变量没有内生变量，简化式方程不存在偏倚性问题，可以采用 OLS 估计每个方程的参数，所以，简化式模型在联立方程模型的研究中具有重要作用。

3. 递归式模型（recursive form）

联立方程模型的递归式是结构式的一种特殊形式；递归式模型中的方程称为递归方程，每一个递归方程都表示一种单向的因果关系。在递归式模型中，第一个方程的内生变量 Y_1 仅由先决变量表示，而无其他的内生变量；第二个方程的内生变量 Y_2 表示为先决变量和第一个方程的内生变量 Y_1 的函数；依次类推，最后一个方程内生变量 Y_M 表示为先决变量和前面方程的内生变量 Y_1、Y_2、$\cdots$、Y_{M-1} 的函数。

递归式模型的一般形式为

$$\begin{cases} Y_{1t} = \gamma_{10} + \gamma_{11}X_{1t} + \cdots + \gamma_{1K}X_{Kt} + \mu_{1t} \\ Y_{2t} = \beta_{21}Y_{1t} + \gamma_{20} + \gamma_{21}X_{1t} + \cdots + \gamma_{2K}X_{Kt} + \mu_{2t} \\ \cdots \\ Y_{Mt} = \beta_{M1}Y_{1t} + \cdots + \beta_{M(M-1)}Y_{(M-1)t} + \gamma_{M0} + \gamma_{M1}X_{1t} + \cdots + \gamma_{MK}X_{Kt} + \mu_{Mt} \end{cases}$$

式中，$Y_i (i=1, \cdots, M)$ 为内生变量；$X_i (i=1, \cdots, K)$ 为先决变量；$\mu_i (i=1, \cdots, M)$ 为随机扰动项。

若每个递归方程满足经典线性回归模型的基本假设，且第一个方程的 Y_1、μ_1 与第二个方程的 μ_2 不相关，依次类推，前面所有方程的内生变量与随机扰动项与后一个方程的随机扰动项不相关，则递归式模型不存在联立方程偏倚性问题，可以采用 OLS 估计每个方程的参数。

应该指出，递归式模型并不存在内生变量之间的相互依赖性，变量之间没有互为因果关系的特征，实际上并不是真正的联立方程模型。

第二节 联立方程模型的识别

联立方程模型由多个方程组成，对方程之间的关系有严格的要求，否则模型可能无法估计。在进行模型估计之前首先要判断模型是否可以估计，这就是联立方程模型的识别。

一、联立方程模型识别的概念

联立方程模型的识别问题是从能否由被估计出的简化式参数求出结构式参数的有关数学问题引申出来的，联立方程模型的识别问题实际上就是结构式模型中的结构方程是否可以估计的问题。

例如，假设某种商品的市场均衡模型为

$$\begin{cases} Q_t^D = \alpha_0 + \alpha_1 P_t + \mu_t \\ Q_t^S = \beta_0 + \beta_1 P_t + \nu_t \\ Q_t^D = Q_t^S = Q_t \end{cases} \tag{9.20}$$

式中，Q^D、Q^S 分别为商品的需求量和供给量；P_t 为商品价格；Q_t 为市场均衡供求量。

模型式(9.20)是一个完备的结构式模型，利用均衡条件可以得到简化式模型：

$$\begin{cases} P_t = \pi_1 + \nu_{1t} \\ Q_t = \pi_2 + \nu_{2t} \end{cases} \tag{9.21}$$

其中，

$$\pi_1 = \frac{\beta_0 - \alpha_0}{\alpha_1 - \beta_1} \qquad \pi_2 = \frac{\alpha_1 \beta_0 - \alpha_0 \beta_1}{\alpha_1 - \beta_1}$$

$$\nu_{1t} = \frac{\nu_t - \mu_t}{\alpha_1 - \beta_1} \qquad \nu_{1t} = \frac{\alpha_1 \nu_t - \beta_1 \mu_t}{\alpha_1 - \beta_1}$$

显然，无法通过两个简化式参数 π_1、π_2 的估计值解出四个结构参数 α_0、α_1、β_0、β_1 的值；此时，我们说模型(9.20)中的供给方程和需求方程都是不可识别的。

联立方程模型的识别可以从多方面去理解，除了从能否由被估计出的简化式参数求出结构参数进行判断外，还可以通过对结构式模型的观察，得到另外两种判断结构方程是否可以识别的方法：

一是从结构方程是否具有唯一的统计形式去识别。若模型中某个结构方程与其他方程或所有方程的线性组合所构成的新的方程具有相同的统计形式，则该结构方程是不可识别的；反之，若模型中某个结构方程与其他方程或所有方程的任意线性组合所构成的新的方程不具有相同的统计形式，则该结构方程是可以识别的。

二是从结构方程是否含有零约束的变量去识别。若一个结构方程包含了模型中所有的变量，即该结构方程标准形式的变量系数都没有实行零约束，则该结构方程是不可识别的；若模型中某些变量不出现在某个结构方程中，即该结构方程标准形式的变量系数存在零约束，则该结构方程才可能是可识别的。

例如，考察简单宏观经济系统模型：

$$\begin{cases} C_t = \alpha_0 + \alpha_1 Y_t + \mu_{1t} \\ I_t = \beta_0 + \beta_1 Y_t + \mu_{2t} \\ Y_t = C_t + I_t \end{cases} \tag{9.22}$$

式中，Y 为国内生产总值；C 为居民消费总额；I 为投资总额。

模型中第一个方程和第三个方程相加，整理可得

$$I_t = -\alpha_0 + (1 - \alpha_1)Y_t - \mu_{1t} \tag{9.23}$$

显然，式(9.23)与模型(9.22)中的第二个方程的具有完全相同的统计形式，无法知道所要估计的是哪一组参数，因为没有足够的信息来识别被估计的方程，因此投资方程是不可识别的；同样可以得出模型(9.22)中的消费方程是不可识别的。

联立方程模型的识别是针对结构方程而言的，每一个需要估计参数的结构方程都存在识别问题；如果结构式模型中的每一个结构方程都是可以识别的，则认为该联立方程模型是可以识别的；反之，若结构式模型中存在一个不可识别的方程，则认为该联立方程模型是不可识别的。值得注意的是，恒等方程不存在参数估计问题，所以不存在识别问题；但是，在判断随机方程的识别问题时，应该将恒等方程考虑在内。

二、联立方程模型识别的类型

由于联立方程模型提供的信息的差异，模型中的结构方程可以分为不可识别、恰好识别和过度识别三种类型。如果结构式模型中的某个结构方程的参数估计值不能由简化式模型的参数估计值求解出来，则该方程是不可识别的；如果结构式模型中的某个结构方程的参数估计值能由简化式模型的参数估计值唯一求解出来，则该方程是恰好识别的；如果结构式模型中的某个结构方程的参数估计值能由简化式模型的参数估计值求解出来，但求解出的值有多组，则该方程是过度识别的。

模型(9.20)和模型(9.22)列举了不可识别的结构方程。分析结构方程不可识别的原因可知，模型的识别问题本质上就是模型的设定问题，可以通过对模型的重新设定改变结构方程的识别类型。

1. 恰好识别

例如，考察在需求方程中引入居民收入作为解释变量的商品市场均衡模型：

$$\begin{cases} Q_t^D = \alpha_0 + \alpha_1 P_t + \alpha_2 I_t + \mu_t \\ Q_t^S = \beta_0 + \beta_1 P_t + \nu_t \\ Q_t^D = Q_t^S = Q_t \end{cases} \tag{9.24}$$

式中，Q^D、Q^S 分别为商品的需求量和供给量；P_t 为商品价格；I_t 为居民收入；Q_t 为市场均衡供求量。

利用均衡条件可以得到简化式模型：

$$\begin{cases} P_t = \pi_1 + \pi_2 I_t + \nu_{1t} \\ Q_t = \pi_3 + \pi_4 I_t + \nu_{2t} \end{cases} \tag{9.25}$$

其中，

$$\pi_1 = \frac{\beta_0 - \alpha_0}{\alpha_1 - \beta_1} \qquad \pi_2 = \frac{\alpha_2}{\alpha_1 - \beta_1}$$

$$\pi_3 = \frac{\alpha_1 \beta_0 - \alpha_0 \beta_1}{\alpha_1 - \beta_1} \qquad \pi_4 = \frac{\alpha_2 \beta_1}{\alpha_1 - \beta_1}$$

显然，无法通过 4 个简化式参数 π_1、π_2、π_3、π_4 的估计值解出全部 5 个结构参数 α_0、α_1、α_2、β_0、β_1 的值；此时，我们说模型(9.24)是不可识别的。但模型中的供给方程是恰好识别的，因为它的参数可以由简化式参数唯一解出：

$$\beta_1 = \frac{\pi_4}{\pi_2} \qquad \beta_0 = \pi_3 - \beta_1 \pi_1$$

也可以从是否具有唯一的统计形式或是否存在零约束的变量来识别结构方程类型。显然，模型(9.24)的供给方程具有唯一的统计形式，所以是能够识别的；但需求方程与所有方程的线性组合方程具有相同的统计形式，因而是不能识别的。

上面的例子说明，通过在需求方程中引入新的先决变量可以改变供给方程的识别类型；因此，如果在供给方程中引入新的先决变量也可能改变需求方程的识别类型。

例如，考察如下的商品市场均衡模型：

$$\begin{cases} Q_t^D = \alpha_0 + \alpha_1 P_t + \alpha_2 I_t + \mu_t \\ Q_t^S = \beta_0 + \beta_1 P_t + \beta_2 P_{t-1} + \nu_t \\ Q_t^D = Q_t^S = Q_t \end{cases} \qquad (9.26)$$

式中，Q^D、Q^S 分别为商品的需求量和供给量；P_t 为商品价格；P_{t-1} 为上一期的商品价格；I_t 为居民收入；Q_t 为市场均衡供求量。

利用均衡条件可以得到简化式模型：

$$\begin{cases} P_t = \pi_1 + \pi_2 I_t + \pi_3 P_{t-1} + \nu_{1t} \\ Q_t = \pi_4 + \pi_5 I_t + \pi_6 P_{t-1} + \nu_{2t} \end{cases} \qquad (9.27)$$

其中，

$$\pi_1 = \frac{\beta_0 - \alpha_0}{\alpha_1 - \beta_1} \qquad \pi_2 = \frac{-\alpha_2}{\alpha_1 - \beta_1} \qquad \pi_3 = \frac{\beta_2}{\alpha_1 - \beta_1}$$

$$\pi_4 = \frac{\alpha_1 \beta_0 - \alpha_0 \beta_1}{\alpha_1 - \beta_1} \qquad \pi_5 = \frac{-\alpha_2 \beta_1}{\alpha_1 - \beta_1} \qquad \pi_6 = \frac{\alpha_1 \beta_2}{\alpha_1 - \beta_1}$$

显然，简化式参数和结构参数都为 6 个，所以结构式参数可以由简化式参数唯一解出：

$$\alpha_0 = \pi_4 - \alpha_1 \pi_1 \qquad \alpha_1 = \frac{\pi_6}{\pi_3} \qquad \alpha_2 = \pi_5 - \alpha_1 \pi_2$$

$$\beta_0 = \pi_4 - \beta_1 \pi_1 \qquad \beta_1 = \frac{\pi_5}{\pi_2} \qquad \beta_2 = \pi_6 - \beta_1 \pi_3$$

这说明模型(9.26)中的供给方程和需求方程都是恰好识别的，所以联立方程模型是可以识别的。

2. 过度识别

模型(9.26)中的供给方程和需求方程都是恰好识别的，但如果需求方程中继续引入新的先决变量就会出现过度识别的状况。

例如，考察继续在需求方程中引入居民财产作为解释变量的商品市场均衡模型：

$$\begin{cases} Q_t^D = \alpha_0 + \alpha_1 P_t + \alpha_2 I_t + \alpha_3 R_t + \mu_t \\ Q_t^S = \beta_0 + \beta_1 P_t + \beta_2 P_{t-1} + \nu_t \\ Q_t^D = Q_t^S = Q_t \end{cases} \tag{9.28}$$

式中，Q^D、Q^S 分别为商品的需求量和供给量；P_t 为商品价格；P_{t-1} 为上一期的商品价格；I_t 为居民收入；R_t 为居民财产；Q 为市场均衡供求量。

利用均衡条件可以得到简化式模型：

$$\begin{cases} P_t = \pi_1 + \pi_2 I_t + \pi_3 R_t + \pi_4 P_{t-1} + \nu_{1t} \\ Q_t = \pi_5 + \pi_6 I_t + \pi_7 R_t + \pi_8 P_{t-1} + \nu_{2t} \end{cases} \tag{9.29}$$

其中，

$$\pi_1 = \frac{\beta_0 - \alpha_0}{\alpha_1 - \beta_1} \qquad \pi_2 = \frac{-\alpha_2}{\alpha_1 - \beta_1}$$

$$\pi_3 = \frac{-\alpha_3}{\alpha_1 - \beta_1} \qquad \pi_4 = \frac{\beta_2}{\alpha_1 - \beta_1}$$

$$\pi_5 = \frac{\alpha_1 \beta_0 - \alpha_0 \beta_1}{\alpha_1 - \beta_1} \qquad \pi_6 = \frac{-\alpha_2 \beta_1}{\alpha_1 - \beta_1}$$

$$\pi_7 = \frac{-\alpha_3 \beta_1}{\alpha_1 - \beta_1} \qquad \pi_8 = \frac{\alpha_1 \beta_2}{\alpha_1 - \beta_1}$$

显然，简化式参数有 8 个，而结构参数有 7 个，所以从简化式参数的估计值可以解出多组结构式参数值：

$$\alpha_0 = \pi_5 - \alpha_1 \pi_1 \qquad \alpha_1 = \frac{\pi_8}{\pi_4} \qquad \alpha_2 = \pi_6 - \alpha_1 \pi_2$$

$$\alpha_3 = \pi_7 - \alpha_1 \pi_3 \qquad \beta_0 = \pi_5 - \beta_1 \pi_1$$

$$\beta_1 = \frac{\pi_6}{\pi_2} \qquad \beta_1 = \frac{\pi_7}{\pi_3} \qquad \beta_2 = \pi_8 - \beta_1 \pi_4$$

这说明模型(9.28)中的需求方程是恰好识别的，但供给方程是过度识别的，联立方程模型是可以识别的。

从上面的几例可知，模型中存在的识别问题是可以消除的。我们在原模型两方程中添加不同的解释变量，就使得两个方程都从不可识别变为可识别。一般来说，如果我们能够用经济理论或额外信息为联立方程组施加约束条件，则可以消除识别问题。这些约束条件可以采取各种形式，但最常用的是所谓的"零约束"，即某些内生变量和外生变量不出现在某些方程之中，使得它们具有独一无二的统计形式，因而是可识别的。如果模型中约束条件所提供的信息对于识别某个方程刚好够用，则该方程是恰好识别的，如果约束条件所提供的信息对于识别某个方程不但够用，而且有余，则该方程是过度识别的。

如果一个结构方程是不可识别的，则它的结构参数不能有效地估计出来。也就是说，不存在估计这些参数的有意义的方法，就更谈不上利用模型进行经济分析了。因此，模型中若有不可识别的方程，则应首先进行消除。

三、联立方程模型识别的条件

从识别的概念出发，可以对联立方程模型识别状态，但对于含有较多方程的模型来说过于复杂。从前面的例子可知，一个结构式方程是否可识别，取决于这个方程不包含的变量的个数。由此，可以得到结构方程可以识别的必要条件和充要条件，即识别的阶条件和秩条件。为简洁起见，将不对下述识别条件进行证明。

1. 阶条件

在实践中，经济模型比我们所举的简单联立方程模型例子要复杂得多。当模型中方程很多时，要确定该模型中某个方程是否可识别显然将很复杂。对于这种情况，有一些比较方便的判别准则可用。其中常用的是所谓"识别的阶条件（order condition）"。

联立方程模型中一个结构方程是可识别的必要条件是，该方程所不包含的模型中变量的数目大于等于模型中方程个数减1。

设：M 为模型中内生变量的个数（即方程的个数）；K 为模型中先决变量的个数；m_i 为第 i 个方程中所包含的内生变量的个数；k_i 为第 i 个方程中所包含的先决变量的个数。

则

$$(M+K)-(m_i+k_i) \geqslant M-1 \tag{9.30}$$

整理可得

$$K-k_i \geqslant m_i-1 \tag{9.31}$$

即第 i 个方程所不包含的模型中的先决变量的数目大于等于出现在该方程中的内生变量个数减1。

识别的阶条件只是一个必要条件，也就是说，模型中任何可识别方程必定满足该条件，但满足该条件的方程则未必是可识别方程。实践中，应用识别的阶条件进行判别的准则是：

若 $K-k_i<m_i-1$，则第 i 个方程是不可识别的；

若 $K-k_i>m_i-1$，则第 i 个方程可能过度识别；

若 $K-k_i=m_i-1$，则第 i 个方程可能恰好识别。

例如，考察简单宏观经济系统模型：

$$\begin{cases} C_t = \alpha_0 + \alpha_1 Y_t + \mu_{1t} \\ I_t = \beta_0 + \beta_1 Y_t + \beta_2 Y_{t-1} + \mu_{2t} \\ Y_t = C_t + I_t + G_t \end{cases} \tag{9.32}$$

式中，Y 为国内生产总值；C 为居民消费总额；I 为投资总额；G 为政府消费额。

模型中有 3 个内生变量 Y_t、C_t、I_t 和 2 个先决变量 Y_{t-1}、G_t，因此，$M=3$，$K=2$。

模型（9.32）的第一个方程有 $m_1=2$、$k_1=0$，因此 $K-k_1>m_1-1$，则第一个方程可能过度识别；第二个方程有 $m_2=2$、$k_2=1$，因此 $K-k_2=m_2-1$，则第二个方程可能恰好识别；第三个方程是定义方程，不需要识别。

上述识别的阶条件是该条件在实际应用中使用最广泛的一种形式，其更一般的表述形式为：模型中一个方程是可识别的必要条件是，施加于该方程的结构参数上的约束条件的数目大于等于模型中方程个数减1。显然这种表述形式包含了前一种表述形式，是前者的推广，因为前者仅涉及系数的零约束（不包含某个变量，即其系数为0），而后者则包含了所有形式的约束。

2. 秩条件

识别的阶条件要求某个结构方程不包含的变量个数大于等于方程的个数减1，以保证该方程在统计形式上区别于模型中的其他方程。但是，阶条件并不能保证模型中另一个方程不会排除完全相同的变量。如果这种情况发生了，要识别的结构方程就不具有唯一的统计形式，因而结论就是错误的。

识别的秩条件（rank condition）是一个充要条件，它要求某个结构方程中排除的变量出现在其他 $M-1$ 个方程中，以保证模型中其他方程或这些方程的线性组合与该方程在统计形式上不一样。秩条件可以表述如下：

在一个有 M 个方程的模型中，其中任何一个方程是可识别的充要条件是，模型中不包括在这个方程中的所有变量的系数矩阵的秩等于 $M-1$，即至少能构成一个非零的 $M-1$ 阶行列式。

类似阶条件的判别准则，秩条件也有三种情况：

（1）若模型中不包括在某方程中的所有变量的系数矩阵不能构成一个非零的 $M-1$ 阶行列式，则该方程是不可识别的；

（2）若模型中不包括在某方程中的所有变量的系数矩阵只能构成一个非零的 $M-1$ 阶行列式，则该方程是恰好识别的；

（3）若模型中不包括在某方程中的所有变量的系数矩阵能构成不止一个非零的 $M-1$ 阶行列式，则该方程是过度识别的。

例如，设定如下宏观经济系统模型：

$$\begin{cases} C_t = \alpha_0 + \alpha_1 Y_t + \alpha_2 T_t + \mu_{1t} \\ I_t = \beta_0 + \beta_1 Y_t + \beta_2 Y_{t-1} + \mu_{2t} \\ T_t = \gamma_0 + \gamma_1 Y_t + \mu_{3t} \\ Y_t = C_t + I_t + G_t \end{cases} \tag{9.33}$$

式中，Y 为国内生产总值；C 为居民消费总额；I 为投资总额；T 为税收总额；G 为政府消费额。

模型中有4个内生变量 Y_t、C_t、I_t、T_t 和2个先决变量 Y_{t-1}、G_t，因此 $M=4$、$K=2$。

考察模型（9.33）的第一个方程有 $m_1=3$、$k_1=0$，因此 $K-k_1=m_1-1$，则第一个方程可能恰好识别。下面利用秩条件判断该方程的识别类型，步骤如下：

（1）将结构方程转变为标准形式，并将所有方程的系数列在表中，如表9.1所示。

宏观经济系统模型（9.33）的标准形式为

$$\begin{cases} -\alpha_0 - \alpha_1 Y_t + C_t + 0I_t - \alpha_2 T_t + 0Y_{t-1} + 0G_t = \mu_{1t} \\ -\beta_0 - \beta_1 Y_t + 0C_t + I_t + 0T_t - \beta_2 Y_{t-1} + 0G_t = \mu_{2t} \\ -\gamma_0 - \gamma_1 Y_t + 0C_t + 0I_t + T_t + 0Y_{t-1} + 0G_t = \mu_{3t} \\ 0 + Y_t - C_t - I_t + 0T_t + 0Y_{t-1} - G_t = 0 \end{cases} \quad (9.34)$$

表 9.1   结构模型系数表

方程	变量					
	Y_t	C_t	I_t	T_t	Y_{t-1}	G_t
1	$-\alpha_1$	1	0	$-\alpha_2$	0	0
2	$-\beta_1$	0	1	0	$-\beta_2$	0
3	$-\gamma_1$	0	0	1	0	0
4	1	-1	-1	0	0	-1

（2）划去所要识别的第一个方程的系数，并划去该方程所包含的变量的各列系数，得到不包括在这个方程中的所有变量的系数矩阵：

$$\begin{matrix} I_t & Y_{t-1} & G_t \\ \begin{bmatrix} 1 & -\beta_2 & 0 \\ 0 & 0 & 0 \\ -1 & 0 & -1 \end{bmatrix} \end{matrix} \quad (9.35)$$

（3）检查该矩阵的秩，显然本例中矩阵的秩为 2，不等于 $M-1(=3)$。因此，第一个方程是不可识别。

值得注意的是，在阶条件的判断中该方程可能是恰好识别的，这正好说明了阶条件只是必要条件，而非充分条件，即满足阶条件未必一定满足秩条件。出现这种情况，是因为在第一个方程中排除的变量 I_t、Y_{t-1}、G_t 在第三个方程中也同样被排除了；这样一来，第一个方程和第三个方程线性组合就与第一个方程具有相同的统计形式，因此，第一个方程即使满足阶条件也是不可识别的。

3. 模型识别的一般步骤和经验方法

模型识别的阶条件比较简便，但只是必要条件，模型识别的秩条件是充要条件，但较烦琐；因此，联立方程模型的识别可以将两种方法结合起来运用。其一般步骤如下：

（1）考察每个方程的阶条件，如果阶条件不成立则方程不可识别；

（2）如果阶条件成立，再考察方程的秩条件，秩条件不成立则方程不可识别；

（3）如果秩条件成立，则可以再根据阶条件判断方程是恰好识别还是过度识别。

在研究实际经济问题时，联立方程模型包含的方程往往数目较多，无论是从识别的概念出发，还是利用阶条件或秩条件对模型进行识别都是很困难的；因此，对联立方程模型的识别并不是在建立联立方程模型之后进行的，而是在建立模型的过程中就设法保证模型的可识别性。一般来说，建立联立方程模型应遵循以下原则：

在建立联立方程模型时，要使新建立的结构方程至少包含已经建立的结构方程都不包含的一个变量（内生变量或先决变量）；同时，使已经建立的每一个结构方程包含至少一个该方程未包含的变量，并且互不相同。

该原则的前一句是保证新方程的引入不破坏已经建立的方程的可识别性；因为只要新建立的结构方程包含已经建立的结构方程都不包含的一个变量，那么它与前面方程的线性组合就不会与前面的方程具有相同的统计形式，前面的方程仍然是可以识别的。该原则的后一句是保证新引入的方程本身是可识别的，因为只要已经建立的结构方程包含该结构方程不包含的一个变量，那么所有方程的线性组合就不会与该方程具有相同的统计形式。

■ 第三节　联立方程模型的估计

一、联立方程模型估计方法概述

对于可识别的联立方程模型，需要选择适当的方法进行参数估计。针对联立方程模型的特点，计量经济学家提出了很多用于联立方程模型的估计方法。这些方法分为两类：单方程估计方法和系统估计方法。

单方程方法是对整个联立方程模型中每个方程分别进行估计的方法，也称有限信息估计法；单方程估计方法主要解决联立方程模型所固有的随机解释变量问题，但是没有考虑模型系统方程之间的相关性对单个方程参数估计量的影响。单方程估计方法不同于单方程模型的估计，因为在联立方程模型的情况下，我们还要考虑模型中其他方程对所估计方程的影响，也就是说，要用到整个联立方程模型的某些信息。应用单方程估计方法对模型中所包含的结构方程逐个进行估计，就会获得整个联立方程模型结构参数的估计值。常用的单方程估计方法有间接最小二乘法（ILS）、工具变量法（IV）、二阶段最小二乘法（2SLS）和有限信息极大似然法（LIML）。

系统估计方法是对整个模型中全部结构参数同时进行估计的方法，也称为完全信息估计方法；系统估计方法利用了模型系统提供的所有信息，包括方程之间的相关性信息。采用系统估计方法对联立方程模型进行估计，可同时决定所有结构参数的估计值。常用的系统方法有三阶段最小二乘法（3SLS）、似乎不相关法（SUR）和完全信息极大似然法（FIML）。

显然，从模型的性质和参数估计量的统计性质来说，系统估计方法优于单方程估计方法，但从方法的复杂性和可操作性来说，单方程估计方法又优于系统估计方法。另外，如果模型中的一个或多个方程有设定误差，则利用系统估计方法误差将传递给其他方程。因此，在研究实际经济问题时，单方程估计方法得到广泛应用。

本书只介绍常用的单方程估计方法。

二、间接最小二乘法

联立方程模型的结构式存在偏倚性问题，不能直接利用 OLS 估计结构方程的参数。

但是，联立方程模型的简化式根据模型中的先决变量和随机扰动项表示每一个内生变量而得到的一组方程，其解释变量均为与同期随机扰动项无关的先决变量；在这种情况下，采用 OLS 进行估计，将得到简化式参数的一致估计量。因此，可以利用间接最小二乘法（indirect least squares，ILS）估计结构方程的参数：先采用 OLS 估计出简化式参数，然后通过参数关系体系导出结构参数的估计值。

间接最小二乘法的具体步骤如下：

（1）从结构式模型导出简化式模型，并建立简化式模型与结构式模型之间参数的关系体系；

（2）对每一个简化式方程分别利用采用 OLS 进行估计，得出简化式系数的一致估计值；

（3）利用参数关系体系由简化式参数估计值求解出结构式参数的估计值。

应该注意的是，运用 ILS 法要求被估计的结构方程必须是恰好识别的，这样才能保证估计出的简化式参数与原结构参数之间存在着一一对应的关系，以保证可得到结构参数的唯一估计值。

例如，考察如下宏观经济系统模型：

$$\begin{cases} C_t = \alpha_0 + \alpha_1 Y_t + \alpha_2 T_t + \mu_{1t} \\ I_t = \beta_0 + \beta_1 Y_t + \beta_2 Y_{t-1} + \mu_{2t} \\ T_t = \gamma_0 + \gamma_1 Y_t + \mu_{3t} \\ Y_t = C_t + I_t + G_t \end{cases} \tag{9.36}$$

式中，Y 为国内生产总值；C 为居民消费总额；I 为投资总额；T 为税收总额；G 为政府消费额。

模型中有 4 个内生变量 Y_t、C_t、I_t、T_t 和 2 个先决变量 Y_{t-1}、G_t。容易验证，第二个结构方程是恰好识别的，可以采用间接最小二乘法估计参数。该方程包含两个内生变量，相应的简化式方程为

$$\begin{cases} I_t = \pi_1 + \pi_2 Y_{t-1} + \pi_3 G_t + \nu_{1t} \\ Y_t = \pi_4 + \pi_5 Y_{t-1} + \pi_6 G_t + \nu_{2t} \end{cases} \tag{9.37}$$

将两个简化式方程代入第二个结构方程，比较可得参数关系体系：

$$\begin{cases} \pi_1 - \beta_1 \pi_4 = \beta_0 \\ \pi_2 - \beta_1 \pi_5 = \beta_2 \\ \pi_3 - \beta_1 \pi_6 = 0 \end{cases} \tag{9.38}$$

利用 OLS 估计出式（9.37）的简化式方程的参数，由式（9.38）的参数关系体系可以解出第二个结构方程的参数估计值：

$$\begin{cases} \hat{\beta}_0 = \hat{\pi}_1 - \dfrac{\hat{\pi}_3 \hat{\pi}_4}{\hat{\pi}_6} \\ \hat{\beta}_1 = \dfrac{\hat{\pi}_3}{\hat{\pi}_6} \\ \hat{\beta}_2 = \hat{\pi}_2 - \dfrac{\hat{\pi}_3 \hat{\pi}_5}{\hat{\pi}_6} \end{cases} \tag{9.39}$$

可以证明，在随机扰动项满足经典线性回归假设的情况下，简化式参数的估计量是一致的；由参数关系体系得到的结构参数的估计量是有偏的，但是一致的，并且一般不是有效的。

三、工具变量法

工具变量法（instrumental variable，IV）是解决随机解释变量与随机扰动项相关问题的有效方法，即在模型参数估计过程中选择适当的工具变量代替在模型中同随机扰动项相关的随机解释变量，从而利用 OLS 得到一致估计量。

在联立方程模型的情况下，为了找到"最好的"工具变量，自然会考虑到模型中的先决变量。因为它们与模型中的内生变量相关（通过联立方程模型系统的相互作用），而与随机扰动项不相关。

如果所要估计的结构方程是恰好识别的，即满足 $K-k_i=m_i-1$；则可以选择该方程没有包含的 $K-k_i$ 个先决变量作为方程中包含的其他 m_i-1 个内生解释变量的工具变量。但是，如果所要估计的结构方程是过度识别的，即满足 $K-k_i>m_i-1$；则从该方程没有包含的 $K-k_i$ 个先决变量中选择 m_i-1 个作为工具变量，存在一定的任意性，即选择不同的工具变量会得到不同的参数估计值。所以，工具变量法一般只适用于恰好识别的结构方程的参数估计，此时也称为狭义工具变量法。

例如，利用工具变量法估计宏观经济系统模型（9.6）中的投资方程：

$$I_t = \beta_0 + \beta_1 Y_t + \beta_2 Y_{t-1} + \mu_{2t} \tag{9.40}$$

模型（9.36）中有 4 个内生变量 Y_t、C_t、I_t、T_t 和 2 个先决变量 Y_{t-1}、G_t，恰好识别的投资方程包含 2 个内生变量 Y_t、I_t 和 1 个先决变量 Y_{t-1}。因此，可用没有包含在该方程中的先决变量 G_t 作为该方程中包含的内生解释变量 Y_t 的工具变量，利用 OLS 得到如下矩阵形式的参数估计量：

$$\hat{\beta} = [(1 \quad G \quad Y(-1))'(1 \quad Y \quad Y(-1))]^{-1}(1 \quad G \quad Y(-1))'I \tag{9.41}$$

式中，$Y(-1)$ 为滞后内生变量 Y_{t-1}。上述估计量的估计过程从略。

可以证明，在随机扰动项满足经典线性回归假设的情况下，工具变量法得到的结构参数的估计量是有偏的，但是一致的。

应该注意到，对于某个恰好识别的结构方程，选择该方程中没有包含的 $K-k_i$ 个先决变量作为方程中包含的其他 m_i-1 个内生解释变量的工具变量，虽然只有一组选择，但哪个先决变更作为哪个内生变量的工具变量，仍然具有任意性。幸运的是，可以证明，只要选择的工具变量是相同的，利用 OLS 得到的是同样的参数估计量，而与工具变量的顺序无关。

在 EViews 中，利用工具变量法估计投资方程（9.40），只需进入"Equation Estimation"对话框，在"method"对话框中选择"TSLS"，然后在"Equation Specification"窗口输入：$I\ C\ Y\ Y(-1)$，在"Instrument List"窗口输入：$C\ G\ Y(-1)$，执行后即可得到模型参数的一致估计量。

四、二阶段最小二乘法

间接最小二乘法和工具变量法一般只适用于联立方程模型中恰好识别的结构方程的估计。但是对实际经济问题建立联立方程模型，一般包含较多的内生变量和先决变量，但每个结构方程一般只包含 3～5 个内生变量及先决变量。因此，实际联立方程模型中恰好识别的结构方程是很少出现的，大多数结构方程都是过度识别的。

对于过度识别的结构方程，主要的估计方法有二阶段最小二乘法（two-stage least squares，2SLS）和有限信息极大似然法。其中，二阶段最小二乘法更为简单、常用，本书只介绍二阶段最小二乘法。

二阶段最小二乘法的具体步骤如下：

第一阶段，将要估计的结构方程中作为解释变量的每一个内生变量对联立方程系统中全部先决变量回归（即估计简化式方程），然后求出这些内生变量的估计值。

第二阶段，用第一阶段得出的内生变量的估计值代替方程右端的内生变量（即用它们作为这些内生变量的工具变量），对原方程应用 OLS 法，以得到结构参数的估计值。

例如，利用二阶段最小二乘法估计宏观经济系统模型（9.36）中的税收方程：

$$T_t = \gamma_0 + \gamma_1 Y_t + \mu_{3t} \tag{9.42}$$

模型（9.36）中有 4 个内生变量 Y_t、C_t、I_t、T_t 和 2 个先决变量 Y_{t-1}、G_t，税收方程包含 2 个内生变量 Y_t、T_t，没有先决变量。容易验证，税收方程是过度识别的。

首先，将税收方程中包含的内生解释变量 Y_t 对模型中所有的先决变量 Y_{t-1}、G_t 回归，得到 Y_t 的估计值：

$$\hat{Y}_t = \hat{\pi}_1 + \hat{\pi}_2 Y_{t-1} + \hat{\pi}_2 G_t \tag{9.43}$$

然后，以 $\hat{Y}$ 替代解释变量 Y，进行如下 OLS 估计：

$$\hat{T}_t = \hat{\gamma}_0 + \hat{\gamma}_1 \hat{Y}_t \tag{9.44}$$

由此得到矩阵形式的结构参数估计量（证明从略）：

$$\hat{\gamma} = [(1 \quad \hat{Y})'(1 \quad \hat{Y})]^{-1}(1 \quad \hat{Y})'T \tag{9.45}$$

显然，如果不是以 $\hat{Y}$ 替代解释变量 Y 对方程（9.44）进行估计，而是把 $\hat{Y}$ 作为解释变量 Y 的工具变量，利用工具变量法估计方程（9.42）的参数，应该得到如下矩阵形式的结构参数估计量：

$$\hat{\gamma} = [(1 \quad \hat{Y})'(1 \quad Y)]^{-1}(1 \quad \hat{Y})'T \tag{9.46}$$

数学上可以严格证明式（9.45）和式（9.46）表示的两组估计量是完全等价的，所以可以认为二阶段最小二乘法是工具变量法的一个特例。二阶段最小二乘法将所有的先决变量结合起来产生复合变量，作为"最佳"工具变量，即将模型中用作解释变量的每一个内生变量对模型系统中所有先决变量回归，然后用回归所得到的这些内生变量的估计值（拟合值）作为工具变量，对原结构方程应用工具变量法。

由于 2SLS 估计量是一个合理的工具变量估计量，因而它是有偏但一致估计量。

二阶段最小二乘法是针对过度识别的结构方程而提出的，但是也适用于恰好识别的结构方程。可以证明，对于恰好识别的结构方程，ILS、IV 和 2SLS 的参数估计结果完全相同。另外，蒙特卡洛研究表明，2SLS 估计量的小样本性质在大多数方面优于其他估计量，并且相当稳定（即它的好性质对其他如多重共线性、误设定等估计问题的存在不敏感），再加上计算成本低，因此，二阶段最小二乘法是估计联立方程模型的首选方法。

第四节 实验：联立方程模型的估计

一、研究问题——中国简单宏观经济模型的建立

联立方程模型中，最主要的一类是宏观计量经济模型。宏观计量经济模型的研究，始于 20 世纪 30 年代荷兰经济学家丁伯根的工作，这是计量经济学最重要的应用之一。这类模型一般使用凯恩斯的框架决定国民收入（GNP）或国内生产总值（GDP）及其分量（如消费、投资、进出口等），以及其他一些宏观经济变量（如价格、工资、就业、失业等）。

下面根据凯恩斯理论建立简单的中国宏观经济模型，以演示联立方程模型的估计方法。

分析国内生产总值与总消费、总投资和进出口的相互影响，可建立如下四部门的简单宏观经济系统模型：

$$\begin{cases} C_t = \alpha_0 + \alpha_1 Y_t + \alpha_2 C_{t-1} + \mu_{1t} \\ I_t = \beta_0 + \beta_1 Y_t + \beta_2 I_{t-1} + \mu_{2t} \\ X_t = \gamma_0 + \gamma_1 Y_t + \gamma_2 C_t + \gamma_3 X_{t-1} + \mu_{3t} \\ Y_t = C_t + I_t + G_t + X_t \end{cases} \quad (9.47)$$

式中，Y 为国内生产总值；C 为居民消费总额；I 为投资总额；G 为政府消费额；X 为净出口额。

表 9.2 给出了中国 1978～2012 年国内生产总值（支出法）等级宏观经济相关数据。

二、模型的识别

宏观经济系统模型（9.47）中有 4 个内生变量 Y_t、C_t、I_t、X_t 和 4 个先决变量 C_{t-1}、I_{t-1}、X_{t-1}、G_t，因此 $M=4$、$K=4$。

考察模型（9.47）的第一个方程有 $m_1=2$、$k_1=1$，因此 $K-k_1>m_1-1$，则第一个方程可能过度识别；第二个方程有 $m_2=2$、$k_2=1$，因此 $K-k_2>m_2-1$，则第二个方程也可能过度识别；第三个方程有 $m_3=3$、$k_3=1$，因此 $K-k_3>m_3-1$，则第三个方程也可能过度识别；第四个方程是定义方程，不需要识别。

由于阶条件是必要条件，下面再利用秩条件判断方程的识别类型，步骤如下：

（1）将结构方程转变为标准形式，并将所有方程的系数列在表中，如表 9.3 所示。

宏观经济系统模型（9.47）的标准形式为

$$
\begin{cases}
-\alpha_0 - \alpha_1 Y_t + C_t + 0 I_t + 0 X_t - \alpha_2 C_{t-1} + 0 I_{t-1} + 0 X_{t-1} + 0 G_t = \mu_{1t} \\
-\beta_0 - \beta_1 Y_t + 0 C_t + I_t + 0 X_t + 0 C_{t-1} - \beta_2 I_{t-1} + 0 X_{t-1} + 0 G_t = \mu_{2t} \\
-\gamma_0 - \gamma_1 Y_t - \gamma_2 C_t + 0 I_t + X_t + 0 C_{t-1} + 0 I_{t-1} - \gamma_3 X_{t-1} + 0 G_t = \mu_{3t} \\
0 + Y_t - C_t - I_t - X_t + 0 C_{t-1} + 0 I_{t-1} + 0 X_{t-1} - G_t = 0
\end{cases}
$$

表 9.2　中国 1978～2012 年宏观经济相关数据　　　　　（单位：亿元）

年份	Y	C	I	G	X	年份	Y	C	I	G	X
1978	3 605.6	1 759.1	1 377.9	480.0	−11.4	1996	74 163.6	33 955.9	28 784.9	9 963.6	1 459.2
1979	4 092.6	2 011.5	1 478.9	622.2	−20.0	1997	81 658.5	36 921.5	29 968.0	11 219.1	3 549.9
1980	4 592.9	2 331.2	1 599.7	676.7	−14.7	1998	86 531.6	39 229.3	31 314.2	12 358.9	3 629.2
1981	5 008.8	2 627.9	1 630.2	733.6	17.1	1999	91 125.0	41 920.4	32 951.5	13 716.5	2 536.6
1982	5 590.0	2 902.9	1 784.2	811.9	91.0	2000	98 749.0	45 854.6	34 842.8	15 661.4	2 390.2
1983	6 216.2	3 231.1	2 039.0	895.3	50.8	2001	109 028.0	49 435.9	39 769.4	17 498.0	2 324.7
1984	7 362.7	3 742.0	2 515.1	1 104.3	1.3	2002	120 475.6	53 056.6	45 565.0	18 760.0	3 094.1
1985	9 076.7	4 687.4	3 457.5	1 298.9	−367.1	2003	136 613.4	57 649.8	55 963.0	20 035.7	2 964.9
1986	10 508.5	5 302.1	3 941.9	1 519.7	−255.2	2004	160 956.6	65 218.5	69 168.4	22 334.1	4 235.6
1987	12 277.4	6 126.1	4 462.0	1 678.5	10.8	2005	187 423.4	72 958.7	77 856.8	26 398.3	10 209.1
1988	15 388.6	7 868.1	5 700.2	1 971.4	−151.1	2006	222 712.5	82 575.5	92 954.1	30 528.4	16 654.6
1989	17 311.3	8 812.6	6 332.7	2 351.6	−185.6	2007	266 599.2	96 332.5	110 943.2	35 900.4	23 423.1
1990	19 347.8	9 450.9	6 747.0	2 639.6	510.3	2008	315 974.6	111 670.4	138 325.3	41 752.1	24 226.8
1991	22 577.4	10 730.6	7 868.0	3 361.3	617.5	2009	348 775.1	123 584.6	164 463.2	45 690.0	15 037.0
1992	27 565.2	13 000.1	10 086.3	4 203.2	275.6	2010	402 816.5	140 758.6	193 603.9	53 356.3	15 097.6
1993	36 938.1	16 412.1	15 717.7	5 487.8	−679.5	2011	472 619.2	168 956.6	228 344.3	63 154.9	12 163.3
1994	50 217.4	21 844.2	20 341.1	7 398.0	634.1	2012	529 238.4	190 423.8	252 773.2	71 409.1	14 632.4
1995	63 216.9	28 369.7	25 470.1	8 378.5	998.6						

资料来源：中国统计年鉴 2013. 北京：中国统计出版社，2013

表 9.3　结构模型系数表

方程	变量							
	Y_t	C_t	I_t	X_t	C_{t-1}	I_{t-1}	X_{t-1}	G_t
1	$-\alpha_1$	1	0	0	$-\alpha_1$	0	0	0
2	$-\beta_1$	0	1	0	0	$-\beta_2$	0	0
3	$-\gamma_1$	$-\gamma_2$	0	1	0	0	$-\gamma_3$	0
4	1	−1	−1	−1	0	0	0	−1

　　（2）划去所要识别的方程的系数，并划去该方程所包含的变量的各列系数，得到不包括在这个方程中的所有变量的系数矩阵：

$$
\begin{array}{ccccc}
I_t & X_t & I_{t-1} & X_{t-1} & G_t
\end{array}
$$

第一个方程：
$$
\begin{bmatrix}
1 & 0 & -\beta_2 & 0 & 0 \\
0 & 1 & 0 & -\gamma_3 & 0 \\
-1 & -1 & 0 & 0 & -1
\end{bmatrix}
$$

$$
\begin{array}{ccccc}
C_t & X_t & C_{t-1} & X_{t-1} & G_t
\end{array}
$$

第二个方程：
$$
\begin{bmatrix}
1 & 0 & -\alpha_1 & 0 & 0 \\
-\gamma_2 & 1 & 0 & -\gamma_3 & 0 \\
-1 & -1 & 0 & 0 & -1
\end{bmatrix}
$$

$$
\begin{array}{cccc}
I_t & C_{t-1} & I_{t-1} & G
\end{array}
$$

第三个方程：
$$
\begin{bmatrix}
0 & -\alpha_1 & 0 & 0 \\
1 & 0 & -\beta_2 & 0 \\
-1 & 0 & 0 & -1
\end{bmatrix}
$$

（3）检查矩阵的秩，显然不包括在第一个方程的所有变量的系数矩阵和不包括在第二个方程的所有变量的系数矩阵的秩都为 3，等于 $M-1(=3)$。因此，结合阶条件可知三个方程都过度识别。

三、模型的估计

在 EViews 中，利用工具变量法估计恰好识别方程和利用二阶段最小二乘法估计过度识别方程的操作是一样的，首先进入"Equation Estimation"对话框，在"method"对话框中选择"TSLS"，然后在"Equation Specification"窗口输入要估计的方程，在"Instrument List"窗口输入联立方程模型中所有的先决变量，执行后即可得到模型参数的一致估计量。

在 EViews 中，也提供了利用二阶段最小二乘法同时估计出所有可识别方程的操作方法，下面简要介绍其步骤。

图 9.1　新建对象

首先建立工作文件，在工作文件窗口点"Object/New Object"，如图9.1所示；弹出对话框"New Object"，在"Type of Object"窗口选择"System"，在"Name for Object"窗口输入"KeynesModel"为联立方程模型命名，如图9.2所示。

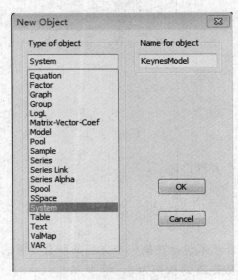

图9.2　建立联立方程系统

然后点击"OK"，打开"System"窗口，在窗口的空白处输入要估计的方程并列出所有的包括常数项在内的先决变量，如图9.3所示。注意，只要求写出随机方程，不需要写恒等式；最后一行列出的是工具变量，"INST"表示工具变量。

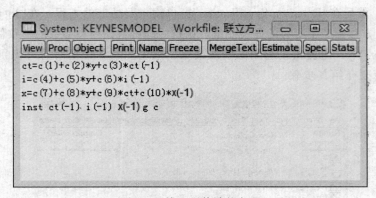

图9.3　输入要估计的方程

点击"System"窗口上的"Estimate"命令弹出"System"窗口，"Estimation Method"窗口选择"Two-Stage Least Squares"，如图9.4所示。点击"确定"，可以得到联立方程模型如表9.4的估计结果（删除了不显著变量）。

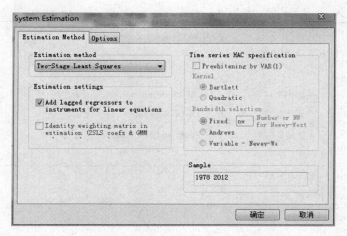

图 9.4 选择估计方法

表 9.4 宏观经济模型估计结果

System：KeynesModel
Estimation Method：Two-Stage Least Squares
Date：03/26/14 Time：22：29
Sample：1979 2012
Included observations：34
Total system（balanced）observations 102

	Coefficient	Std. Error	t-Statistic	Prob.
C(1)	1 208.081	436.500 8	2.767 649	0.006 8
C(2)	0.116 059	0.019 608	5.919 091	0.000 0
C(3)	0.767 163	0.063 617	12.059 06	0.000 0
C(5)	0.107 617	0.032 365	3.325 062	0.001 3
C(6)	0.890 545	0.081 993	10.861 20	0.000 0
C(9)	0.008 651	0.005 536	1.562 834	0.121 4
C(10)	0.816 581	0.127 114	6.423 997	0.000 0
Determinant residual covariance		1.08E+20		

Equation：CT＝C(1)＋C(2)・Y＋C(3)・CT(−1)

Instruments：CT(−1) I(−1) X(−1) G C

Observations：34

R-squared	0.999 090	Mean dependent var	45 880.99
Adjusted R-squared	0.999 031	S. D. dependent var	50 801.34
S. E. of regression	1 580.998	Sum squared resid	77 486 192
Prob(F-statistic)	1.641 816		

Equation：I＝C(5)·Y＋C(6)·I(−1)

Instruments：CT(−1) I(−1) X(−1) G C

Observations：34

R-squared	0.998 170	Mean dependent var	51 434.20
Adjusted R-squared	0.998 113	S. D. dependent var	68 535.54
S. E. of regression	2 976.904	Sum squared resid	2.84E＋08
Prob(F-statistic)	1.028 312		

Equation：X＝C(9)·Y＋C(10)·X(−1)

Instruments：CT(−1) I(−1) X(−1) G C

Observations：34

R-squared	0.870 544	Mean dependent var	4 681.240
Adjusted R-squared	0.866 499	S. D. dependent var	7 119.776
S. E. of regression	2 601.413	Sum squared resid	2.17E＋08
Prob(F-statistic)	1.169 448		

由此可写出该简单宏观经济系统模型的估计结果如下：

$$\begin{cases} C_t = 1208.08 + 0.1161Y_t + 0.7672C_{t-1} + e_{1t} \\ I_t = 0.1076Y_t + 0.8905I_{t-1} + e_{2t} \\ X_t = 0.0087Y_t + 0.8166X_{t-1} + e_{3t} \\ Y_t = C_t + I_t + G_t + X_t \end{cases}$$

应该指出的是，该例只是对联立方程模型估计方法的演示，并未对模型估计中的其他问题进行讨论。

思考与练习题

1. 联立方程模型有哪些种类？各类联立方程模型的特点是什么？

2. 什么是联立方程偏倚？为什么会产生联立方程偏倚？

3. 什么是识别问题？为什么它是重要的？

4. 识别的阶条件是什么？为什么说识别的阶条件是必要而非充分条件？

5. 识别的秩条件的含义是什么？为什么说识别的秩条件是充要条件？

6. 什么是 ILS、IV、2SLS？为什么 2SLS 是联立方程模型的首选方法？

7. 考虑下面的双方程模型：

$$Y_{1t} = A_1 + A_2 Y_{2t} + A_3 X_{1t} + u_{1t}$$
$$Y_{2t} = B_1 + B_2 Y_{1t} + B_3 X_{2t} + u_{2t}$$

式中，Y 是内生变量；X 是外生变量；u 是随机误差项。

（a）求简化形式回归方程？

（b）判定哪个方程是可识别的。

（c）对可识别方程，你将用那种方法进行估计，为什么？

(d) 假定先验地知道 $A_3 = 0$。那么你将如何回答上述问题，为什么？

8. 考虑下面的模型：

$$R_t = A_1 + A_2 M_t + A_3 Y_t + u_{1t}$$
$$Y_t = B_1 + B_2 R_t + u_{2t}$$

式中，Y＝收入（用ＧＤＰ来度量），R＝利率（用6月期国债利率，％），M＝货币供给（用 M_2 度量），假定 M 外生给定。

（a）该模型之后的经济原理是什么（提示：可参阅有关宏观经济学的教科书）？

（b）上述方程可识别吗？

（c）利用实际数据，估计可识别方程的参数。

9. 考虑下面的模型：

$$R_t = A_1 + A_2 M_t + A_3 Y_t + u_{1t}$$
$$Y_t = B_1 + B_2 R_t + B_3 I_t + u_{2t}$$

式中，I 为增加的变量，代表投资（用国内私人总投资来度量）。假定 M 和 I 外生给定。

（a）上述方程哪一个是可识别的？

（b）利用实际数据，估计可识别方程的参数。

（c）你对本题和上一题的不同结果有什么看法？

10. 一个由两个方程组成的完备的联立模型的结构如下：

$$P_t = A_0 + A_1 N_t + A_2 S_t + A_3 R_t + u_t$$
$$N_t = B_0 + B_1 P_t + B_2 M_t + v_t$$

（1）指出该联立模型中的内生变量与外生变量；

（2）分析每一个方程是否为可识别的、过度识别的还是恰好识别？

（3）如果使用 OLS 方法估计每一个方程会出现什么问题？

（4）可以使用 ILS 估计这两个方程吗？对上述模型简述 2SLS 估计方法。

11. 在如下简单的凯恩斯收入决策模型中：

$$C_t = B_1 + B_2 Y_t + \mu_t$$
$$Y_t = C_t + I_t$$

如果 μ_t 满足基本假设，且 $\mathrm{Cov}(I_t, \mu_t) = \sigma^2$，$\mathrm{Cov}(I_t, \mu_t) = 0$。

（1）能在消费方程中得出 $\mathrm{Cov}(Y_t, \mu_t) = 0$ 吗？为什么？

（2）证明：$\mathrm{Cov}(Y_t, \mu_t) = \sigma^2 / (1-\beta)$。

（3）证明：由该联立模型 OLS 估计的边际消费倾向是有偏且不一致的。

12. 讨论蛛网模型的识别与估计问题：

$$Y_t = a_0 + a_1 P_{t-1} + u_t$$
$$P_t = b_0 + b_1 Y_t + v_t$$

13. 给定下列宏观经济模型：

$$\begin{cases} C_t = \alpha_0 + \alpha_1 Y_t + \alpha_2 C_{t-1} + \mu_{1t} \\ I_t = \beta_0 + \beta_1 Y_t + \beta_2 Y_{t-1} + \mu_{2t} \\ Y_t = C_t + I_t + G_t \end{cases}$$

（1）指出模型中的内生变量、外生变量、先决变量；

（2）判断方程及模型的识别情况。

14. 某联立方程模型有3个方程、3个内生变量（Y_1、Y_2、Y_3）、3个外生变量（X_1、X_2、X_3），样本容量为 n，其中第二个方程为

$$Y_2 = a_0 + a_1 X_1 + a_2 Y_3 + a_3 X_3 + u_2$$

（1）写出用 IV 法估计该方程参数的正规方程组？

（2）用 ILS 方法估计该方程参数，也可以看成一种工具变量法，指出工具变量是如何选取的，并写出参数估计量的表达式？

（3）用 2SLS 方法估计该方程的参数，也可以看成一种工具变量法，指出工具变量是如何选取的，并写出参数估计量的表达式？

15. 下列为一完备联立方程计量经济学模型：

$$Y_t = a_0 + a_1 M_t + a_2 C_t + a_3 I_t + u_t$$
$$M_t = b_0 + b_1 Y_t + b_2 P_t + v_t$$

式中，M 为货币供给量；Y 为国内生产总值；P 为价格总指数；C、I 分别为居民消费与投资。

（1）指出内生变量、外生变量和先决变量；

（2）写出简化式模型，并导出结构式参数与简化式参数之间的关系；

（3）用结构式条件确定模型的识别情况；

（4）指出 ILS、IV 和 2SLS 中哪些可用于原模型第一、二个方程的参数估计。

16. 收集最新的中国宏观经济统计资料，试判断模型的识别性，再用 2SLS 法估计如下宏观经济模型：

$$C_t = \alpha_0 + \alpha_1 Y_t + u_{1t}$$
$$I_t = \beta_0 + \beta_1 Y_t + \beta_2 Y_{t-1} + u_{2t}$$
$$Y_t = C_t + I_t + G_t + X_t$$

式中，C_t、I_t、Y_t、G_t、X_t 分别表示居民消费、总投资、国内生产总值、政府支出和净出口。

第十章

时间序列计量经济模型[①]

时间序列数据是经济计量分析中最常见的数据类型，因此，对时间序列的分析也就成为计量经济学最重要的内容之一。时间序列计量经济模型就是为揭示时间序列自身变化规律而发展起来的全新的计量经济学分析方法；本章主要介绍时间序列分析的基本概念、平稳性检验方法和常用的时间序列计量经济模型。本章主要讨论以下问题：①什么是时间序列的平稳性，如何检验？②什么是协整，如何检验时间序列之间的协整关系？④如何建立误差修正模型？

■ 第一节 时间序列计量经济分析概述

一、伪回归问题

经典计量经济学对时间序列的分析是通过建立以因果关系为基础的结构模型进行的；而无论是单方程模型还是联立方程模型都隐含着一个重要假设，即时间序列是平稳的。否则的话，通常对模型所作的 t、F、χ^2 等检验将是不可信的；如果直接将非平稳时间序列作回归分析，可能出现"伪回归（spurious regression）"的问题。

所谓"伪回归"，是指时间序列之间本来不存在有意义的关系，但回归结果却得到一个较高的 R^2。例如，如果有两列时间序列数据表现出一致的变化趋势（非平稳的），即使它们没有任何有意义的关系，但进行回归也可表现出较高的判定系数。在现实经济生活中，实际的时间序列往往是非平稳的，如消费、收入、价格等主要的经济变量往往表现为一致的上升或下降趋势；此时，如果仍然通过经典的因果关系模型进行分析，一般不会得到经济变量之间真实的关系。

经济学家早就发现经济变量之间可能会存在"伪回归"现象，但对于在什么条件下会产生"伪回归"问题，长期以来无统一认识。直到 20 世纪 70 年代，Grange 和 Newbold

---

[①] 本章内容供本科教学选择使用

研究发现，造成"伪回归"的根本原因在于时间序列的非平稳性。因此，在利用回归分析方法研究经济变量之间的关系之前，必须对经济变量时间序列的平稳性进行检验；如果时间序列是非平稳的，则需要寻找新的分析方法。

以协整理论、误差修正模型等方法为主要内容的时间序列计量经济模型，就是在这样的情况下以通过揭示时间序列自身的变化规律为主线而发展起来的全新的计量经济学方法论。

二、时间序列的平稳性

时间序列分析中首先遇到的问题是关于时间序列的平稳性问题。所谓时间序列的平稳性，是指时间序列的统计特性不随时间的推移而发生变化；从理论上讲，时间序列的平稳性有严平稳和宽平稳两种含义。严平稳要求时间序列的所有统计特性都不随时间的推移而发生变化，即时间序列的概率分布不随时间的推移而发生变化；宽平稳是指时间序列的期望、方差和协方差不随时间的推移而变化。一般来说，严平稳比宽平稳要求严格；但是，严平稳并不意味着一定是宽平稳，如服从柯西分布的变量不存在期望和方差，因此也就不能判断时间序列是否满足宽平稳的条件。

在时间序列分析中，通常所说的平稳性是指宽平稳。假定某个时间序列是由某一随机过程（stochastic process）生成的，即假定时间序列 $\{X_t\}$（$t=1,2,\cdots$）的每一个数值都是从一个概率分布中随机得到，如果满足下列条件：

（1）均值 $E(X_t)=\mu$，是与时间 t 无关的常数；

（2）方差 $\mathrm{Var}(X_t)=\sigma^2$，是与时间 t 无关的常数；

（3）协方差 $\mathrm{Cov}(X_t，X_{t+k})=\gamma_k$，是只与时期间隔 k 有关、与时间 t 无关的常数。则称该随机时间序列是平稳的（stationary），而该随机过程是一平稳随机过程（stationary stochastic process）。

对于随机时间序列 $\{X_t\}$（$t=1,2,\cdots$），如果对于所有 $t\neq s$，随机变量 X_t 和 X_s 的协方差为 0，则称 $\{X_t\}$ 为纯随机时间序列。若纯随机时间序列的期望和方差不随时间的推移而变化，则称为白噪声时间序列，简称白噪声（white noise）；显然，白噪声是平稳的时间序列。

例 10.1　一个最简单的随机时间序列是一具有零均值同方差的独立分布序列：

$$X_t=\mu_t \qquad\qquad \mu_t\sim N(0,\sigma^2) \tag{10.1}$$

由于 X_t 具有相同的均值与方差，且协方差为零，因此是一个白噪声序列，且是平稳的时间序列。

例 10.2　另一个简单的随机时间序列被称为随机游走（random walk）序列，该序列由如下随机过程生成：

$$X_t=X_{t-1}+\mu_t \qquad\qquad \mu_t\sim N(0,\sigma^2) \tag{10.2}$$

式中，μ_t 是一个白噪声。

容易知道该序列有相同的均值：

$$E(X_t)=E(X_{t-1})$$

为了检验该序列是否具有相同的方差，可假设 X_t 的初值为 X_0，则易知：

$$X_1 = X_0 + \mu_1$$
$$X_2 = X_1 + \mu_2 = X_0 + \mu_1 + \mu_2$$
$$\cdots$$
$$X_t = X_0 + \mu_1 + \mu_2 + \cdots + \mu_t$$

由于 X_0 为常数，μ_t 是一个白噪声，因此 $\mathrm{Var}(X_t) = t\sigma^2$，即 X_t 的方差与时间 t 有关而非常数，$\{X_t\}$ 是一非平稳时间序列。

三、时间序列的自相关性

时间序列的自相关性是指时间序列各期值之间的依存关系。这种关系可以用相关函数来表示，称为自相关函数（autocorrelation function，ACF）；也可以用一个回归模型来表示，称为自回归模型（auto-regressive model，AR）。

时间序列 $\{X_t\}$ 的自相关函数定义如下：

$$\rho_k = \frac{\gamma_k}{\gamma_0} \tag{10.3}$$

式中，γ_k 是间隔 k 期的协方差；γ_0 是方差。

如果给出时间序列的一个 n 次样本观察值，则可计算样本自相关函数：

$$\hat{\rho}_k = \frac{\hat{\gamma}_k}{\hat{\gamma}_0} \tag{10.4}$$

式中，

$$\hat{\gamma}_k = \frac{1}{n} \sum_{t=1}^{n-k} (X_t - \bar{X})(X_{t+k} - \bar{X}) \tag{10.5}$$

$$\hat{\gamma}_0 = \frac{1}{n} \sum_{t=1}^{n} (X_t - \bar{X})^2 \tag{10.6}$$

即样本自相关函数是样本协方差对样本方差的比率。

自相关函数是随机时间序列的一个重要概念，用以度量时间序列在两个不同时期的取值之间的相互关联程度。

用自回归模型表示自相关是把时间序列的当期值表示为过去值与随机扰动项的函数。例如，设 X_t 只与前一期有关，则有

$$X_t = \varphi X_{t-1} + \mu_t \tag{10.7}$$

式中，μ_t 是随机扰动项。

自回归模型描述的是 X_t 与其过去值的依存关系，是时间序列分析的一种有效方法。

四、时间序列的动态记忆性

动态记忆性是从系统的观点来看在某一时刻进入系统的输入对系统后继行为的影响。如果该输入只影响系统的下一时期的行为，那么系统就具有一阶动态记忆性；依次类推，如果该输入对系统后继 n 个时期的行为都有影响，则称该系统具有 n 阶

动态记忆性。

系统的动态记忆性如何量化，是时间序列分析的主要内容之一，时间序列模型就是系统动态记忆性的具体描述，建立时间序列模型就是动态记忆性的量化过程。若无法取得其他输入变量的信息，只根据时间序列自身的信息来建立模型，所建立的模型称为 ARMA 模型，它是对时间序列的自相关性、自身的动态记忆性的具体描述。根据时间序列动态记忆性的内容不同，ARMA 模型有三种类型：自回归（auto-regressive，AR）模型、移动平均（moving-average，MA）模型和自回归移动平均（auto-regressive moving-average，ARMA）模型。

AR(p)即 p 阶自回归模型的形式为

$$X_t = \varphi_1 X_{t-1} + \varphi_2 X_{t-2} + \cdots + \varphi_p X_{t-p} + \mu_t$$

MA(q)即 q 阶移动平均模型的形式为

$$X_t = \mu_t - \theta_1 \mu_{t-1} - \theta_2 \mu_{t-2} - \cdots - \theta_q \mu_{t-q}$$

ARMA(p，q)即 p 阶自回归 q 阶移动平均模型的形式为

$$X_t - \varphi_1 X_{t-1} - \varphi_2 X_{t-2} - \cdots - \varphi_p X_{t-p} = \mu_t - \theta_1 \mu_{t-1} - \theta_2 \mu_{t-2} - \cdots - \theta_q \mu_{t-q}$$

式中，μ_t 为随机扰动项。

从以上三种模型的形式可知，AR 模型描述的是系统对过去自身状态的记忆，MA 模型描述的是系统对过去时刻进入系统的噪声（随机扰动项）的记忆，而 ARMA 模型则是系统对过去自身状态及进入系统的噪声的记忆。

ARMA 模型是 20 世纪 70 年代由计量经济学家 Box 和 Jenkins 创立的，用于对随机时间序列进行分析研究的一种方法。要对所研究的时间序列建立合适的 ARMA 模型，需要考虑时间序列的纯随机性、平稳性；ARMA 模型建立的方法有 Box-Jenkins 方法，Pandit-Wu 方法和长阶自回归法等。限于篇幅，本书不介绍 ARMA 模型的建立方法。

第二节　时间序列的平稳性检验

对于一个随机时间序列，首先可以通过该序列的时间序列图来粗略地判断它的平稳性。一个平稳的时间序列在图形上往往表现出一种围绕其均值不断波动的过程；而非平稳序列则往往表现出在不同的时间段具有不同的均值（如趋势性或周期性）。时间序列图示判断法比较简单、直观，运用方便；但是，这种方法带有很强的主观性，容易出现错误的结论，因此需要进一步进行检验。

时间序列平稳性检验的方法主要有自相关函数检验法和单位根检验法。

一、自相关函数检验法

自相关函数的定义见式(10.3)，由于一个时间序列只有一组观察值，因此只能计算式(10.4)定义的样本自相关函数。

从本自相关函数的定义可知：随着滞后时期间隔 k 的增加，样本自相关函数下降

且趋于零；但从下降速度来看，平稳序列要比非平稳序列快得多；对于一个纯随机时间序列，它的任何大于 0 的滞后期的自相关函数都应该等于零。因此，确定样本自相关函数 $\hat{\rho}_k$ 的某一数值是否足够接近于 0 是非常有用的，因为它可检验一个时间序列是否是纯随机的，从而可以判断它是否是平稳的。一般来说，自相关函数按指数衰减很快地趋于 0（滞后 2 或 3 期），则时间序列可能是平稳的；自相关函数出现了缓慢衰减或周期性衰减，则说明时间序列可能存在趋势或周期性。

任何一个 $\hat{\rho}_k$ 的统计显著性可以通过它的标准误来判断。巴特利特（Bartlett）曾经证明，如果时间序列由白噪声过程生成的，则对所有的 $k > 0$，样本自相关函数近似地服从以 0 为均值，$1/n$ 为方差的正态分布，其中 n 为样本容量。

在 EViews 中，计算样本自相关函数，只需在"Series"对象中点"View/ Correlogram"，如图 10.1 所示；弹出对话框"Correlogram Specification"，如图 10.2 所示；其中包括两种选择：一是对原变量、一次差分还是二次差分求自相关函数及其序列图，二是确定滞后期长度；在"Lags to Include"窗口输入滞后长度 k，执行后即可得到样本自相关函数及其序列图。

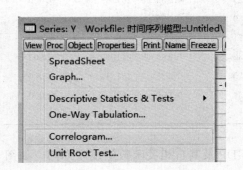

图 10.1 计算样本自相关函数

图 10.2 滞后期选择

例 10.3 根据表 10.1 中的数据检验中国 GDP（支出法）时间序列的平稳性。

表 10.1 中国 1978～2012 年 GDP（支出法）数据 （单位：亿元）

年份	GDP	年份	GDP	年份	GDP	年份	GDP
1978	3 605.6	1987	12 277.4	1996	74 163.6	2005	187 423.4
1979	4 092.6	1988	15 388.6	1997	81 658.5	2006	222 712.5
1980	4 592.9	1989	17 311.3	1998	86 531.6	2007	266 599.2
1981	5 008.8	1990	19 347.8	1999	91 125.0	2008	315 974.6
1982	5 590.0	1991	22 577.4	2000	98 749.0	2009	348 775.1
1983	6 216.2	1992	27 565.2	2001	109 028.0	2010	402 816.5
1984	7 362.7	1993	36 938.1	2002	120 475.6	2011	472 619.2
1985	9 076.7	1994	50 217.4	2003	136 613.4	2012	529 238.4
1986	10 508.5	1995	63 216.9	2004	160 956.6		

资料来源：中国统计年鉴 2013. 北京：中国统计出版社，2013

利用 EViews 软件，得到中国 1978～2012 年 GDP 自相关函数，如表 10.2 所示。

表 10.2　中国 1978～2012 年 GDP 自相关函数及 QLB 统计量检验

滞后期	ACF	QLB	Prob	滞后期	ACF	QLB	Prob
0	1.000			18	−0.207	96.316	0.000
1	0.854	27.774	0.000	19	−0.231	100.65	0.000
2	0.716	47.887	0.000	20	−0.249	105.99	0.000
3	0.598	62.362	0.000	21	−0.261	112.28	0.000
4	0.494	72.539	0.000	22	−0.271	119.59	0.000
5	0.391	79.150	0.000	23	−0.279	127.96	0.000
6	0.304	83.290	0.000	24	−0.284	137.48	0.000
7	0.232	85.788	0.000	25	−0.288	148.23	0.000
8	0.172	87.212	0.000	26	−0.288	160.16	0.000
9	0.121	87.936	0.000	27	−0.283	173.17	0.000
10	0.077	88.245	0.000	28	−0.274	187.08	0.000
11	0.038	88.324	0.000	29	−0.259	201.53	0.000
12	0.001	88.324	0.000	30	−0.236	215.92	0.000
13	−0.034	88.392	0.000	31	−0.205	229.47	0.000
14	−0.069	88.687	0.000	32	−0.168	241.66	0.000
15	−0.105	89.407	0.000	33	−0.123	251.41	0.000
16	−0.142	90.786	0.000	34	−0.066	257.06	0.000
17	−0.177	93.040	0.000				

利用 EViews 软件，将中国 1978～2012 年 GDP 及其自相关函数绘成序列图，如图 10.3 所示。

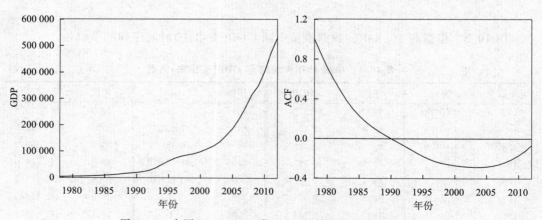

图 10.3　中国 1978～2012 年 GDP 及其自相关函数序列图

GDP 序列图表现出了一个持续上升的过程，即在不同的时期，其均值是不同的，可初步判断 GDP 序列是非平稳的。而 GDP 序列的样本自相关函数缓慢下降，再次表明

GDP 序列的非平稳性。

根据 Bartlett 理论，若 1978～2012 年 GDP 序列是纯随机序列，其样本自相关函数为 $\hat{\rho}_k \sim N(0, 1/35)$；因此，任一 $\hat{\rho}_k(k>0)$ 的 95％的置信区间都将是：

$$(-Z_{0.025} \times \delta_{\hat{\rho}_k}, Z_{0.025} \times \delta_{\hat{\rho}_k}) = (-0.3313, 0.3313)$$

从样本自相关函数可以看出，直到滞后 5 期的 $\hat{\rho}_k$ 都显著地异于 0。因此，拒绝 $\rho_k(k>0)$ 为 0 的假设。

对于 $\hat{\rho}_k$ 的显著性也可通过 QLB 统计量检验对所有 $k>0$ 自相关函数都为 0 的联合假设，检验的统计量为

$$Q = n(n+2) \sum_{k=1}^{m} \frac{\hat{\rho}_k^2}{n-k} \tag{10.8}$$

式中，n 为序列观测量，m 为最大滞后期，若观测量较多，m 可取 $[n/10]$ 或 $[\sqrt{n}]$；若样本量较小，则 m 一般取 $[n/4]$。

在时间序列是纯随机的零假设下，该统计量近似地服从自由度为 m 的 χ^2 分布。因此，如果计算的 Q 值大于显著性水平为 α 的临界值，则有 $1-\alpha$ 的把握拒绝所有 $\rho_k(k>0)$ 同时为 0 的零假设。

利用 EViews 软件得到自相关函数及其序列图的同时，可以获得 QLB 统计量检验，如表 10.2 所示。同样，从 QLB 统计量的计算值看，从滞后 1 期到 34 期的计算值都比较大，伴随概率都几乎为 0；因此，拒绝所有的自相关系数 $\rho_k(k>0)$ 都为 0 的假设，即 1978～2012 年中国 GDP 时间序列可能是非平稳序列。

二、单位根检验法

单位根检验（unit root test）是时间序列的平稳性检验中普遍应用的一种检验方法。单位根检验方法有多种，这里只介绍 DF 和 ADF 检验。

1. DF 检验

考虑一个由 AR(1) 随机过程生成的时间序列 $\{X_t\}$：

$$X_t = \varphi X_{t-1} + \mu_t \tag{10.9}$$

式中，μ_t 是一个白噪声。

根据平稳性的定义可知：

(1) $|\varphi|<1$ 时，AR(1) 是一个平稳过程，时间序列 $\{X_t\}$ 是平稳的；

(2) $\varphi=1$ 时，AR(1) 是一个随机游走过程，时间序列 $\{X_t\}$ 是非平稳的；

(3) $\varphi=-1$ 时，时间序列 $\{X_t\}$ 的均值交替变换、方差与时间 t 有关而非常数，因此也是非平稳的；

(4) $|\varphi|>1$ 时，AR(1) 随机过程生成的时间序列 $\{X_t\}$ 是发散的，因此也是非平稳的。

事实上，随机游走过程是 AR(1) 过程的特例；一般称随机游走过程是一个单位根过程。对于式 (10.9) 的随机序列，只需检验 $|\varphi|$ 是否在统计上严格小于 1。也就是说，对随机过程 (10.9) 作回归，如果确实发现 $\varphi \geqslant 1$，就说随机时间序列 $\{X_t\}$ 有一个单

位根。

式(10.9)的 AR(1)式可变形式成差分形式：

$$\Delta X_t = \gamma X_{t-1} + \mu_t \tag{10.10}$$

式中，$\gamma = \varphi - 1$。

检验式(10.9)是否存在单位根 $\varphi \geqslant 1$，也可通过式(10.10)判断是否有 $\gamma \geqslant 0$。

上述检验可通过 OLS 法下的 t 检验完成。然而，在序列存在单位根的原假设下，即使在大样本下 t 统计量也是有偏误的（向下偏倚）；由于 t 统计量的向下偏倚性，它呈现围绕小于零值的偏态分布；对参数估计值进行显著性检验的 t 统计量不服从常规的 t 分布，通常的 t 检验无法使用。Dicky 和 Fuller 于 1976 年提出了这一情形下 t 统计量服从的分布（这时的 t 统计量称为 τ 统计量），即 DF 分布；此时，单位根检验称为 DF 检验。

根据时间序列 $\{X_t\}$ 生成过程和性质的不同，DF 检验除了式(10.10)外，还允许通过检验带有截距项或趋势项的一阶自回归模型来完成：

（1）包含截距项

$$\Delta X_t = \alpha + \gamma X_{t-1} + \mu_t \tag{10.11}$$

（2）包含截距项和趋势项

$$\Delta X_t = \alpha + \beta t + \gamma X_{t-1} + \mu_t \tag{10.12}$$

Dicky 和 Fuller 针对不同的检验模型编制了临界值表，后来 Mackinnon 对临界值表进行了扩充；在 Eveiws 中给出的是由 Mackinnon 改进的单位根检验的临界值。

一般地，如果时间序列 $\{X_t\}$ 在 0 均值上下波动，则选择不包含截距项和趋势项的检验模型(10.10)；如果时间序列 $\{X_t\}$ 具有非 0 均值，但没有时间趋势，则选择包含截距项的检验模型(10.11)；如果时间序列 $\{X_t\}$ 随时间变化具有上升或下降趋势，则选择包含截距项和趋势项的检验模型(10.12)。

在实际检验时，将计算的 t 统计量值与 DF 分布表中给定显著性水平下的临界值比较，如果 $t <$ 临界值，则拒绝零假设 $H_0: \gamma = 0$，认为时间序列不存在单位根，是平稳的。

2. ADF 检验

在 DF 检验中，假定了时间序列是由具有白噪声随机扰动项的一阶自回归 AR(1)过程生成的。但大多数实际经济时间序列可能是由更高阶的自回归过程生成的，或者随机扰动项并非是白噪声，这样用 OLS 法进行估计均会表现出随机误差项出现自相关，导致 DF 检验无效。

为了保证 DF 检验中随机误差项的白噪声特性，Dicky 和 Fuller 对 DF 检验进行了扩充，形成了 ADF(augment dickey-fuller)检验。ADF 检验假定时间序列是由 AR(p)过程生成的；同 DF 检验一样，ADF 检验也可以带有截距项或趋势项，即 ADF 检验可以通过估计下面三个模型完成：

（1）不含截距项和趋势项

$$\Delta X_t = \gamma X_{t-1} + \sum_{i=1}^{p} \alpha_i \Delta X_{t-i} + \mu_t \tag{10.13}$$

（2）包含截距项

$$\Delta X_t = \alpha + \gamma X_{t-1} + \sum_{i=1}^{p} \alpha_i \Delta X_{t-i} + \mu_t \tag{10.14}$$

（3）包含截距项和趋势项

$$\Delta X_t = \alpha + \beta t + \gamma X_{t-1} + \sum_{i=1}^{p} \alpha_i \Delta X_{t-i} + \mu_t \tag{10.15}$$

ADF 检验假设与 DF 检验相同，并且同样的模型形式（是否带有截距项或趋势项）其统计量的极限分布也相同，因此可以使用相同的临界值表。对比检验模型可知，DF 检验是 ADF 检验的一个特例（$p=0$）。

实际检验时，ADF 检验与 DF 检验一样根据时间序列 $\{X_t\}$ 的特征选择检验模型，并在模型中选取适当的滞后差分项 p，以使模型的随机扰动项是一个白噪声（主要保证不存在自相关）。

在 EViews 中，进行 DF 或 ADF 检验，只需在"Series"对象中点"View/Unit Root Test"，如图 10.4 所示；弹出对话框"Unit Root Test"，如图 10.5 所示。其中包括 4 个选择区：一是检验方法（Test type），默认选择是 ADF；二是检验的序列，是原变量（Level）、一次差分（1st difference），还是二次差分（2st difference），默认选择是原序列；三选择检验模型，即是否包含截距项或趋势项；四是确定滞后期长度，自动选择包括 6 种标准，也可以在"Maximum Lags"窗口输入最大滞后长度 p，输入 0 则为 DF 检验。执行后即可得到 DF 或 ADF 检验结果。

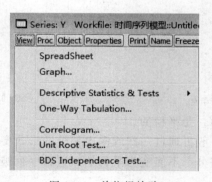

图 10.4　单位根检验

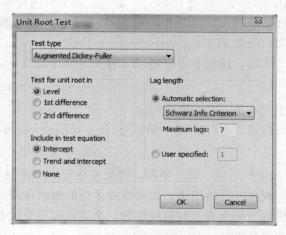

图 10.5　滞后期选择

例 10.4　根据表 10.1 中的数据检验中国 GDP（支出法）时间序列的平稳性。

从图 10.3 可知，GDP 序列有明显的上升趋势，应选择式（10.15）作为检验模型，在对话框"Unit Root Test"中选择"Trend and Intercept"，经过试算，选择滞后 8 期的检验结果如表 10.3 所示。

表 10.3　中国 1978～2012 年 GDP 的 ADF 检验结果

Null Hypothesis：Y has a unit root

Exogenous：Constant，Linear Trend

Lag Length：8（Automatic based on SIC，MAXLAG＝10）

		t-Statistic	Prob.*
Augmented Dickey-Fuller test statistic		3.296 648	1.000 0
Test critical values：	1% level	−4.356 068	
	5% level	−3.595 026	
	10% level	−3.233 456	

* MacKinnon (1996) one-sided p-values.

从表 10.3 的检验结果可知，检验统计量 t 值为 3.297，比显著性水平 10% 的临界值要大很多，所以不能拒绝原假设，即 GDP 序列存在单位根，是非平稳序列。

三、单整、差分平稳与趋势平稳

对于非平稳时间序列一般可通过差分或趋势去除的方法变换成平稳的序列，这里介绍几个相关的概念。

1. 单整

如果非平稳时间序列 $\{X_t\}$ 经过一阶差分成为平稳过程，则称 $\{X_t\}$ 为一阶单整(integrated)序列，记为 $I(1)$；一般地，如果时间序列 $\{X_t\}$ 经过 d 次一阶差分后达到平稳，则称该序列为 d 阶单整，用 $I(d)$ 表示。显然，如果时间序列 $\{X_t\}$ 平稳，则为零阶单整序列，记为 $I(0)$。

例如，随机游走序列 $\{X_t\}$ 是一个非平稳序列：

$$X_t = X_{t-1} + \mu_t \qquad \mu_t \sim N(0, \sigma^2) \qquad (10.16)$$

式中，μ_t 是一个白噪声。

然而，对 $\{X_t\}$ 取一阶差分(first difference)可得

$$\Delta X_t = X_t - X_{t-1} = \mu_t \qquad (10.17)$$

由于 μ_t 是一个白噪声，因此差分后的序列 $\{\Delta X_t\}$ 是平稳的。

现实经济生活中，大多数非平稳的时间序列一般可通过一次或多次差分的形式变为平稳的。但也有一些时间序列，无论经过多少次差分都不能变为平稳的。这种序列被称为非单整的(non-integrated)。

在 EViews 中，对时间序列进行单整检验，可选择一阶差分(1st difference)或二次差分(2st difference)。

例 10.5　检验中国国内生产总值(支出法 GDP)的单整性。

经过试算，发现中国国内生产总值(支出法 GDP)剔除确定性趋势后是 2 阶单整的(显著性水平 5%)，适当的检验模型如表 10.4 所示。

表 10.4　中国 1978～2012 年 GDP 的 ADF 单整检验结果

Null Hypothesis：D(Y，2) has a unit root

Exogenous：Constant，Linear Trend

Lag Length：4 (Automatic based on SIC，MAXLAG＝10)

		t-Statistic	Prob.*
Augmented Dickey-Fuller test statistic		−3.657 883	0.042 7
Test critical values：	1% level	−4.323 979	
	5% level	−3.580 623	
	10% level	−3.225 334	

* MacKinnon (1996) one-sided p-values.

2. 差分平稳与趋势平稳

在涉及经济时间序列的回归中，为了避免伪回归的产生，通常的做法是引入作为趋势变量的时间，这样包含有时间趋势变量的回归，可以消除这种趋势性的影响。但是，时间序列计量经济学家研究认为，只有当趋势性变量是确定性的(deterministic)而非随机性的(stochastic)，这种做法才会是有效的。换言之，如果一个包含有某种确定性趋势的非平稳时间序列，可以通过引入表示这一确定性趋势的趋势变量，而将确定性趋势分离出来。

对于一个时间序列$\{X_t\}$要判别它的趋势是确定性的还是随机性的，可以通过模型(10.15)的 ADF 检验来进行。如果检验结果是时间序列$\{X_t\}$有单位根(即非平稳的)，则时间序列$\{X_t\}$包含有随机性趋势；如果检验结果是时间序列$\{X_t\}$有没有单位根，则时间序列$\{X_t\}$只包含有确定性趋势(β 通过显著性检验)。

例如，带位移的随机游走过程：

$$X_t = \alpha + X_{t-1} + \mu_t \qquad \mu_t \sim N(0, \sigma^2) \tag{10.18}$$

式中，μ_t是一个白噪声。

假设 X_t的初值为 X_0，易知，

$$X_t = X_0 + \alpha t + \sum_{i=1}^{t} \mu_i \tag{10.19}$$

根据 α 的正负，时间序列$\{X_t\}$表现出明显的上升或下降趋势；由于$\sum_{i=1}^{t} \mu_i$不是一个白噪声，随机扰动项对 X_t的冲击有永久性影响，这种趋势是一随机性趋势。

再如，带时间趋势的随机过程：

$$X_t = \alpha + \beta t + \mu_t \qquad \mu_t \sim N(0, \sigma^2) \tag{10.20}$$

式中，μ_t是一白噪声；t 为一时间趋势。

根据 β 的正负，时间序列$\{X_t\}$表现出显明的上升或下降趋势；由于 μ_t是一个白噪声，随机扰动项对 X_t的冲击只是暂时的，这种趋势是一确定性趋势。

随机性趋势可通过差分的方法消除。例如，对式(10.18)的时间序列$\{X_t\}$，可通过差分变换为

$$\Delta X_t = \alpha + \mu_t$$

该时间序列是平稳的，因此，称时间序列$\{X_t\}$为差分平稳时间序列，称式(10.18)的随机过程为差分平稳过程(difference stationary process)。

对于确定性趋势无法通过差分的方法消除，而只能通过除去趋势项消除，如式(10.20)的时间序列$\{X_t\}$，可通过除去βt变换为

$$X_t - \beta t = \alpha + \mu_t$$

该时间序列是平稳的，因此，称时间序列$\{X_t\}$为趋势平稳时间序列，称式(10.18)的随机过程为趋势平稳过程(trend stationary process)。

值得说明的是，趋势平稳过程代表了一个时间序列长期稳定的变化过程，因而用于进行长期预测更为可靠。

■ 第三节　协整分析与误差修正模型

协整(cointegration)理论是格兰杰(Granger)和恩格尔(Engle)于20世纪80年代末正式提出的。在协整理论提出之前，为防止伪回归的产生，建立经典回归模型(classical regression model)，其是建立在平稳时间序列数据基础上的(或把非平稳时间序列变换为平稳时间序列)。但是，协整理论表明，如果一组非平稳时间序列之间存在协整关系，可以直接建立回归模型。

一、均衡与协整

1. 均衡

均衡是指某些经济变量之间关系存在的长期稳定状态，这种均衡关系意味着经济系统不存在破坏均衡的内在机制；如果变量在某时期受到干扰后偏离其长期均衡点，则均衡机制将会在下一期进行调整以使经济系统重新回到均衡状态。

假设时间序列X与Y间的关系由下式描述：

$$Y_t = \alpha_0 + \alpha_1 X_t + \mu_t \tag{10.21}$$

式中，μ_t是随机扰动项。

若随机扰动项μ_t是平稳序列，其对X与Y间的"均衡关系"的影响是短暂的，意味着Y对其均衡点的偏离从本质上说是"临时性"的，式(10.21)反映的是X与Y间的"长期均衡关系"。但是，如果随机扰动项μ_t有随机性趋势(上升或下降)，则会导致Y对其均衡点的任何偏离都会被长期累积下来而不能被消除。因此，模型式(10.21)确定的X与Y间的关系是否有价值，关键在于随机扰动项μ_t是否是平稳序列。

2. 协整

协整是对时间序列之间长期均衡关系的统计描述。

协整定义：如果m个时间序列X_{1t}，X_{2t}，$\cdots$，X_{mt}都是$I(d)$序列，设$X_t = (X_{1t}$，X_{2t}，$\cdots$，$X_{mt})$，若存在一个$1 \times m$阶行向量$\alpha(\alpha \neq 0)$，使得$\alpha X_t'$为$I(d-b)$序列，则称序列X_{1t}，X_{2t}，$\cdots$，X_{mt}存在阶数为$(d，b)$的协整关系，记为$CI(d，b)$，其中α为协

整向量。

$(d，d)$阶协整是一类非常重要的协整关系，它的经济意义在于：两个变量，虽然它们具有各自的长期波动规律，但是如果它们是$(d，d)$阶协整的，则它们之间存在着一个长期稳定的比例关系。

例如，由模型(10.21)确定的时间序列 X 与 Y 的线性组合为

$$\mu_t = Y_t - \alpha_0 - \alpha_1 X_t \tag{10.22}$$

若时间序列 X 与 Y 是非平稳的，但都是 I(1)序列；取协整向量 α 为

$$\alpha = (1 - \alpha_1) \tag{10.23}$$

则有

$$\alpha \begin{pmatrix} Y_t \\ X_t \end{pmatrix} = Y_t - \alpha_1 X_t = \alpha_0 + \mu_t \tag{10.24}$$

显然，当随机扰动项 μ_t 是一平稳时间序列，即 I(0)序列，时间序列 X 与 Y 存在$(1，1)$阶协整关系；此时，时间序列 X 与 Y 之间存在长期均衡关系，μ_t 称为非均衡误差。

由此可见，对于非稳定的时间序列，它们的线性组合也可能是平稳的，并且可以通过对非均衡误差 μ_t 的平稳性检验进行判断。可以证明，如果两个时间序列都是单整序列，只有当它们的单整阶数相同时，才可能存在协整关系；如果它们的单整阶数不相同，就不可能协整。但是，对于三个以上的时间序列，如果具有不同的单整阶数，有可能经过线性组合构成低阶单整序列。

从协整的定义可以看出：尽管时间序列是非稳定的，但却可以用经典的回归分析方法建立回归模型。因此，检验变量之间的协整关系，在建立计量经济学模型中是非常重要的；而且，从时间序列之间是否具有协整关系出发选择变量建立回归模型，其数据基础是牢固的，参数估计量的统计性质是优良的，即参数的 OLS 估计量具有超一致性，会以更快的速度收敛于参数的真实值。

二、协整检验

协整检验有 Engle-Granger 两步检验法和向量自回归(VAR)系统下的 Johansen 似然比检验法。本书主要介绍 Engle-Granger 两步检验法。

1. Engle-Granger 两步检验法

在检验一组时间序列的协整性或长期均衡关系之前，必须先对时间序列进行单整检验。如果只有两个时间序列，则只有两个时间序列同为 $I(d)$ 序列时才可能存在协整关系。如果解释变量的个数多于一个，则被解释变量的单整阶数不能高于任何一个解释变量的单整阶数；另外，当解释变量的单整阶数高于被解释变量的单整阶数时，则至少有两个解释变量的单整阶数高于被解释变量的单整阶数。

检验时间序列间是否存在协整关系时，若协整向量未知，则非均衡误差 μ_t 也是未知的；因此，为了检验时间序列间是否存在协关系，首先要对 μ_t 进行估计。Engle 和 Granger 于 1987 年提出两步检验法，也称为 EG 检验，其步骤如下。

1）进行协整回归

用 OLS 方法估计回归方程：

$$Y_t = \alpha_0 + \alpha_1 X_t + \cdots + \alpha_k X_{kt} + \mu_t \qquad (10.25)$$

称为协整回归（cointegrating）或静态回归（static regression）。

得到非均衡误差的估计序列：

$$\hat{\mu}_t = Y_t - \hat{\alpha}_0 - \hat{\alpha}_1 X_t - \cdots - \hat{\alpha}_k X_{kt} \qquad (10.26)$$

2）检验 $\hat{\mu}_t$ 的单整性

对 $\hat{\mu}_t$ 的进行 DF 检验或者 ADF 检验，检验其单整性；由于协整回归中已含有截距项，则检验模型中无须再用截距项。如果 μ_t 是平稳时间序列，则认为序列 Y 与 X_1、……X_k 间存在协整关系，而协整回归方程表明了这些变量间存在的长期稳定的"均衡"关系。

需要注意是，这里的 DF 或 ADF 检验是针对协整回归计算出的误差项 μ_t 而非真正的非均衡误差 μ_t 进行的；而 OLS 法采用了残差最小平方和原理，因此 DF 或 ADF 检验模型中的估计量 γ 是向下偏倚的，这样将导致拒绝零假设的机会比实际情形大；于是对 μ_t 平稳性检验的 DF 与 ADF 临界值（称为 EG 与 AEG 检验）应该比正常的 DF 与 ADF 临界值还要小。MacKinnon（1991）通过模拟试验给出了 EG 与 AEG 协整检验的临界值，并将 ADF 检验与 AEG 检验结合在一起，如附表六。表 10.5 是几种情形下不同样本容量的临界值。

表 10.5   协整检验的 ADF 临界值

样本容量	变量数＝2 显著性水平			变量数＝3 显著性水平			变量数＝4 显著性水平			变量数＝6 显著性水平		
	0.01	0.05	0.10	0.01	0.05	0.10	0.01	0.05	0.10	0.01	0.05	0.10
25	−4.37	−3.59	−3.22	−4.92	−4.10	−3.71	−5.43	−4.56	−4.15	−6.36	−5.41	−4.96
50	−4.12	−3.46	−3.13	−4.59	−3.92	−3.58	−5.02	−4.32	−3.98	−5.78	−5.05	−4.69
100	−4.01	−3.39	−3.09	−4.44	−3.83	−3.51	−4.83	−4.21	−3.89	−5.51	−4.88	−4.56
∞	−3.90	−3.33	−3.05	−4.30	−3.74	−3.45	−4.65	−4.10	−3.81	−5.24	−4.70	−4.42

2. Johansen 似然比检验法

Johansen 于 1988 年、Juselius 于 1990 年分别提出了一种基于向量自回归（VAR）系统下的 Johansen 似然比检验法，通常称为 JJ 检验。JJ 检验是一种对多个时间序列进行多重协整检验的较好方法，E-views 中有 JJ 检验的功能。

在 EViews 中，进行 JJ 检验，首先选择需要检验的变量建立组，在"Group"对象中点"View/Cointegrtion Test"弹出窗口"Johansen Cointegrtion Test"，如图 10.6 所示。

在"Johansen Cointegrtion Test"只需作三种选择：一是"Deterministic trend assumption of test"选择框，选择时间序列和协整方程是否包含截距项和确定性趋势；二是"Exog Variables"输入框，输入 VAR 系统中的外生变量，如季节名义变量等，不包括常数项和线性趋势项；三是"Lag Intervals"输入框，输入 VAR 模型的滞后（差分）阶

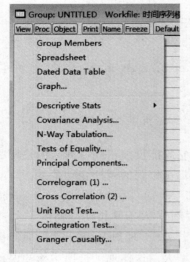

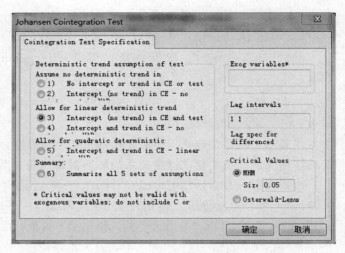

图 10.6　VAR 系统下的协整检验　　　　图 10.7　JJ 协整检验选项

数，执行后即可得到 JJ 检验结果。

三、误差修正模型

误差修正模型(error correction model，ECM)是一种具有特定形式的计量经济学模型，最初由 Sargan 于 1964 年提出，后经 Hendry 等进一步完善，它的主要形式是由 Davidson 等于 1978 年提出的，称为 DHSY 模型。

1. 误差修正模型

若非平稳时间序列存在协整关系，则这些时间序列间存在长期稳定的关系。但是，这种长期稳定的关系是在短期动态过程中不断调整下得以维持的。

假设存在协整关系的两时间序列 X 与 Y 的长期均衡关系为

$$Y_t = \alpha_0 + \alpha_1 X_t + \mu_t \tag{10.27}$$

式中，μ_t 是白噪声。

由于现实经济中 X 与 Y 很少处在均衡点上，因此实际观测到的只是 X 与 Y 间的短期的或非均衡的关系；但是，由于 X 与 Y 之间存在协整关系，Y 脱离长期均衡的状态会得到调节，即误差修正机制在起作用，以防止 X 与 Y 之间长期关系的偏差扩大。具有协整关系的时间序列之间的长期均衡关系都存在误差修正机制，反映短期调节行为。

假设两时间序列 X 与 Y 的短期关系具有如下(1，1)阶自回归分布滞后形式：

$$Y_t = \beta_0 + \beta_1 X_t + \beta_2 X_{t-1} + \beta Y_{t-1} + \mu_t \tag{10.28}$$

该模型显示出第 t 期的 Y 值，不仅与 X 的当期值有关，而且与前一期的 X 与 Y 的状态值有关。

由于时间序列 X 与 Y 可能是非平稳的，因此，模型(10.28)不能直接运用 OLS 法估计。对上述自回归分布滞后模型适当变形得：

$$\Delta Y_t = \beta_1 \Delta X_t - \lambda(Y_{t-1} - \alpha_0 - \alpha_1 X_{t-1}) + \mu_t \qquad (10.29)$$

式中，$\lambda = 1 - \beta$，$\alpha_0 = \beta_0/(1-\beta)$，$\alpha_1 = (\beta_1 + \beta_2)/(1-\beta)$。

模型(10.29)称为一阶误差修正模型(first-order error correction model)，可以写成：

$$\Delta Y_t = \beta_1 \Delta X_t - \lambda \mathrm{ecm}_{t-1} + \mu_t \qquad (10.30)$$

式中，ecm 表示误差修正项。

误差修正模型是包括误差修正项的短期动态模型，它既能反映不同序列间的长期稳定的均衡关系，又能反映这种关系的短期偏离与向长期均衡修正的短期变动关系。

由自回归分布滞后模型(10.28)可知，一般情况下 $0 < \beta < 1$，由关系式 $\lambda = 1 - \beta$ 得 $0 < \lambda < 1$。可以据此分析 ecm 的修正作用：①若 $t-1$ 时刻 Y 大于其长期均衡水平 $\alpha_0 + \alpha_1 X$，ecm 为正，则($-\lambda$ecm)为负，使得ΔYt减少；②若 $t-1$ 时刻 Y 小于其长期均衡水平 $\alpha_0 + \alpha_1 X$，ecm 为负，则($-\lambda$ecm)为正，使得ΔYt增大。这体现了长期均衡的误差反向修正机制。

两时间序列 X 与 Y 的误差修正模型还可以引入更多的滞后项，其一般形式为

$$\Delta Y_t = \alpha_0 + \sum_{i=1}^{p} \alpha_{1i} \Delta Y_{t-i} + \sum_{i=0}^{q} \alpha_{2i} \Delta X_{t-i} + \alpha_3 \mathrm{ecm}_{t-1} + \mu_t \qquad (10.31)$$

式中，ecm 为误差修正项；μ_t 为随机扰动项。

此时，误差修正模型解释了因变量的短期波动是由自身前期波动、自变量波动及序列间前期偏离均衡的程度三个因素决定的。

误差修正模型也可依照两变量形式扩展为多变量的情形。

2. 误差修正模型的建立

误差修正模型有许多优点，主要如下：

(1) 一阶差分项的使用消除了变量可能存在的趋势因素，从而避免了伪回归问题；

(2) 一阶差分项的使用也消除模型可能存在的多重共线性问题；

(3) 误差修正项的引入保证了变量水平值的信息没有被忽视；

(4) 由于误差修正项本身的平稳性，使得该模型可以用经典的回归方法进行估计，尤其是模型中差分项可以使用通常的 t 检验与 F 检验来进行选取；

(5) 误差修正模型既有描述变量间长期关系的参数，又有描述变量间短期关系的参数，因此，既可进行静态(长期)分析，又可进行动态(短期)分析。

现在的问题是，变量间的关系是否都可以通过误差修正模型来表述？就此问题，Engle 与 Granger 1987 年提出了著名的 Grange 表述定理(Granger representaion theorem)：如果变量 X 与 Y 是协整的，则它们间的短期非均衡关系总能由一个误差修正模型表述。这一定理也可以扩展到多个变量情形。因此，建立误差修正模型，首先需要对变量进行协整分析，以发现变量之间的协整关系。

由于变量间的长期均衡关系未知，误差修正模型不能直接估计。估计方法有两个：

（1）Engle-Granger 两步法。若变量间协整关系存在，先估计变量间的长期均衡关系，并以这种关系估计误差修正项；然后将误差修正项看作一个解释变量，连同其他反映短期波动的解释变量一起，建立短期模型，即误差修正模型。

（2）直接估计法。即把误差修正项的括号打开，直接利用 OLS 方法估计。如对双变量误差修正模型(10.29)，可打开非均衡误差项的括号直接估计式(10.32)：

$$\Delta Y_t = \lambda \alpha_0 + \beta_1 \Delta X_t - \lambda Y_{t-1} + \lambda \alpha_1 X_{t-1} + \mu_t \tag{10.32}$$

这时变量间的长期关系的参数和短期关系的参数可一并获得。

需注意的是，用不同方法建立的误差修正模型结果也往往不一样。另外，误差修正模型中变量差分滞后项的多少，可以残差项序列是否存在自相关性来判断，如果存在自相关，则应加入变量差分的滞后项。因此，误差修正模型的建立可以采用 Hendry 的从一般到特殊的建模方法，先拟合一个阶数较高的自回归分布滞后模型（ADL），然后逐个删除不显著变量，并使残差序列成为不包含有效信息的白噪声序列，同时根据 R^2、AIC、SC 准则选择合适的模型。

■ 第四节 实验：协整检验与误差修正模型的估计

一、研究问题——中国城镇居民人均消费误差修正模型的建立

在第七章第六节的实验中，利用自回归模型和分布滞后模型分析了中国城镇居民人均消费水平(Y)受城镇居民人均可支配收入(X)的长期与短期影响。本章利用协整理论建立误差修正模型研究这一问题。表 7.4 给出了 1993～2012 年中国城镇居民人均可支配收入及城镇居民人均消费支出数据。

二、单整检验

利用 EViews 软件，将 1993～2012 年中国城镇居民人均可支配收入(X)及城镇居民人均消费支出(Y)绘成序列图，如图 10.8 所示。

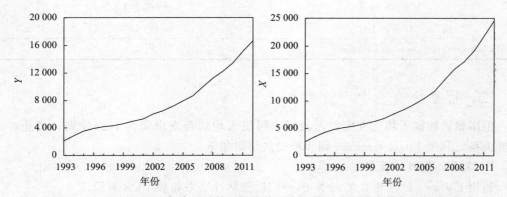

图 10.8　1993～2012 年中国城镇居民人均可支配收入及人均消费支出序列图

从图形上看，中国城镇居民人均可支配收入及城镇居民人均消费支出序列图都表现出了一个持续上升的过程，即在不同的时期其均值是不同的，可初步判断两个时间序列都是非平稳的。

在 EViews 中，对这两个时间序列进行 DF 或 ADF 检验，只需选择时间序列，在"Series"对象中点"View/Unit Root Test"，在弹出的对话框"Unit Root Test"中进行相应的选择，执行即可得到检验结果。容易验证两个时间序列在 5% 显著性水平下都是 2 阶单整的，检验结果如表 10.6 和表 10.7 所示。

表 10.6 城镇居民人均可支配收入(X)的 ADF 单整检验结果

Null Hypothesis：D(X, 2) has a unit root
Exogenous：None
Lag Length：0(Automatic based on SIC, MAXLAG=3)

		t-Statistic	Prob. *
Augmented Dickey-Fuller test statistic		−3.303 413	0.002 5
Test critical values：	1% level	−2.708 094	
	5% level	−1.962 813	
	10% level	−1.606 129	

* MacKinnon (1996) one-sided p-values.

表 10.7 城镇居民人均消费支出(Y)的 ADF 单整检验结果

Null Hypothesis：D(Y, 2) has a unit root
Exogenous：None
Lag Length：0 (Automatic based on SIC, MAXLAG=3)

		t-Statistic	Prob. *
Augmented Dickey-Fuller test statistic		−4.603 219	0.000 1
Test critical values：	1% level	−2.708 094	
	5% level	−1.962 813	
	10% level	−1.606 129	

* MacKinnon (1996) one-sided p-values.

三、协整检验

中国城镇居民人均可支配收入及城镇居民人均消费支出同为 I(2)序列，可能存在协整关系，利用 Engle-Granger 两步检验法结果如下。

1. 建立协整回归模型

利用 EViews 软件建立 Y 与 X 的回归模型估计结果如表 10.8 所示。

表 10.8　协整回归结果

Dependent Variable：Y
Method：Least Squares
Date：03/27/14 Time：17：30
Sample：1993 2012
Included observations：20

	Coefficient	Std. Error	t-Statistic	Prob.
C	761.880 5	71.824 86	10.607 48	0.000 0
X	0.662 907	0.005 981	110.831 4	0.000 0
R-squared	0.998 537	Mean dependent var		7 551.670
Adjusted R-squared	0.998 455	S. D. dependent var		4 266.494
S. E. of regression	167.674 5	Akaike info criterion		13.176 57
Sum squared resid	506 065.5	Schwarz criterion		13.276 14
Log likelihood	−129.765 7	Hannan-Quinn criter.		13.196 00
F-statistic	12 283.60	Durbin-Watson stat		0.461 071
Prob(F-statistic)	0.000 000			

由此可得 Y 与 X 的回归模型为

$$\hat{Y}_t = 761.88 + 0.663X_t \tag{10.33}$$

2. 对协整回归模型的残差序列进行平稳性检验

在 EViews 中，残差序列可以在"Equation"对象中生成，只需点"Proc/Make Residual Series"，如图 10.9 所示；在弹出的对话框"Make Residuals"中进行命名，如图 10.10 所示；执行后即可得到残差序列。

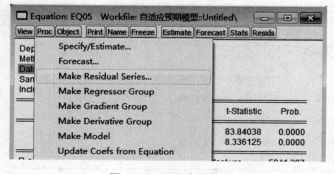

图 10.9　生成残差序列

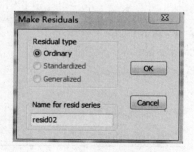

图 10.10　残差序列命名

容易验证残差序列在 10％的显著性水平下是平稳的，检验结果如表 10.9 所示。残差序列是平稳的，说明 Y 与 X 之间存在协整关系，即式（10.33）是 Y 与 X 的长期稳定的均衡关系。

表 10.9　残差序列的 ADF 单整检验结果

Null Hypothesis：RESID01 has a unit root

Exogenous：None

Lag Length：0（Automatic based on SIC，MAXLAG＝3）

	t-Statistic	Prob. *
Augmented Dickey-Fuller test statistic	−1.759 912	0.074 7
Test critical values：　1% level	−2.692 358	
5% level	−1.960 171	
10% level	−1.607 051	

* MacKinnon (1996) one-sided p-values.

四、误差修正模型的建立

在 EViews 中，提供了差分函数，$d(X(-p))$表示变量 X 滞后 p 期的一阶差分、$d(X)$表示一次差分、$d(X，2)$表示二次差分。采用 Hendry 的从一般到特殊的建模方法建立误差修正模型的估计结果如表 10.10 所示。

表 10.10　误差修正模型的 Engle-Granger 两步法估计结果

Dependent Variable：$D(Y)$

Method：Least Squares

Date：03/27/14　Time：17：43

Sample（adjusted）：1994 2012

Included observations：19 after adjustments

	Coefficient	Std. Error	t-Statistic	Prob.
$D(X)$	0.640 883	0.017 707	36.193 81	0.000 0
ECM(-1)	−0.253 492	0.175 781	−1.442 085	0.167 4
R-squared	0.950 072	Mean dependent var		766.500 0
Adjusted R-squared	0.947 135	S. D. dependent var		450.597 5
S. E. of regression	103.602 9	Akaike info criterion		12.218 31
Sum squared resid	182 470.4	Schwarz criterion		12.317 72
Log likelihood	−114.073 9	Hannan-Quinn criter.		12.235 13
Durbin-Watson stat	1.347 115			

由此可得 Y 与 X 的误差修正模型为

$$\Delta \hat{Y}_t = 0.6409 \Delta X_t - 0.2535 \text{ecm}_{t-1} \tag{10.34}$$

　　估计结果表明，中国城镇居民短期边际消费倾向为 0.6409，长期边际消费倾向为 0.6629；误差修正项的系数为 -0.2535，说明上期与均衡水平的偏离在当期有 25.35% 得到校正，均衡调节速度较慢。

　　利用 OLS 直接估计打开误差修正项的误差修正模型的估计结果如表 10.11 所示。

表 10.11 误差修正模型的直接法估计结果

Dependent Variable：D(Y)

Method：Least Squares

Date：03/27/14 Time：17：48

Sample（adjusted）：1994 2012

Included observations：19 after adjustments

	Coefficient	Std. Error	t-Statistic	Prob.
C	221.401 2	124.690 3	1.775 609	0.096 1
D(X)	0.639 782	0.070 899	9.023 827	0.000 0
X(−1)	0.077 701	0.119 681	0.649 237	0.526 0
Y(−1)	−0.131 874	0.172 547	−0.764 281	0.456 6
R-squared	0.967 650	Mean dependent var		766.500 0
Adjusted R-squared	0.961 180	S. D. dependent var		450.597 5
S. E. of regression	88.779 95	Akaike info criterion		11.994 86
Sum squared resid	118 228.2	Schwarz criterion		12.193 69
Log likelihood	−109.951 2	Hannan-Quinn criter.		12.028 51
F-statistic	149.560 7	Durbin-Watson stat		2.156 121
Prob(F-statistic)	0.000 000			

　　由此可得 Y 与 X 的误差修正模型为

$$\Delta \hat{Y}_t = 221.4 + 0.6398\Delta X_t - 0.1319 Y_{t-1} + 0.0777 X_{t-1} \tag{10.35}$$

　　估计结果表明，中国城镇居民短期边际消费倾向为 0.6398，长期边际消费倾向为 0.5892，误差修正项的系数为 -0.1319；两种方法估计结果存在一些差异。这种差异可能主要是由于样本容量较小造成的。

　　应该说明的是，本节实验的例子只是为了演示协整检验与误差修正模型的估计方法。

思考与练习题

　　1. 对时间序列建立模型，为什么要提出平稳性问题？

　　2. 什么是 ARMA$(p，q)$ 模型？主要解决哪些问题？有何种数学形式？

　　3. 什么是平稳序列？怎样检验一个时间序列的平稳性？

　　4. 怎样对时间序列进行协整检验？

5. 什么是误差修正机制？建立误差修正模型的一般方法是什么？

6. 利用 ADF 法对中国 1978 年以来的国内生产总值 Y、居民消费总额 C、投资总额 I、政府消费额 G 进行平稳性检验。

7. 收集最新数据，对国内生产总值 Y、居民消费总额 C、投资总额 I、政府消费额 G 进行单整性分析，并分别检验国内生产总值 Y 与居民消费总额 C、投资总额 I、政府消费额 G 的协整性。

8. 以 Q 表示粮食产量，A 表示播种面积，C 表示化肥施用量，经检验，它们取对数后都是 $I(1)$ 变量且互相之间存在 $CI(1,1)$ 关系。同时经过检验并剔除不显著的变量（包括滞后变量），得到如下粮食生产模型：

$$\ln Q_t = \alpha_0 + \alpha_1 \ln Q_{t-1} + \alpha_2 \ln A_t + \alpha_3 \ln C_t + \alpha_4 C_{t-1} + u_t$$

(1) 写出长期均衡方程的理论形式；

(2) 写出误差修正项 ecm 的理论形式；

(3) 写出误差修正模型的理论形式；

(4) 指出误差修正模型中每个待估参数的经济意义。

9. 固定资产存量模型 $K_t = a_0 + a_1 K_{t-1} + a_2 I_t + a_3 I_{t-1} + u_t$ 中，经检验，$K_t \sim I(2)$，$I_t \sim I(1)$，试写出由该 ADL 模型导出的误差修正模型的表达式。

10. 下表是某地区 1978~2012 年财政收入 Y 和税收 X 的数据（单位：亿元），判断 $\ln Y$ 和 $\ln X$ 的平稳性，如果是同阶单整的，检验它们之间是否存在协整关系，如果协整，则建立相应的协整模型。

年份	财政收入 Y	税收 X	年份	财政收入 Y	税收 X
1978	1 132.26	519.28	2000	13 395.23	12 581.51
1980	1 159.93	571.70	2001	16 386.04	15 301.38
1985	2 004.82	2 040.79	2002	18 903.64	17 634.47
1989	2 664.9	2 727.40	2003	21 715.25	20 017.71
1990	2 937.1	2 821.86	2004	23 195.43	22 551.21
1991	3 149.48	2 990.17	2005	26 346.74	25 401.38
1992	3 483.37	3 296.91	2006	28 923.52	27 636.45
1993	4 348.95	4 255.30	2007	31 415.41	30 017.31
1994	5 218.1	5 126.88	2008	34 715.25	32 014.41
1995	6 242.2	6 038.04	2009	36 146.44	35 301.48
1996	7 407.99	6 909.82	2010	38 223.64	37 636.45
1997	8 651.14	8 234.04	2011	41 215.55	40 017.11
1998	9 875.95	9 262.80	2012	44 565.33	42 514.23
1999	11 444.08	10 682.58			

11. 下表是某地区消费模型建立所需的数据,对实际人均年消费支出 C 和人均年收入 Y(单位:元)分别取对数,得到 lc 和 ly:

年份	人均消费支出 C	人均年收入 Y	年份	人均消费支出 C	人均年收入 Y
1978	1 238.4	2 062.8	1996	1 705.2	2 935.2
1979	1 378.8	2 554.8	1997	1 701.6	3 019.2
1980	1 380.0	2 262.0	1998	1 773.6	3 138.0
1981	1 450.8	2 368.8	1999	1 815.6	3 301.2
1982	1 430.4	2 454.0	2000	2 004.0	3 614.4
1983	1 554.0	2 400.0	2001	2 196.0	3 987.6
1984	1 442.4	2 348.4	2002	2 607.6	4 917.6
1985	1 327.2	2 326.8	2003	2 710.8	5 010.0
1986	1 362.0	2 385.6	2004	2 902.8	5 292.0
1987	1 411.2	2 398.8	2005	3 184.8	5 227.2
1988	1 328.4	2 390.4	2006	3 654.0	6 711.6
1989	1 392.0	2 374.8	2007	4 189.2	8 118.0
1990	1 407.6	2 394.0	2008	5 175.6	9 884.4
1991	1 335.6	2 480.4	2009	5 779.2	10 946.4
1992	1 446.0	2 614.8	2010	6 557.6	12 318.0
1993	1 512.0	2 740.8	2011	7 562.4	13 746.0
1994	1 632.0	2 866.8	2012	8 337.6	15 222.0
1995	1 650.0	2 880.0			

(1) 对 lc 和 ly 进行平稳性检验。

(2) 用 EG 两步检验法对 lc 和 ly 进行协整性检验并建立误差修正模型。分析该模型的经济意义。

主要参考文献

拜迪・H.巴塔基.2005.理论计量经济学精粹.北京：北京大学出版社.

高铁梅.2009.计量经济分析方法与建模——EViews应用实例.北京：清华大学出版社.

古亚拉提.2000a.经济计量学精要(原书第2版).张寿,等译.北京：机械工业出版社.

古扎拉蒂.2000b.计量经济学(第三版).林少宫译.北京：中国人民大学出版社.

贺铿.2000.经济计量学教程.北京：中国统计出版社.

贺铿.2004.经济计量学教学指导书.北京：中国统计出版社.

胡荣才,邓淇中,陈旭辉.2011.计量经济学实验.北京：中国统计出版社.

李正辉,李庭辉.2010.时间序列分析实验.北京：中国统计出版社.

李子奈.2005.计量经济学.北京：高等教育出版社.

李子奈,叶阿忠.2000.高等计量经济学.北京：清华大学出版社.

刘巍,陈昭.2011.计量经济学软件EViews6.0建模方法与操作技巧.北京：机械工业出版社.

罗伯特・S.平狄克.1999.计量经济模型与经济预测(第4版).钱小平,等译.北京：机械工业出版社.

潘省初.2009.计量经济学中级教程.北京：清华大学出版社.

庞皓.2007.计量经济学.北京：科学出版社.

乔治・G.贾奇.1993.经济计量学理论与实践引论.周逸江,等译.北京：中国统计出版社.

易丹辉.2002.数据分析与EView应用.北京：中国统计出版社.

袁建文.1997.经济计量学结合计算机教学的一些体会和设想.开放教育研究,6：38-41.

袁建文.2002.经济专业的学生如何学习经济计量学.四川行政学院学报,2：92-94.

袁建文.2003.经济计量学实验教学探讨.郑州航空工业管理学院学报,3：18-19.

袁建文.2008.计量经济学实验教程.北京：经济科学出版社.

张海燕,董小刚.2011.经济周期波动的动态模型与计量分析方法.北京：科学出版社.

张晓峒.2009.EViews使用指南与案例.北京：机械工业出版社.

赵国庆.2008.计量经济学(第三版).北京：中国人民大学出版社.

Gujarati D.1986.基础经济计量学.庞皓,等译.北京：科学技术文献出版社.

J.M.伍德里奇.2003.计量经济学导论：现代观点.费建平,林相森译.北京：中国人民大学出版社.

Murray M P.2009.计量经济学现代方法(上、下).北京：北京大学出版社.

附录

统计分布表

一、标准正态分布表

$$\Phi(x) = \int_{-\infty}^{x} \frac{1}{\sqrt{2\pi}} e^{-\frac{t^2}{2}} dt = P(X \leqslant x)$$

x	0.00	0.01	0.02	0.03	0.04	0.05	0.06	0.07	0.08	0.09
0.0	0.5000	0.5040	0.5080	0.5120	0.5160	0.5199	0.5239	0.5279	0.5319	0.5359
0.1	0.5398	0.5438	0.5478	0.5517	0.5557	0.5596	0.5636	0.5675	0.5714	0.5753
0.2	0.5793	0.5832	0.5871	0.5910	0.5948	0.5987	0.6026	0.6064	0.6103	0.6141
0.3	0.6179	0.6217	0.6255	0.6293	0.6331	0.6368	0.6404	0.6443	0.6480	0.6517
0.4	0.6554	0.6591	0.6628	0.6664	0.6700	0.6736	0.6772	0.6808	0.6844	0.6879
0.5	0.6915	0.6950	0.6985	0.7019	0.7054	0.7088	0.7123	0.7157	0.7190	0.7224
0.6	0.7257	0.7291	0.7324	0.7357	0.7389	0.7422	0.7454	0.7486	0.7517	0.7549
0.7	0.7580	0.7611	0.7642	0.7673	0.7703	0.7734	0.7764	0.7794	0.7823	0.7852
0.8	0.7881	0.7910	0.7939	0.7967	0.7995	0.8023	0.8051	0.8078	0.8106	0.8133
0.9	0.8159	0.8186	0.8212	0.8238	0.8264	0.8289	0.8355	0.8340	0.8365	0.8389
1.0	0.8413	0.8438	0.8461	0.8485	0.8508	0.8531	0.8554	0.8577	0.8599	0.8621
1.1	0.8643	0.8665	0.8686	0.8708	0.8729	0.8749	0.8770	0.8790	0.8810	0.8830
1.2	0.8849	0.8869	0.8888	0.8907	0.8925	0.8944	0.8962	0.8980	0.8997	0.9015
1.3	0.9032	0.9049	0.9066	0.9082	0.9099	0.9115	0.9131	0.9147	0.9162	0.9177
1.4	0.9192	0.9207	0.9222	0.9236	0.9251	0.9265	0.9279	0.9292	0.9306	0.9319
1.5	0.9332	0.9345	0.9357	0.9370	0.9382	0.9394	0.9406	0.9418	0.9430	0.9441
1.6	0.9452	0.9463	0.9474	0.9484	0.9495	0.9505	0.9515	0.9525	0.9535	0.9535
1.7	0.9554	0.9564	0.9573	0.9582	0.9591	0.9599	0.9608	0.9616	0.9625	0.9633
1.8	0.9641	0.9648	0.9656	0.9664	0.9672	0.9678	0.9686	0.9693	0.9700	0.9706
1.9	0.9713	0.9719	0.9726	0.9732	0.9738	0.9744	0.9750	0.9756	0.9762	0.9767
2.0	0.9772	0.9778	0.9783	0.9788	0.9793	0.9798	0.9803	0.9808	0.9812	0.9817
2.1	0.9821	0.9826	0.9830	0.9834	0.9838	0.9842	0.9846	0.9850	0.9854	0.9857
2.2	0.9861	0.9864	0.9868	0.9871	0.9874	0.9878	0.9881	0.9884	0.9887	0.9890
2.3	0.9893	0.9896	0.9898	0.9901	0.9904	0.9906	0.9909	0.9911	0.9913	0.9916
2.4	0.9918	0.9920	0.9922	0.9925	0.9927	0.9929	0.9931	0.9932	0.9934	0.9936
2.5	0.9938	0.9940	0.9941	0.9943	0.9945	0.9946	0.9948	0.9949	0.9951	0.9952
2.6	0.9953	0.9955	0.9956	0.9957	0.9959	0.9960	0.9961	0.9962	0.9963	0.9964
2.7	0.9965	0.9966	0.9967	0.9968	0.9969	0.9970	0.9971	0.9972	0.9973	0.9974
2.8	0.9974	0.9975	0.9976	0.9977	0.9977	0.9978	0.9979	0.9979	0.9980	0.9981
2.9	0.9981	0.9982	0.9982	0.9983	0.9984	0.9984	0.9985	0.9985	0.9986	0.9986

二、t 分布表

$$P\{t(k) > t_\alpha\} = \alpha$$

k \ α	0.25	0.10	0.05	0.025	0.01	0.005
1	1.0000	3.0777	6.3138	12.7062	31.8207	63.6574
2	0.8165	1.8856	2.9200	4.3207	6.9646	9.9248
3	0.7649	1.6377	2.3534	3.1824	4.5407	5.8409
4	0.7407	1.5332	2.1318	2.7764	3.7469	4.6041
5	0.7267	1.4759	2.0150	2.5706	3.3649	4.0322
6	0.7176	1.4398	1.9432	2.4469	3.1427	3.7074
7	0.7111	1.4149	1.8946	2.3646	2.9980	3.4995
8	0.7064	1.3968	1.8595	2.3060	2.8965	3.3554
9	0.7027	1.3830	1.8331	2.2622	2.8214	3.2498
10	0.6998	1.3722	1.8125	2.2281	2.7638	3.1693
11	0.6974	1.3634	1.7959	2.2010	2.7181	3.1058
12	0.6955	1.3562	1.7823	2.1788	2.6810	3.0545
13	0.6938	1.3502	1.7709	2.1604	2.6503	3.0123
14	0.6924	1.3450	1.7613	2.1448	2.6245	2.9768
15	0.6912	1.3406	1.7531	2.1315	2.6025	2.9467
16	0.6901	1.3368	1.7459	2.1199	2.5835	2.9028
17	0.6892	1.3334	1.7396	2.1098	2.5669	2.8982
18	0.6884	1.3304	1.7341	2.1009	2.5524	2.8784
19	0.6876	1.3277	1.7291	2.0930	2.5395	2.8609
20	0.6870	1.3253	1.7247	2.0860	2.5280	2.8453
21	0.6864	1.3232	1.7207	2.0796	2.5177	2.8314
22	0.6858	1.3212	1.7171	2.0739	2.5083	2.8188
23	0.6853	1.3195	1.7139	2.0687	2.4999	2.8073
24	0.6848	1.3178	1.7109	2.0639	2.4922	2.7969
25	0.6844	1.3163	1.7081	2.0595	2.4851	2.7874
26	0.6840	1.3150	1.7056	2.0555	2.4786	2.7787
27	0.6837	1.3137	1.7033	2.0518	2.4727	2.7707
28	0.6834	1.3125	1.7011	2.0484	2.4671	2.7633
29	0.6830	1.3114	1.6991	2.0452	2.4620	2.7564
30	0.6828	1.3104	1.6973	2.0423	2.4573	2.7500

三、χ^2 分布表

$$P(\chi^2 > \chi_\alpha^2) = \alpha$$

α ν	0.995	0.99	0.975	0.95	0.9	0.75	0.5	0.25	0.1	0.05	0.025	0.01	0.005
1	…	…	…	…	0.02	0.1	0.45	1.32	2.71	3.84	5.02	6.63	7.88
2	0.01	0.02	0.02	0.1	0.21	0.58	1.39	2.77	4.61	5.99	7.38	9.21	10.6
3	0.07	0.11	0.22	0.35	0.58	1.21	2.37	4.11	6.25	7.81	9.35	11.34	12.84
4	0.21	0.3	0.48	0.71	1.06	1.92	3.36	5.39	7.78	9.49	11.14	13.28	14.86
5	0.41	0.55	0.83	1.15	1.61	2.67	4.35	6.63	9.24	11.07	12.83	15.09	16.75
6	0.68	0.87	1.24	1.64	2.2	3.45	5.35	7.84	10.64	12.59	14.45	16.81	18.55
7	0.99	1.24	1.69	2.17	2.83	4.25	6.35	9.04	12.02	14.07	16.01	18.48	20.28
8	1.34	1.65	2.18	2.73	3.4	5.07	7.34	10.22	13.36	15.51	17.53	20.09	21.96
9	1.73	2.09	2.7	3.33	4.17	5.9	8.34	11.39	14.68	16.92	19.02	21.67	23.59
10	2.16	2.56	3.25	3.94	4.87	6.74	9.34	12.55	15.99	18.31	20.48	23.21	25.19
11	2.6	3.05	3.82	4.57	5.58	7.58	10.34	13.7	17.28	19.68	21.92	24.72	26.76
12	3.07	3.57	4.4	5.23	6.3	8.44	11.34	14.85	18.55	21.03	23.34	26.22	28.3
13	3.57	4.11	5.01	5.89	7.04	9.3	12.34	15.98	19.81	22.36	24.74	27.69	29.82
14	4.07	4.66	5.63	6.57	7.79	10.17	13.34	17.12	21.06	23.68	26.12	29.14	31.32
15	4.6	5.23	6.27	7.26	8.55	11.04	14.34	18.25	22.31	25	27.49	30.58	32.8
16	5.14	5.81	6.91	7.96	9.31	11.91	15.34	19.37	23.54	26.3	28.85	32	34.27
17	5.7	6.41	7.56	8.67	10.09	12.79	16.34	20.49	24.77	27.59	30.19	33.41	35.72
18	6.26	7.01	8.23	9.39	10.86	13.68	17.34	21.6	25.99	28.87	31.53	34.81	37.16
19	6.84	7.63	8.91	10.12	11.65	14.56	18.34	22.72	27.2	30.14	32.85	36.19	38.58
20	7.43	8.26	9.59	10.85	12.44	15.45	19.34	23.83	28.41	31.41	34.17	37.57	40
21	8.03	8.9	10.28	11.59	13.24	16.34	20.34	24.93	29.62	32.67	35.48	38.93	41.4
22	8.64	9.54	10.98	12.34	14.04	17.24	21.34	26.04	30.81	33.92	36.78	40.29	42.8
23	9.26	10.2	11.69	13.09	14.85	18.14	22.34	27.14	32.01	35.17	38.08	41.64	44.18
24	9.89	10.86	12.4	13.85	15.66	19.04	23.34	28.24	33.2	36.42	39.36	42.98	45.56
25	10.52	11.52	13.12	14.61	16.47	19.94	24.34	29.34	34.38	37.65	40.65	44.31	46.93
26	11.16	12.2	13.84	15.38	17.29	20.84	25.34	30.43	35.56	38.89	41.92	45.64	48.29
27	11.81	12.88	14.57	16.15	18.11	21.75	26.34	31.53	36.74	40.11	43.19	46.96	49.64
28	12.46	13.56	15.31	16.93	18.94	22.66	27.34	32.62	37.92	41.34	44.46	48.28	50.99
29	13.12	14.26	16.05	17.71	19.77	23.57	28.34	33.71	39.09	42.56	45.72	49.59	52.34
30	13.79	14.95	16.79	18.49	20.6	24.48	29.34	34.8	40.26	43.77	46.98	50.89	53.67
40	20.71	22.16	24.43	26.51	29.05	33.66	39.34	45.62	51.8	55.76	59.34	63.69	66.77
50	27.99	29.71	32.36	34.76	37.69	42.94	49.33	56.33	63.17	67.5	71.42	76.15	79.49
60	35.53	37.48	40.48	43.19	46.46	52.29	59.33	66.98	74.4	79.08	83.3	88.38	91.95
70	43.28	45.44	48.76	51.74	55.33	61.7	69.33	77.58	85.53	90.53	95.02	100.42	104.22
80	51.17	53.54	57.15	60.39	64.28	71.14	79.33	88.13	96.58	101.88	106.63	112.33	116.32
90	59.2	61.75	65.65	69.13	73.29	80.62	89.33	98.64	107.56	113.14	118.14	124.12	128.3
100	67.33	70.06	74.22	77.93	82.36	90.13	99.33	109.14	118.5	124.34	129.56	135.81	140.17

四、F 分布表

$$P\{F(k_1,\ k_2)>F_a\}=\alpha$$

$$\alpha=0.01$$

F_a k_1 k_2	1	2	3	4	5	6	8	12	24	∞
1	4052	4999	5403	5625	5764	5859	5981	6106	6234	6366
2	98.49	99.01	99.17	99.25	99.30	99.33	99.36	99.42	99.46	99.50
3	34.12	30.81	29.46	28.71	28.24	27.91	27.49	27.05	26.60	26.12
4	21.20	18.00	16.69	15.98	15.52	15.21	14.80	14.37	13.93	13.46
5	16.26	13.27	12.06	11.39	10.97	10.67	10.29	9.89	9.47	9.02
6	13.74	10.92	9.78	9.15	8.75	8.47	8.10	7.72	7.31	6.88
7	12.25	9.55	8.45	7.85	7.46	7.19	6.84	6.47	6.07	5.65
8	11.26	8.65	7.59	7.01	6.63	6.37	6.03	5.67	5.28	4.86
9	10.56	8.02	6.99	6.42	6.06	5.80	5.47	5.11	4.73	4.31
10	10.04	7.56	6.55	5.99	5.64	5.39	5.06	4.71	4.33	3.91
11	9.65	7.20	6.22	5.67	5.32	5.07	4.74	4.40	4.02	3.60
12	9.33	6.93	5.95	5.41	5.06	4.82	4.50	4.16	3.78	3.36
13	9.07	6.70	5.74	5.20	4.86	4.62	4.30	3.96	3.59	3.16
14	8.86	6.51	5.56	5.03	4.69	4.46	4.14	3.80	3.43	3.00
15	8.68	6.36	5.42	4.89	4.56	4.32	4.00	3.67	3.29	2.87
16	8.53	6.23	5.29	4.77	4.44	4.20	3.89	3.55	3.18	2.75
17	8.40	6.11	5.18	4.67	4.34	4.10	3.79	3.45	3.08	2.65
18	8.28	6.01	5.09	4.58	4.25	4.01	3.71	3.37	3.00	2.57
19	8.18	5.93	5.01	4.50	4.17	3.94	3.63	3.30	2.92	2.49
20	8.10	5.85	4.94	4.43	4.10	3.87	3.56	3.23	2.86	2.42
21	8.02	5.78	4.87	4.37	4.04	3.81	3.51	3.17	2.80	2.36
22	7.94	5.72	4.82	4.31	3.99	3.76	3.45	3.12	2.75	2.31
23	7.88	5.66	4.76	4.26	3.94	3.71	3.41	3.07	2.70	2.26
24	7.82	5.61	4.72	4.22	3.90	3.67	3.36	3.03	2.66	2.21
25	7.77	5.57	4.68	4.18	3.86	3.63	3.32	2.99	2.62	2.17
26	7.72	5.53	4.64	4.14	3.82	3.59	3.29	2.96	2.58	2.13
27	7.68	5.49	4.60	4.11	3.78	3.56	3.26	2.93	2.55	2.10
28	7.64	5.45	4.57	4.07	3.75	3.53	3.23	2.90	2.52	2.06
29	7.60	5.42	4.54	4.04	3.73	3.50	3.20	2.87	2.49	2.03
30	7.56	5.39	4.51	4.02	3.70	3.47	3.17	2.84	2.47	2.01
40	7.31	5.18	4.31	3.83	3.51	3.29	2.99	2.66	2.29	1.80
60	7.08	4.98	4.13	3.65	3.34	3.12	2.82	2.50	2.12	1.60
120	6.85	4.79	3.95	3.48	3.17	2.96	2.66	2.34	1.95	1.38
∞	6.64	4.60	3.78	3.32	3.02	2.80	2.51	2.18	1.79	1.00

$\alpha=0.05$

F_a \ k_1 / k_2	1	2	3	4	5	6	8	12	24	∞
1	161.4	199.5	215.7	224.6	230.2	234.0	238.9	243.9	249.0	254.3
2	18.51	19.00	19.16	19.25	19.30	19.33	19.37	19.41	19.45	19.50
3	10.13	9.55	9.28	9.12	9.01	8.94	8.84	8.74	8.64	8.53
4	7.71	6.94	6.59	6.39	6.26	6.16	6.04	5.91	5.77	5.63
5	6.61	5.79	5.41	5.19	5.05	4.95	4.82	4.68	4.53	4.36
6	5.99	5.14	4.76	4.53	4.39	4.28	4.15	4.00	3.84	3.67
7	5.59	4.74	4.35	4.12	3.97	3.87	3.73	3.57	3.41	3.23
8	5.32	4.46	4.07	3.84	3.69	3.58	3.44	3.28	3.12	2.93
9	5.12	4.26	3.86	3.63	3.48	3.37	3.23	3.07	2.90	2.71
10	4.96	4.10	3.71	3.48	3.33	3.22	3.07	2.91	2.74	2.54
11	4.84	3.98	3.59	3.36	3.20	3.09	2.95	2.79	2.61	2.40
12	4.75	3.88	3.49	3.26	3.11	3.00	2.85	2.69	2.50	2.30
13	4.67	3.80	3.41	3.18	3.02	2.92	2.77	2.60	2.42	2.21
14	4.60	3.74	3.34	3.11	2.96	2.85	2.70	2.53	2.35	2.13
15	4.54	3.68	3.29	3.06	2.90	2.79	2.64	2.48	2.29	2.07
16	4.49	3.63	3.24	3.01	2.85	2.74	2.59	2.42	2.24	2.01
17	4.45	3.59	3.20	2.96	2.81	2.70	2.55	2.38	2.19	1.96
18	4.41	3.55	3.16	2.93	2.77	2.66	2.51	2.34	2.15	1.92
19	4.38	3.52	3.13	2.90	2.74	2.63	2.48	2.31	2.11	1.88
20	4.35	3.49	3.10	2.87	2.71	2.60	2.45	2.28	2.08	1.84
21	4.32	3.47	3.07	2.84	2.68	2.57	2.42	2.25	2.05	1.81
22	4.30	3.44	3.05	2.82	2.66	2.55	2.40	2.23	2.03	1.78
23	4.28	3.42	3.03	2.80	2.64	2.53	2.38	2.20	2.00	1.76
24	4.26	3.40	3.01	2.78	2.62	2.51	2.36	2.18	1.98	1.73
25	4.24	3.38	2.99	2.76	2.60	2.49	2.34	2.16	1.96	1.71
26	4.22	3.37	2.98	2.74	2.59	2.47	2.32	2.15	1.95	1.69
27	4.21	3.35	2.96	2.73	2.57	2.46	2.30	2.13	1.93	1.67
28	4.20	3.34	2.95	2.71	2.56	2.44	2.29	2.12	1.91	1.65
29	4.18	3.33	2.93	2.70	2.54	2.43	2.28	2.10	1.90	1.64
30	4.17	3.32	2.92	2.69	2.53	2.42	2.27	2.09	1.89	1.62
40	4.08	3.23	2.84	2.61	2.45	2.34	2.18	2.00	1.79	1.51
60	4.00	3.15	2.76	2.52	2.37	2.25	2.10	1.92	1.70	1.39
120	3.92	3.07	2.68	2.45	2.29	2.17	2.02	1.83	1.61	1.25
∞	3.84	2.99	2.60	2.37	2.21	2.09	1.94	1.75	1.52	1.00

$\alpha = 0.10$

k_2 \ F_α \ k_1	1	2	3	4	5	6	8	12	24	∞
1	39.86	49.50	53.59	55.83	57.24	58.20	59.44	60.71	62.00	63.33
2	8.53	9.00	9.16	9.24	9.29	9.33	9.37	9.41	9.45	9.49
3	5.54	5.46	5.36	5.32	5.31	5.28	5.25	5.22	5.18	5.13
4	4.54	4.32	4.19	4.11	4.05	4.01	3.95	3.90	3.83	3.76
5	4.06	3.78	3.62	3.52	3.45	3.40	3.34	3.27	3.19	3.10
6	3.78	3.46	3.29	3.18	3.11	3.05	2.98	2.90	2.82	2.72
7	3.59	3.26	3.07	2.96	2.88	2.83	2.75	2.67	2.58	2.47
8	3.46	3.11	2.92	2.81	2.73	2.67	2.59	2.50	2.40	2.29
9	3.36	3.01	2.81	2.69	2.61	2.55	2.47	2.38	2.28	2.16
10	3.29	2.92	2.73	2.61	2.52	2.46	2.38	2.28	2.18	2.06
11	3.23	2.86	2.66	2.54	2.45	2.39	2.30	2.21	2.10	1.97
12	3.18	2.81	2.61	2.48	2.39	2.33	2.24	2.15	2.04	1.90
13	3.14	2.76	2.56	2.43	2.35	2.28	2.20	2.10	1.98	1.85
14	3.10	2.73	2.52	2.39	2.31	2.24	2.15	2.05	1.94	1.80
15	3.07	2.70	2.49	2.36	2.27	2.21	2.12	2.02	1.90	1.76
16	3.05	2.67	2.46	2.33	2.24	2.18	2.09	1.99	1.87	1.72
17	3.03	2.64	2.44	2.31	2.22	2.15	2.06	1.96	1.84	1.69
18	3.01	2.62	2.42	2.29	2.20	2.13	2.04	1.93	1.81	1.66
19	2.99	2.61	2.40	2.27	2.18	2.11	2.02	1.91	1.79	1.63
20	2.97	2.59	2.38	2.25	2.16	2.09	2.00	1.89	1.77	1.61
21	2.96	2.57	2.36	2.23	2.14	2.08	1.98	1.87	1.75	1.59
22	2.95	2.56	2.35	2.22	2.13	2.06	1.97	1.86	1.73	1.57
23	2.94	2.55	2.34	2.21	2.11	2.05	1.95	1.84	1.72	1.55
24	2.93	2.54	2.33	2.19	2.10	2.04	1.94	1.83	1.70	1.53
25	2.92	2.53	2.32	2.18	2.09	2.02	1.93	1.82	1.69	1.52
26	2.91	2.52	2.31	2.17	2.08	2.01	1.92	1.81	1.68	1.50
27	2.90	2.51	2.30	2.17	2.07	2.00	1.91	1.80	1.67	1.49
28	2.89	2.50	2.29	2.16	2.06	2.00	1.90	1.79	1.66	1.48
29	2.89	2.50	2.28	2.15	2.06	1.99	1.89	1.78	1.65	1.47
30	2.88	2.49	2.28	2.14	2.05	1.98	1.88	1.77	1.64	1.46
40	2.84	2.44	2.23	2.09	2.00	1.93	1.83	1.71	1.57	1.38
60	2.79	2.39	2.18	2.04	1.95	1.87	1.77	1.66	1.51	1.29
120	2.75	2.35	2.13	1.99	1.90	1.82	1.72	1.60	1.45	1.19
∞	2.71	2.30	2.08	1.94	1.85	1.17	1.67	1.55	1.38	1.00

注：k_1＝分子自由度；k_2＝分母自由度

五、DW 检验临界值上、下限表

5%显著性水平

N	k＝1		k＝2		k＝3		k＝4		k＝5		k＝6	
	dl	du	dl	du	dl	du	dl	du	dl	du	dl	du
15	1.08	1.36	0.95	1.54	0.82	1.75	0.69	1.97	0.56	2.21	0.56	2.21
16	1.10	1.37	0.98	1.54	0.86	1.73	0.74	1.93	0.62	2.15	0.62	2.15
17	1.13	1.38	1.02	1.54	0.90	1.71	0.78	1.90	0.67	2.10	0.67	2.10
18	1.16	1.39	1.05	1.53	0.93	1.69	0.82	1.87	0.71	2.06	0.71	2.06
19	1.18	1.40	1.08	1.53	0.97	1.68	0.86	1.85	0.75	2.02	0.75	2.02
20	1.20	1.41	1.10	1.54	1.00	1.68	0.90	1.83	0.79	1.99	0.79	1.99
21	1.22	1.42	1.13	1.54	1.03	1.67	0.93	1.81	0.83	1.96	0.83	1.96
22	1.24	1.43	1.15	1.54	1.05	1.66	0.96	1.80	0.86	1.94	0.86	1.94
23	1.26	1.44	1.17	1.54	1.08	1.66	0.99	1.79	0.90	1.92	0.90	1.92
24	1.27	1.45	1.19	1.55	1.10	1.66	1.01	1.78	0.93	1.90	0.93	1.90
25	1.29	1.45	1.21	1.55	1.12	1.66	1.04	1.77	0.95	1.89	0.95	1.89
26	1.30	1.46	1.22	1.55	1.14	1.65	1.06	1.76	0.98	1.88	0.98	1.88
27	1.32	1.47	1.24	1.56	1.16	1.65	1.08	1.76	1.01	1.86	1.01	1.86
28	1.33	1.48	1.26	1.56	1.18	1.65	1.10	1.75	1.03	1.85	1.03	1.85
29	1.34	1.48	1.27	1.56	1.20	1.65	1.12	1.74	1.05	1.84	1.05	1.84
30	1.35	1.49	1.28	1.57	1.21	1.65	1.14	1.74	1.07	1.83	1.07	1.83
31	1.36	1.50	1.30	1.57	1.23	1.65	1.16	1.74	1.09	1.83	1.09	1.83
32	1.37	1.50	1.31	1.57	1.24	1.65	1.18	1.73	1.11	1.82	1.11	1.82
33	1.38	1.51	1.32	1.58	1.26	1.65	1.19	1.73	1.13	1.81	1.13	1.81
34	1.39	1.51	1.33	1.58	1.27	1.65	1.21	1.73	1.15	1.81	1.15	1.81
35	1.40	1.52	1.34	1.53	1.28	1.65	1.22	1.73	1.16	1.80	1.16	1.80
36	1.41	1.52	1.35	1.59	1.29	1.65	1.24	1.73	1.18	1.80	1.18	1.80
37	1.42	1.53	1.36	1.59	1.31	1.66	1.25	1.72	1.19	1.80	1.19	1.80
38	1.43	1.54	1.37	1.59	1.32	1.66	1.26	1.72	1.21	1.79	1.21	1.79
39	1.43	1.54	1.38	1.60	1.33	1.66	1.27	1.72	1.22	1.79	1.22	1.79
40	1.44	1.54	1.39	1.60	1.34	1.66	1.29	1.72	1.23	1.79	1.23	1.79
45	1.48	1.57	1.43	1.62	1.38	1.67	1.34	1.72	1.29	1.78	1.29	1.78
50	1.50	1.59	1.46	1.63	1.42	1.67	1.38	1.72	1.34	1.77	1.34	1.77
55	1.53	1.60	1.49	1.64	1.45	1.68	1.41	1.72	1.38	1.77	1.38	1.77
60	1.55	1.62	1.51	1.65	1.48	1.69	1.44	1.73	1.41	1.77	1.41	1.77
65	1.57	1.63	1.54	1.66	1.50	1.70	1.47	1.73	1.44	1.77	1.44	1.77
70	1.58	1.64	1.55	1.67	1.52	1.70	1.49	1.74	1.46	1.77	1.46	1.77
75	1.60	1.65	1.57	1.68	1.54	1.71	1.51	1.74	1.49	1.77	1.49	1.77
80	1.61	1.66	1.59	1.69	1.56	1.72	1.53	1.74	1.51	1.77	1.51	1.77
85	1.62	1.67	1.60	1.70	1.57	1.72	1.55	1.75	1.52	1.77	1.52	1.77
90	1.63	1.68	1.61	1.70	1.59	1.73	1.57	1.75	1.54	1.78	1.54	1.78
95	1.64	1.69	1.62	1.71	1.60	1.73	1.58	1.75	1.56	1.78	1.56	1.78
100	1.65	1.69	1.63	1.72	1.61	1.74	1.59	1.76	1.57	1.78	1.57	1.78

注：N＝观测值个数，k＝解释变量个数(不算常项)。

1%显著性水平

N	k=1		k=2		k=3		k=4		k=5		k=6	
	dl	du	dl	du	dl	du	dl	du	dl	du	dl	du
15	0.81	1.07	0.70	1.25	0.59	1.46	0.49	1.70	0.39	1.96	0.30	2.24
16	0.84	1.09	0.74	1.25	0.63	1.44	0.53	1.66	0.44	1.90	0.35	2.15
17	0.87	1.10	0.77	1.25	0.67	1.43	0.57	1.63	0.48	1.85	0.39	2.08
18	0.90	1.12	0.80	1.26	0.71	1.42	0.61	1.60	0.52	1.80	0.44	2.02
19	0.93	1.13	0.83	1.26	0.74	1.41	0.65	1.58	0.56	1.77	0.48	1.96
20	0.95	1.15	0.86	1.27	0.77	1.41	0.68	1.57	0.60	1.74	0.52	1.92
21	0.97	1.16	0.89	1.27	0.80	1.41	0.72	1.55	0.63	1.71	0.55	1.88
22	1.00	1.17	0.91	1.28	0.83	1.40	0.75	1.54	0.66	1.69	0.59	1.85
23	1.02	1.19	0.94	1.29	0.86	1.40	0.77	1.53	0.70	1.67	0.62	1.82
24	1.04	1.20	0.96	1.30	0.88	1.41	0.80	1.53	0.72	1.66	0.65	1.80
25	1.05	1.21	0.98	1.30	0.90	1.41	0.83	1.52	0.75	1.65	0.68	1.78
26	1.07	1.22	1.00	1.31	0.93	1.41	0.85	1.52	0.78	1.64	0.71	1.76
27	1.09	1.23	1.02	1.32	0.95	1.41	0.88	1.51	0.81	1.63	0.74	1.74
28	1.10	1.24	1.04	1.32	0.97	1.41	0.90	1.51	0.83	1.62	0.76	1.73
29	1.12	1.25	1.05	1.33	0.99	1.42	0.92	1.51	0.85	1.61	0.79	1.72
30	1.13	1.26	1.07	1.34	1.01	1.42	0.94	1.51	0.88	1.61	0.81	1.71
31	1.15	1.27	1.08	1.34	1.02	1.42	0.96	1.51	0.90	1.60	0.83	1.70
32	1.16	1.28	1.10	1.35	1.04	1.43	0.98	1.51	0.92	1.60	0.86	1.69
33	1.17	1.29	1.11	1.36	1.05	1.43	1.00	1.51	0.94	1.59	0.88	1.68
34	1.18	1.30	1.13	1.36	1.07	1.43	1.01	1.51	0.95	1.59	0.90	1.68
35	1.19	1.31	1.14	1.37	1.08	1.44	1.03	1.51	0.97	1.59	0.91	1.67
36	1.21	1.32	1.15	1.38	1.10	1.44	1.04	1.51	0.99	1.59	0.93	1.67
37	1.22	1.32	1.16	1.38	1.11	1.45	1.06	1.51	1.00	1.58	0.95	1.66
38	1.23	1.33	1.18	1.39	1.12	1.45	1.07	1.52	1.02	1.58	0.97	1.66
39	1.24	1.34	1.19	1.39	1.14	1.45	1.09	1.52	1.03	1.58	0.98	1.66
40	1.25	1.34	1.20	1.40	1.15	1.46	1.10	1.52	1.05	1.58	1.00	1.65
45	1.29	1.38	1.24	1.42	1.20	1.48	1.16	1.53	1.11	1.59	1.07	1.64
50	1.32	1.40	1.28	1.45	1.24	1.49	1.20	1.54	1.16	1.59	1.12	1.64
55	1.36	1.43	1.32	1.47	1.28	1.51	1.25	1.55	1.21	1.60	1.07	1.64
60	1.38	1.45	1.35	1.48	1.32	1.52	1.28	1.56	1.25	1.61	1.21	1.64
65	1.41	1.47	1.38	1.50	1.35	1.53	1.31	1.57	1.28	1.61	1.25	1.64
70	1.43	1.49	1.40	1.52	1.37	1.55	1.34	1.58	1.31	1.62	1.28	1.65
75	1.45	1.50	1.42	1.53	1.39	1.56	1.37	1.59	1.34	1.62	1.31	1.65
80	1.47	1.52	1.44	1.54	1.42	1.57	1.39	1.60	1.36	1.62	1.34	1.65
85	1.48	1.53	1.46	1.55	1.43	1.58	1.41	1.60	1.39	1.63	1.36	1.66
90	1.50	1.54	1.47	1.56	1.45	1.59	1.43	1.61	1.41	1.64	1.38	1.66
95	1.51	1.55	1.49	1.57	1.47	1.60	1.45	1.62	1.42	1.64	1.40	1.67
100	1.52	1.56	1.50	1.58	1.48	1.60	1.46	1.63	1.44	1.65	1.42	1.67

注：N＝观测值个数，k＝解释变量个数(不算常项)

六、协整检验（AEG）临界值表

变量个数	模型形式	显著性水平 α	φ_∞	φ_1	φ_2
1	无截距项、无趋势项	0.01	−2.5658	−1.960	−10.04
		0.05	−1.9393	−3.098	0.00
		0.10	−1.6156	−0.181	0.00
	有截距项、无趋势项	0.01	−3.4336	−5.999	−29.25
		0.05	−2.8621	−2.738	−8.36
		0.10	−2.5671	−1.438	−4.48
	有截距项、有趋势项	0.01	−3.9638	−8.353	−47.44
		0.05	−3.4126	−4.039	−17.83
		0.10	−3.1279	−2.418	−7.58
2	有截距项、无趋势项	0.01	−3.9001	−10.534	−30.03
		0.05	−3.3377	−5.967	−8.98
		0.10	−3.0462	−4.069	−6.73
	有截距项、有趋势项	0.01	−4.3266	−15.531	−34.03
		0.05	−3.7809	−9.421	−15.06
		0.10	−3.4959	−7.203	−4.01
3	有截距项、无趋势项	0.01	−4.2981	−13.790	−46.37
		0.05	−3.7429	−8.352	−13.41
		0.10	−3.4518	−6.241	−2.79
	有截距项、有趋势项	0.01	−4.6676	−18.492	−49.35
		0.05	−4.1193	−12.024	−13.13
		0.10	−3.8344	−9.188	−4.85
4	有截距项、无趋势项	0.01	−4.6493	−17.188	−59.20
		0.05	−4.1000	−10.745	−21.57
		0.10	−3.8110	−8.317	−5.19
	有截距项、有趋势项	0.01	−4.9695	−22.504	−50.22
		0.05	−4.4294	−14.501	−19.54
		0.10	−4.1474	−11.165	−9.88
5	有截距项、无趋势项	0.01	−4.9587	−22.140	−37.29
		0.05	−4.4185	−13.641	−21.16
		0.10	−4.1327	−10.638	−5.48
	有截距项、有趋势项	0.01	−5.2497	−26.606	−49.56
		0.05	−4.7154	−17.432	−16.50
		0.10	−4.4345	−13.654	−5.77
6	有截距项、无趋势项	0.01	−5.2400	−26.278	−41.65
		0.05	−4.7048	−17.120	−11.17
		0.10	−4.4242	−13.347	0.00
	有截距项、有趋势项	0.01	−5.5127	−30.735	−52.50
		0.05	−4.9767	120.883	−9.05
		0.10	−4.6999	−16.445	0.00

注：①临界值计算公式为 $C_\alpha = \varphi_\infty + \dfrac{\varphi_1}{T} + \dfrac{\varphi_2}{T^2}$，其中 T 为样本容量；②变量个数为 1 时，协整检验转化为单变量的平稳性 ADF 检验。